JN061147

ベンチャー簇業序説

―〈独創＝発明の事業化〉のエコシステム創生 ―

原田誠司

東京図書出版

は じ め に

　本書『ベンチャー簇業 序説 ―〈独創＝発明の事業化〉のエコシステ
ム創生 ―』は、2018年3月の大学退職後 "Venture Watcher" として過
ごした筆者の5年間の勉強の成果（？）をとりまとめたものであります。
簇業とは「多数新規創業」、エコシステムは「生態系」を指します。

　出版の目的ですが、長期の日本経済の低迷（「失われた30年」とも言
われる）から脱する糸口は、イノベーションの仕組み、なかでも新企業
群の創生（ベンチャー簇業）をもたらす〈独創＝発明の事業化の仕組
み〉（地域エコシステム）を日本の全国各地域に創ることにある、と訴
えることにあります。地域（地方）経済・産業の再生の仕組みを構築す
ることにより、日本経済の再成長の仕組みを創生しなくてはなりませ
ん。地域（地方）でのイノベーションを実現しなければなりません。こ
れは、長い間、地方での仕事を経験した筆者の実感でもあります。

　筆者が本書で訴えたいポイントは次の通りです。まず（第Ⅰ部）、日
本のベンチャー振興の源流が戦前の〈理研モデル〉にあったことを明
示しました。高峰譲吉（アドレナリンの発見者）と渋沢栄一（明治時
代の多数の新企業創生主導者）の提案により1917年に設立された〈理
研〉（財団法人理化学研究所）の〈発明の事業化〉仕組み＝理研モデル、
事業及び成果を詳細に整理しました。1971年刊の『ベンチャー・ビジ
ネス』以降にベンチャー論議が開始された日本では、〈理研モデル〉は
まったく忘れ去られていました。本書で初めて、日本のベンチャー簇業
の源流はここにあることを明示しました。しっかりと確認する必要があ
ります。

　次に（第Ⅱ部）、戦後におけるアメリカと日本のベンチャー振興の違
い、つまり〈アメリカの先導 ── 日本の大幅遅れ〉を明確にしました。
戦後世界でベンチャー簇業に成功したのはアメリカです。アメリカでは
MIT（マサチューセッツ工科大学）を先頭とする研究大学から企業家大
学への進化（第2次大学革命）により大学発（研究成果・特許活用）ベ

ンチャー＝研究開発型ベンチャーが多数創業します。この経緯等もエツコウィッツ教授の業績により詳述しました。アメリカ政府は、1980年代初期のバイ・ドール法やSBIR制度でベンチャー支援体制を構築し、全米にベンチャー振興を拡大します。この基盤の上に、情報ソフト産業（GAFAM）が起こったわけです。

　こうしたアメリカの先導に対し、1971年の『ベンチャー・ビジネス』刊行から開始された日本のベンチャー振興では、地方の時代を提唱した神奈川県政（長洲一二知事）が研究大学の欠如を自覚するなかで〈KSPモデル〉（研究大学に代わる研究機能はKASTとして新設）を構築し、戦後初めて、〈理研モデル〉を継承した〈発明の事業化〉モデルを具体化します。これで、〈KSPモデル〉の位置づけができました。日本の政府は、国立大学での特許活用体制（TLO）を、アメリカに遅れること20年、21世紀初めにようやく許容し大学発ベンチャー振興が開始されます。しかし、本格的な大学発ベンチャー振興は2013年の第2次安倍政権以降になります。

　この大学発ベンチャー振興を後押ししたのは、西澤昭夫教授が提起した「地域エコシステム論」（アメリカの企業家大学を軸としたベンチャー簇業の仕組み）とその理論の上に立った日本ベンチャー学会等の「三団体緊急提言」（2013年に第2次安倍政権に提言）でした。以後、多様な支援策のもと、ようやく、大学発ベンチャーが増加し、最近は、国立研究機関発ベンチャーにも拡大しています（産業技術総合研究所や理化学研究所でも本格化）。

　さらに（第Ⅲ部）、その大学発ベンチャー振興の実態を調査し、成果と課題を整理しました。大学発ベンチャー輩出の東京大学以下上位十数大学では、産学連携からベンチャー輩出・育成の仕組み（エコシステム）がほぼ確立しましたが、地域でのベンチャー簇業の仕組み＝地域エコシステムには全く至っていないことが明らかになりました。したがって、今後は、大学発ベンチャー輩出大学をもっと拡大すること（アメリカと比べ大学発ベンチャー輩出大学は非常に少ない）、および、全国各地での特色ある〈発明の事業化〉の仕組みづくり＝地域エコシステムの

形成による地域での新企業・新産業創生による経済活性化が大きな課題となります。

　最後に（第Ⅳ部）、その大学発ベンチャー輩出大学の拡大と地域エコシステム形成の仕組み（新・地域プラットフォーム）案を提言しました。政府は「国際卓越研究大学」事業を公募し、2023年4月に、10大学が応募したことが報じられました。ですが、私見では、「研究大学」ではなく「企業家大学」とすべきであり、少数ではなく多くの大学研究者が参加できる事業が望ましいことを指摘しました。

　なお、本書の命名については、西澤教授の命名になるベンチャー〈簇業〉（そうぎょう＝湧きいずるように草木が群生するような創業＝多数新規創業）、1913年に高峰譲吉が理研設立に繋がる「国民的化学研究所」構想を提起した時の時代認識＝〈独創の競争〉を受け継ぎ、『ベンチャー簇業 序説 ―〈独創＝発明の事業化〉のエコシステム創生 ―』とさせていただき、ベンチャー企業の簇業の実現を目指した試論＝序説として上梓することとしました。

　以上、筆者が提起したポイントですが、多くの皆様にご検討いただければ幸いです。

　2023年8月

　　　　　　　　　　　　　　　　　　　　　　　　　原 田 誠 司

目 次

序 — 本書の構成について —

　本書『ベンチャー簇業序説 —〈独創＝発明の事業化〉のエコシステム創生 —』の構成は、第Ⅰ部（戦前の日本の理研＝ベンチャー振興の源流）→第Ⅱ部（戦後のアメリカの NTBFs・企業家大学、KSP、地域エコシステム論、大学発ベンチャー）→第Ⅲ部（日本の大学発ベンチャーの実態）→第Ⅳ部（結論）という史的展開順に整理した。ここでは、この構成と本書上梓に至る調査研究作業との関連を整理しておきたい。

★企業家大学／地域エコシステム論等の検討……

　まず、2018年春以降、西澤昭夫氏の「地域エコシステム論」[1]（『ハイテク産業を創る地域エコシステム』2012年）と日本ベンチャー学会等の「三団体緊急提言」[2]（松田修一氏中心に作成、2013年提言）を読み込み、検討し、日本におけるベンチャー振興の新しい視点・方向が提示されていることを実感、確認する。また、この理論・政策提言が2013年以降の大学発ベンチャー振興政策の推進役となっていることを確認する。「提言」は2013年7月に行われたのであるが、2013年3月時点での「官民イノベーションプログラム」の文科省の検討会議で、西澤氏が指摘した〈大学発ベンチャーの「二重の創業リスク（技術と事業）」〉が明示されており、既に、政府関係者に「地域エコシステム論」が明確に受容されていた、と推測される。

　西澤氏の「地域エコシステム論」は、新しい視点を提起した。まず、

---

[1]　西澤昭夫・忽那憲治・樋原伸彦・佐分利応貴・若林直樹・金井一頼『ハイテク産業を創る地域エコシステム』（有斐閣、2012年4月）参照。

[2]　2013年7月、第2次安倍政権に、3団体が「三団体緊急提言　21世紀型の新たな成長戦略に向けて　高付加価値型ベンチャー企業の簇業」を行った。3団体とは、公益社団法人日本ニュービジネス協議会連合会（JNB）、一般社団法人日本ベンチャーキャピタル協会（JVCA）、日本ベンチャー学会（JASVE）のベンチャー育成3団体。全文は日本ベンチャー学会 Web サイト参照。

エツコウィッツの業績[3] に依拠して、アメリカの MIT（マサーチュー
セッツ工科大学）の研究大学 Research Uuniversity から企業家大学
Entrepreneurial University への進化が戦後アメリカの技術ベンチャー＝
NTBFs（New Technology-based Firms）簇業をもたらした事実を明示し、
大学の研究＝発明の事業化によるハイテク・ベンチャー簇業、すなわち
企業家大学がベンチャー簇業の主役になったことを示した。この研究大
学から企業家大学の進化の過程は、日本には全く欠けており、これが日
本のベンチャー振興の遅れの根本要因であることを認識させられる。筆
者にとっては、大きな〈ショック〉であった。

　もう1つは、「地域エコシステム論」が「地域ネットワーク論」（アナ
リー・サクセニアン）[4] をより深め、シリコンバレーの強みが〈新企業
創生の循環・再生産〉の仕組み＝エコシステムにあると提起したマー
チン・ケニーらのエコシステム論[5] を念頭に、構築され、ネットワーク
論からエコシステム論への転換を明示したことである。ベンチャー簇業
はハイテク産業集積の地域ネットワークを活用したリサイクル（循環・
再生産）により創生されることを明示した。この観点は、これまで「地
域ネットワーク論」の観点に立っていた筆者にとって、第2の〈ショッ
ク〉であった。「三団体緊急提言」は、その視点に立ち、〈企業家大学へ
の進化〉と地域産学官連携形成によるベンチャー簇業を第2次安倍政権
に提言した（2019年3月に、原田誠司「企業家大学と地域エコシステ

3) Henry Etzkowitz "*MIT and the Rise of Entrepreneurial Science*"（2002年、Routledge
社）、エツコウィッツ著／三藤利雄他訳『トリプルヘリックス』（2009年、芙蓉
書房出版）を参照。

4) AnnaLee Saxenian "*Regional Advantage*"（ハーバード大学出版、1994年、ペー
パーバックス版1996年）、ペーパーバックス版の邦訳版は『現代の二都物語』
（山形浩生・柏木亮二訳、日経BP社、2009年10月）。初版邦訳の『現代の二都
物語』（大前研一訳、講談社、1995年1月）は絶版。

5) マーチン・ケニー編著『シリコンバレーは死んだか』（加藤敏春監訳、日本経
済評論社、2002年8月）、および同書の原著 Martin Kenney "*Understanding SILI-
CON VALLEY*"（スタンフォード大学出版、2000年）参照。

ム」[6] に整理)。

以上の検討のうち、エツコウィッツが提示した〈MITの研究大学から企業家大学への進化〉については本書第Ⅱ部第5章、地域エコシステム論・政策と大学発ベンチャー振興政策については本書第Ⅱ部第7章に、それぞれ、詳述した。

★大学発ベンチャー等実態調査……

次に、日本の企業家大学と地域エコシステムの実態把握に取り組むが、先行文献が皆無のため、大学発ベンチャー輩出上位大学の実態調査を実施することとした。2019年5月に、日本ベンチャー学会の〈研究プロジェクト〉＝「大学発ベンチャー・エコシステム形成に関する調査研究」（2019〜2020年度、代表：原田誠司）に採択され、約2年間にわたり取り組んだ（日本ベンチャー学会には2018年3月の大学退職前に、再加入していた）。

この研究プロジェクトは、日本における大学発ベンチャーの〈簇業〉（そうぎょう＝湧きいずるように草木が群生するような創業＝多数新規創業）による地域経済活性化の方策を探ることを目的に、2018年度の大学発ベンチャー輩出上位10大学（東北、筑波、東京、東京工業、名古屋、京都、大阪、九州、慶應義塾、早稲田の各大学）と技術ベンチャー集積地域（鶴岡、つくば、川崎の3エリア）を対象に、大学発ベンチャー・エコシステムと地域エコシステムの把握・分析（インタビュー・資料提供等による）を行い、提言を行うものであった。

結論的には、〈上位十数大学は研究大学から企業家大学に移行しつつあり、大学発ベンチャー・エコシステムはほぼ形成されている。だが、ベンチャー創業・寄付等による大学へのリターンはこれからの課題である。また、地域エコシステムはほとんど未形成であり西澤氏提起のベン

---

6) 原田誠司「企業家大学と地域エコシステム ― 大学発ベンチャーの簇業へ ―」『新産業政策研究かわさき2019第17号』（〈公財〉川崎市産業振興財団新産業政策研究所、2019年5月）参照。

チャー簇業にはほど遠い現状にある〉という結果であった（2021年3月時点）。この実態把握は、本書第Ⅲ部第8章、9章に、現状・実態と事例も含めて、詳述した。

★地域エコシステムへのアプローチから理研を〈発見〉……

　さらに、2021年春から、未形成の地域エコシステムへのアプローチに移る。筆者が川崎市と長岡市に関係していたことがプラスとなった。川崎（2001年設立の川崎市産業振興財団新産業政策研究所活動に参加）では「かながわサイエンスパーク」＝KSP関連で高峰譲吉（飯沼和正他『高峰譲吉の生涯』、飯沼氏も上記研究所に参加）の業績に出会い、長岡（原田は1990年代、長岡短期大学勤務）では理研関連企業の情報には以前から接していた。

　高峰譲吉は渋沢栄一と理化学研究所設立に動き、長岡市に隣接する柏崎市には理研ピストンリングが立地し産業活性化に貢献した。理研の史料（理化学研究所のWebページより）を読み込み整理することにより、戦前の理研が当時唯一の〈発明の事業化〉＝〈企業家大学〉の機能を果たし、多数の技術ベンチャーを輩出し、かつ、柏崎・新潟地域を中心に新たな地域産業集積を創出したことが判明する（西川鉄工所社史等により）。つまり、理研は戦前日本において、初めて〈企業家大学機能と地域エコシステム〉を形成した、つまり、日本の研究開発型ベンチャー輩出の源流であることが明らかになった（2022年3月時点）。筆者にとっては、戦前理研の存在は第3の〈ショック〉であり、新しい〈発見〉であった。この戦前理研については、本書第Ⅰ部第1章〜第4章として、詳述した。この〈発見〉は、現理研（国立研究開発法人理化学研究所）が戦前理研の史料（特に『研究二十五年』）を保存・公開していることにより実現した。厚く御礼申し上げたい。

★戦前理研と断絶した戦後のベンチャー振興……

　2022年春の時点で、戦前理研の成果が明らかになるが、戦後に全く受け継がれていないことに愕然とする。戦後日本では、1971年から普

及するベンチャー・ビジネス（清成忠男他『ベンチャー・ビジネス』1971年）の展開に向かう。ここでの注目点は3つ。

1つ目は、1971年のベンチャー・ビジネス論議時に「日本ベンチャー・ビジネス協会」が設立されながら自主解散し（上記の飯沼氏が指摘）、ベンチャー支援のVEC（通産省肝いり）のみができたこと。なぜ、同協会は自主解散に追い込まれたのか。〈発明の事業化〉によるベンチャー創生を明確に把握できていなかったと言わざるを得ない。

2つ目は、戦後初の〈発明の事業化〉モデルとして「かながわサイエンスパーク」＝KSPが地方から提起され実現したこと（「地方の時代」を提唱した長洲一二神奈川県知事）。最大の困難であり偉業であったのは、研究大学・企業家大学が存在しないなかでの研究機関＝神奈川科学技術アカデミーKASTを新設したことである（長洲知事は前職・横浜国立大学教授として日本の大学の実態に精通、文部省基準大学を否定した）。だが、この点についての評価はほとんど聞かれない。〈KSPモデル〉は、約半世紀の理研との断絶を経て、〈理研モデル〉に次ぐ〈企業家大学〉機能を継承・発展させた、と言えよう。

そして3つ目は、大学発ベンチャー創業を軌道に乗せたのは「地域エコシステム論」と「三団体緊急提言」であること。大学発ベンチャー輩出は1998年のTLO法で始まるがリーマンショックで消滅の危機に直面する。これを救ったのが、西澤氏の「地域エコシステム論」と「三団体緊急提言」（2013年）である、と言うことができる。第2次安倍政権以降、地域エコシステム形成に向けた政策展開がなされている。

以上3点については、本書第II部第6章、7章で、詳述した。

★時間軸で編集……

以上は筆者の調査研究作業の展開である。通常の編集であれば、〈企業家大学と地域エコシステム論〉を本書の視点・方法等として冒頭に掲げ、戦前から戦後へと展開し、第5章のようなアメリカの研究大学・ベンチャー創業等の経緯は視点・方法に要約して組み込むことになると思われる。だが、筆者は、日本のベンチャー振興の認識には、時間軸が重

要と考えた。

　戦前は日本では〈理研モデル〉が〈発明の事業化〉を実現したのに対し、アメリカではMITの〈研究大学から企業家大学への進化〉が進んでいた。戦後はアメリカがMITの研究成果の事業化から技術ベンチャーを輩出し新たなハイテク産業集積を形成、企業家大学は全米に広がる。日本では戦前の理研の成果と断絶し、1970年代にベンチャー論議が始まり、戦後初の〈KSPモデル〉も登場する。大学発ベンチャー育成は2000年を期に始まるがリーマンショックで風前の灯火となる。これを救ったのが、「地域エコシステム論」と「三団体緊急提言」であり、地域エコシステム論をベースにやっと日本もベンチャー簇業・地域エコシステム形成に歩み出した。

　筆者は、こうした100年超の時間軸で、ベンチャー輩出の認識の共感・共有する必要があると考える。そこから、本書の構成は、視点・方法も含め、事実の史的展開順に編集することとした。よって、冒頭のように、本書は、第Ⅰ部→第Ⅱ部→第Ⅲ部→第Ⅳ部の構成とした。

★〈ベンチャー〉用語について……

　なお、ベンチャー関連の用語の表記について、最も多く使う〈ベンチャー〉は〈ベンチャー企業〉と同義とする（ベンチャー＝ベンチャー企業、同様にスタートアップ＝スタートアップ企業）。大学等での発明（研究成果・新技術等）の事業化（技術移転）による創業・起業（企業）の場合の〈NTBFs＝技術ベンチャー＝研究成果ベンチャー＝研究開発型ベンチャー＝技術移転型ベンチャー〉のベンチャーはベンチャー企業と同義とし、大学・研究機関等も含めた広範な創業・起業（技術移転以外の新技術・アイデア等を含む）の〈ベンチャー〉も同様に、使用することとしたい。

　また、〈発明の事業化〉によるベンチャー創業の場合、どこに重点を置くかで表現が異なる。技術ベンチャーは〈新技術〉、研究成果ベンチャーは〈研究活動の成果・結果〉、研究開発型ベンチャーは〈研究開発のプロセス〉、技術移転型ベンチャーは〈特許等ライセンスによる技

術の移転〉に、それぞれ重点を置いた表記である。だが、いずれも〈発明の事業化による新企業創業〉という同じ意味の表記であると了解いただきたい。

第 I 部

日本における研究開発型ベンチャーの源流

— 高峰譲吉、理研そして理研発ベンチャーの展開 —

第1章　2人のイノベーター
― 高峰譲吉と渋沢栄一 ―

　戦前の日本における独創的研究と研究開発型ベンチャー輩出は、高峰譲吉と渋沢栄一に始まる。

1　特許制度と高峰譲吉

　研究の成果は特許として権利化され、そのライセンス等により、事業化・商業化される。

(1) 日本の特許制度設立 ― 1885年 ―

　日本の特許制度は、明治維新直後の1871（明治4）年に、「専売略規則」という太政官布告で成立したが、稼働せずに、翌年、廃止される（欧米では、1624年イギリス、1790年アメリカ、1877年ドイツで特許法制度が成立、1883年に工業所有権保護のパリ条約締結）。十数年後の1885（明治18）年4月に、「専売特許条例」が太政官布告の形で、公布され、現在に繋がる日本の特許制度が成立する[1]。1871〜1885年の間には、民間の発明意欲が高まり（地方官への発明等届出326件、工部省・農商務省への届出56件、新聞紙上に現れた発明100件超）、特許条例制定に至ったとのことである[2]。

　この特許担当部署は、農商務省の商標登録所（1884年）と専売特許所（1885年）であり、いずれの責任者＝所長も、後に首相を務める高橋是清（1854〜1936年、1881年農商務省入省）であった。高橋は、

---

[1]　日本の特許制度の歴史等については、特許庁の Web サイトを参照されたい。

[2]　関権「日本の特許制度と技術革新」『一橋研究』第19巻第3号（一橋大学大学院、1996年）

1874年ごろ、文部省の雇われ外国人の米モーレー博士の通訳をしていた当時、モーレーから、日本には発明・商標保護の制度がなく、外国人は非常に迷惑しており、アメリカのように日本でも知的財産の保護制度をつくるべき、との指摘を受け、以後、商標・特許制度に取り組むことになった、とのことである。

(2) 特許局長・高橋是清、次長・高峰譲吉

　1885（明治18）年には、高峰譲吉（1854〜1922年）が、高橋是清のこの特許担当部署に加わることになる。飯沼和正によれば、高峰譲吉が高橋是清のもとで特許関係担当者に就任するまでの歩みは、概ね次の通りである[3]。

　高峰譲吉は、加賀藩の蘭方医である高峰精一の長男として生まれる（生誕は越中高岡＝富山県高岡市、後に父・精一の加賀藩御典医就任にともない金沢に移住）。譲吉は、藩校「明倫堂」（3年間）を経て、藩命（官費）による長崎留学（1865〜1868年）、工部省・工部大学校入学（後の東京帝国大学工学部、1873〜1879年の6年間）、英国留学（1880〜1883年）と学習・研修に励む。1883年帰国後、農商務省工務局勧工課御用掛に就任すると（29歳、月給80円）、翌1884〜1885年、米ニューオーリンズでの万博に派遣され（特許制度調査・諸資料持ち帰り）、帰国後1885年9月に農商務省特許所に配属される（工務局勧工課と兼務、1886年に特許所は特許局に改称、局長は高橋是清、譲吉は次長に任命される。高橋は文官、高峰は技官で32歳の同年齢）。この経歴から見ると、譲吉は明治維新期から近代のイノベーション分野を拓いた紛れもない若き英才！　と言えそうだ（あと10年早く生まれていれば志士として死に至ったかも）。

　譲吉は、明治維新の激動期に、長崎留学で英語を身につけ、工部大学校（後の東京大学工学部）では第1期生として工学系理論と実践を学び

---

[3]　飯沼和正・菅野富夫『高峰譲吉の生涯』（朝日選書、朝日新聞社、2000年12月）の1〜4章を参照。

（英のヘンリー・ダイアー校長の教育方針＝学理の習得と実地研修を等分に重視する教育は成功事例として評価される）、同校応用化学科首席卒業のご褒美による英国留学では産業革命後の産業資本主義最盛期のグラスゴー大学やマンチェスター等での学習・工場実習を体験する（ソーダや人造肥料の製造体験）。帰国後の1883年には、日本酒の防腐剤の会社＝ヒウドロ社を設立するも、万博出張により立ち消えとなる。万博出張の米国では、貪欲に特許制度を調査研究するとともに、人造肥料に着目し燐酸肥料とその原料の燐鉱石を私費購入し日本に送っている。

　以上から、譲吉は、19世紀後半の産業資本主義最盛期（産業資本主義の典型的な発展期）のイギリス・アメリカの科学技術と技術革新の実態、知的財産制度（特許制度）を精力的に学び、技術官僚ではなく、自らも発明家・企業家を目指した、と言えそうだ。英国留学からの帰国後の身の振り方について、「自分としては日本固有の産業や技術を掘り起こしてみたい。その分野に最新の知識を応用してみたい」と述べ、ソーダ製造所等の既存の事業のなかでの技術者の仕事を辞退している（ヒウドロ社はその先例）[4]。

2　イノベーターとしての高峰譲吉① ― 実業家・渋沢栄一との出会い・協働 ―

　1886（明治19）年以降、譲吉は、〈日本固有の産業や技術の掘り起こし〉を目指した発明家・企業家＝イノベーターとしての活動を展開する。

(1) 東京人造肥料株式会社の設立 ― 高峰譲吉が新事業提案 ―

　譲吉は特許局に勤務しながら、発明の事業化に乗り出す。万博出張により立ち消えになったヒウドロ社設立時のアイデア＝日本酒の防腐剤の特許を、万博から帰国後の1886年1月に、取得する（特許第100号、出

---

[4]　飯沼・菅野前掲書55〜56頁。

願人は譲吉の弟の三郎名義、譲吉は特許担当者なので出願は不能）[5]。

　譲吉は、米ニューオリンズ万博出張時に着目した燐鉱石（燐酸肥料＝過燐酸石灰の原料ですでに手元にある）による人造肥料事業について、日本農業の生産性向上のための人造肥料会社設立のアイデアを、渋沢栄一（1840～1931年、当時46歳、第一国立銀行頭取）や益田孝（1848～1938年、当時38歳、三井物産の創業者）に吐露し、賛同を得る（1886年12月、譲吉はこの年32歳、渋沢と益田は明治新政府で大蔵省の井上馨傘下の同役人で民間に転じた実業家）。渋沢らは、当時の実業家達（大倉財閥創始者の大倉喜八郎、浅野財閥の創始者の浅野総一郎、安田財閥の創始者の安田善次郎ら）の賛同を得て、翌1887（明治20）年2月に新会社設立準備会を開き、同年12月に、東京人造肥料株式会社の設立（深川、現在の江東区大島）にこぎつける。

　ただし、譲吉は、この1887年3～12月の間に、益田孝夫妻の欧米旅行に同行し、万博出張時に婚約していたヒッチ家の長女・キャロラインと結婚し、彼女を伴って帰国することになる[6]。この間の会社設立の実務は、渋沢が担ったことになる。譲吉は、会社設立の翌年1888年3月、農商務省を退職し、新会社の技術長兼製造部長として活動を開始する（33歳、農商務省には5年間在職）。社長は渋沢栄一（48歳）が引き受ける。

⑵ 渋沢栄一が人造肥料会社を再建・発展 ― 高峰家は米国に移住 ―

　体制も整い、人造肥料（燐肥）＝過燐酸石灰の製造技術は確立しており、諸機械類もそろい、1888年3月には事業開始となる。しかし、人糞等に頼っていた日本の農家には、有償の化学肥料の効用はなかなか浸透せず、会社の赤字が続く。そんな折、譲吉のもとに、「ウイスキーの米麹方式（日本酒）によるウイスキー醸造」という譲吉のアイデアを評価した米国のウイスキー・トラスト社（ウイスキー原液の全米供給製造

---

5)　飯沼・菅野前掲書57～58頁参照。

6)　飯沼・菅野前掲書の第5、6章参照。

業者、イリノイ州ピオリア）からの招待状が届く。譲吉の渡米意向に渋沢は反対、引き留めにかかるが、益田が説得し、渋沢も譲吉の発明・渡米の意義を納得し、渡米を了解する。譲吉一家５人（夫婦・子供２人＋杜氏の藤木幸助）は、1890年11月に、渡米する。

　人造肥料の発案・製造技術者が抜けて新設の会社は一気に存続の危機に陥った。社長・渋沢の決断に会社の命運が懸かる。会社設立の協力者はみな廃業の意向を示すが、渋沢は人造肥料の意義を明確にし、再建計画を策定し、成功させる。

　渋沢は、こう決意を固める。「主眼は国家のためになる事業であり、農村振興上必要なものであると考え、……将来は必ず有望な事業となると信じて計画した仕事であるから、いかなる災厄に遭うても、必ずこの事業を成就させなければならぬとかねてから決心していたのであるから、……私一人でもこの会社を引き受けて借金してでも必ず成し遂げるつもりである」[7]と悲壮な覚悟を述べる。渋沢はフランス出張・視察（パリ万博参加で徳川慶喜の弟・徳川昭武の秘書役で1867〜1868年フランス留学、明治維新で帰国）で、欧州の資本主義の成長・発展を実感し、「帰朝のうえは商工業界に一身を投じて、国を富ませ実業家の地位を引き上げようという固い信念を抱くようになった」[8]。その信念は、維新後の実業界に蔓延する「官尊民卑」の風（みな官途を目指し、実業を口にする者なし）に対し、四民平等の世になったのに「商工業者は依然として素町人と蔑まれ、官員さんなどには絶対に頭が上がらなかった」[9]状況を打破するとの固い信念と重なっていた。

　また、実業界に入ったのは「財産を蓄積することが目的ではなく、新しく事業を起こすことが私の主意であった」[10]と述べ、「合本主義」や「道徳経済の合一」の立場を明確にする。渋沢の会社再建は、新事業起

---

[7]　渋沢栄一『渋沢栄一自伝』（角川ソフィア文庫、2020年9月）344頁。

[8]　渋沢前掲書274頁。

[9]　渋沢前掲書240頁。

[10]　渋沢前掲書385頁。

こし＝商工業振興・地位向上の固い信念に裏打ちされたものであった。

　渋沢は、譲吉の後任の技術者探し・確保（森氏）、資本金の半減による損失補塡、定款改正による積極経営方針、原料の硫酸の自社製造への転換による原材料コスト削減等の再建計画を策定、展開する。需要増ともあいまって、業績は向上する。1896年に元に戻った資本金を50万円に倍加した。以後順調に成長し、1910（明治43）年には、他社を合併し、大日本人造肥料株式会社（資本金1250万円）に発展する。まさに、日本における化学肥料産業形成の先端を担うことになる。1937（昭和12）年に、合併を経て、日産化学工業株式会社に発展する。戦後も成長し、2018（平成30）年に日産化学株式会社に社名変更する。株式時価総額約1兆円、連結従業員約3,000人、東証プライム上場の大会社となる。

　以上から、東京人造肥料株式会社の設立・展開は、若き発明家・高峰譲吉がアメリカ出張（ニューオリンズ万博参加）で見つけた新事業の芽を、一足先にフランス出張（パリ万博参加）を契機に日本での新商工業発展を目指していた企業家・実業家の渋沢栄一が、日本農業振興に資する化学肥料企業の起業・成長に成功し、同産業の形成に大きく貢献した、と言えよう。

3　イノベーターとしての高峰譲吉② ― 研究開発型ベンチャーとして ―

　譲吉は渡米を契機に、本格的な発明・事業化活動＝研究開発型ベンチャー活動を開始する。

⑴ 私設ラボで新たな研究開発 ― 米麹方式の新ウイスキーづくり発明 ―

　譲吉は、東京人造肥料株式会社の事業開始とほぼ同時に、工場の隣接地に私設製薬所＝ラボを設け、肥料とは別の研究開発を開始する（1888年に、「液汁抽出瓶」と「防火水」の国内特許を出願）。万博出張時か

ら抱いていた〈日本酒の醸造（アルコール発酵）方法を適用したウイスキーづくり〉、つまり、麦芽方式（ウイスキー）から米麹方式（日本酒）に転換するという構想であり、妻キャロラインの両親（とくに母メアリー）や益田に説明してきていた。そのための 2 つの課題（種麹の長期保存、麦の穀粒の膜皮の使用）のうち、前者については、このラボでの研究で「元麹」を発明していた [11]（この研究成果は高峰譲吉と肥田密三連名の国内特許として、1892 年 9 月に出願され、11 月に承認される。特許番号 1748 号）。こうした研究状況は米国のキャロラインの両親にも伝えられていた。

　母メアリーによる譲吉の研究成果の〈売り込み〉の成果が、上記のウイスキー・トラスト社（ウイスキー原液の全米供給製造業者、イリノイ州ピオリア）からの招待に結実したのである。

⑵ タカジアスターゼの発明・特許取得 ― 米国での新ウイスキー醸造は挫折 ―

　トラスト社が用意した実験の場＝ヒニックス醸造所（シカゴ）での譲吉の実験は成果をあげ、1891 年 4 月に初の英国特許（無審査）を英文で出願し承認される。フランス、ベルギーに続いて、同年 6 月に米国特許を出願し、1894 年 9 月に公開承認される（米国は審査制度あり）。特許承認を経て、トラスト社は工業化に進み、新たな醸造棟を建設する一方、譲吉は、タカミネ・ファーメント社（ファーメント ferment ＝発酵素、トラスト社からの特許料収入の受け皿の研究開発型ベンチャー企業）を設立し、両社は契約し、事業を進める。

　しかし、事業の成功可能性が上がるにつれ、モルト業者の反対が高まり、麹室も含めてモデル醸造棟が放火され炎上してしまう。譲吉は肝臓病を再発、シカゴの病院に入院、約半年後に退院する。トラスト社の社長は「推進」であったが、役員は「反対」、株主総会で、同社は「解散」させられてしまう（1893 年 10 月）。譲吉の米麹新方式によるウイスキー

---

[11]　飯沼・菅野前掲書の 109～110 頁参照。

醸造は前途を絶たれる。

　譲吉には、この苦境脱出の次の手が問われた。1894（明治27）年2月、消化促進剤（胃腸薬）の「**タカジアスターゼ**」（ジアスターゼは酵素、タカは「強い」、高峰の高）の特許出願を行う（1894年8月には日清戦争開始）。このタカジアスターゼの研究は1892年からアルコール発酵の研究のなかで行われていたものである。強力なジアスターゼ＝アスペルギルス・オリゼ菌＝消化（溶化）ジアスターゼの生産が可能になる。譲吉は、酒造りから薬づくりへと転換する。

　だが、譲吉一家の生活は苦しく、1894〜1897年の間、米国特許弁理士資格を取得（1894年）し、グリセリンの回収などのコンサル業務で生活費を稼いだと見られる。譲吉は、米製薬会社パーク・デイビス社と、1897（明治30）年に月300ドルでコンサルタント・エンジニア契約（日本以外の欧米市場対象）を結ぶ。生活も、ようやく安定する。

　タカジアスターゼの発明は、これを契機に、数十種類の酵素製剤という新しい薬の領域を拓くことになった。タカジアスターゼは米欧で広く販売される。日本では、塩原又策らが1899（明治32）年に三共商会を設立し、譲吉からタカジアスターゼの販売権を得て販売を開始する。アドレナリンは1902年から販売を開始する。1913年には、譲吉を社長に迎えて、三共株式会社に衣替えする（渋沢栄一も出資）。戦後も発展し、現在は、5大製薬会社の一角のグローバル製薬会社＝第一三共株式会社に発展した（株式時価総額約5.7兆円、従業員約1.6万人）。

⑶ アドレナリンの発明 ― 上中啓三が発明に貢献！ ―

　1897（明治30）年譲吉一家（実験室も）はニューヨークに移住する。ここでも、自宅の近くに（セントラルパーク近隣）、ラボ兼オフィスの仕事場を構える。

　ここに、上中啓三（東大医学部薬学科出身）が1900（明治33）年2月に、実験助手として入所する。ここで、譲吉は、パーク・デイビス社の依頼により、より強力な消化能力をもつジアスターゼ菌株の研究を行った。当時（1890年代）欧米では動物（ウシ、ブタ等）の副腎から

の抽出物（液）が止血や血圧上昇に強い効果があるとして、欧米の研究者間では激しい競争が展開されていた。デイビス社は、譲吉にもこの研究を依頼する。1900年の上中の着任により、この異分野（米・麹・麦芽から動物の内臓の抽出液へ）への取り組みが始まる。

　上中の「実験ノート」[12] によれば、1900年 7 〜11月の 4 カ月の実験で、アドレナリンの抽出に成功する。デイビス社からの副腎の提供を受け、8 回の主成分分離試験を繰り返し行い、アドレナリンの抽出に成功する。12月に、譲吉と上中はデトロイトのデイビス社に向かい、アドレナリンの本格産出に立ち会う。1900年11月に米国、1901年 1 月に英国への特許出願を、高峰譲吉名で行う。1901年にデイビス社はアドレナリンのサンプルを全米の臨床医に配布し、テストを依頼、続々と止血効果が報告される（医学雑誌含めて）。止血効果は非常に高く、「世紀の新薬」とも称され、現在まで手術時に使用されている。

　ところが、アメリカでは薬名が「アドレナリン」ではなく「エピネフリン」名となってしまった（欧州では、アドレナリン）。これは、20年の特許期限が過ぎ（譲吉は1922年死去）、1927年の「盗作」指摘（エイベル教授のゴシップ記事）が大きく影響している。飯沼和正の共著者である菅野富夫は、著書（『高峰譲吉の生涯　アドレナリン発見の真実』）の最終章で「提言　アドレナリンの復権を求めて」を提起している。そこで、問題は、アドレナリンの特許を譲吉名単独で出願したことにあり、上中の「実験ノート」で上中の実験でアドレナリン抽出に成功したことは立証されているので、高峰・上中連名で出願すべきであったことを明示している。その通りであろう。

　上中はアドレナリン成功後も譲吉の「右腕」として行動を共にし、1916（大正 5 ）年に日本にひきあげる。日本でのアドレナリンの国産化・販売は三共株式会社が担うが、その仕事も上中が行う（タカジアスターゼの販売を行っていた三共商店が1913年に譲吉を社長にし、三共株式会社に衣替え）。なお、譲吉は、アドレナリンの発明で、欧米で一

---

12)　飯沼・菅野前掲書の192〜200頁参照。

気に著名人となり、収入面でも、タカジアスターゼやアドレナリンの特許収入等で莫大な財をなす[13]。

　なお、タカジアスターゼ、アドレナリン発明の成果に対し、日本政府から譲吉に、1899（明治32）年に工学博士、1906（明治39）年に薬学博士の博士号が授与された。

4　理化学研究所の設立 ― 高峰譲吉と渋沢栄一 ―

　譲吉は、アドレナリンの成功で、日本人で初めて国際的に認められた科学者・発明家となる。

(1) 高峰譲吉による「国民的化学研究所」構想の提起
　　― 1913（大正2）年 ―

　譲吉は、1912（明治45）年5月に、「アドレナリンの発明」で第1回帝国学士院賞を受賞（58歳）、翌1913（大正2）年3月に凱旋帰国する。同年5月刊行の『実業之日本』（16巻11号）に、「国民的化学研究所」構想（原題：「将に起こらんとする資金一千万円の国民的化学研究所余がこの大事業を企てたる精神を告白す」薬学博士・工学博士　高峰譲吉）を発表し、理化学研究所設立に結びつく。

　この「国民的化学研究所」構想の提案概要は概ね次の通りである[14]。

- 日本は明治維新後「工業の面目を一新した」が、それは欧米の「模倣」に過ぎない。
- しかし、世界は今や**「独創の競争」**の時代になっている。欧米は、「発明」したものは「厳重に秘密を守り」模倣を許さない、工場へ

---

[13]　飯沼・菅野前掲書の第17章参照。

[14]　構想の現代口語訳は、理化学研究所広報室のもの、松井孝司「『理研』に結実した高峰構想」（いずれもWebサイト検索データ）、飯沼・菅野前掲書259～263頁など参照。

の「日本人の視察」も拒否する。したがって、「我々日本人は自ら研究し、自ら独創を発揮しなければならない」。

- 最近ドイツの工業は急速に発展しているが、それは「学理の応用」により海外より安価な原材料を輸入し、「化学的用途を研究」し高貴な新製品として世界に販売し、「富強な国」にしている。日本も、豊富な東洋の材料の用途を研究し発明し、加工し新製品として輸出し、欧米に対抗するべきである（理化学工業の時代へ）。

- 日清・日露の2大戦役により日本は列強に仲間入りしたが、今後「内容のある強国となるには実力を養成する以外になく」、それは「工業」によらなければならない。工業の進歩には「自ら発明しなければならない」。そのためには、「研究所が必要」である。

- 工業関係の試験研究所としては、農商務省の工業試験所があるが、ここでは、「官吏でないと研究に従事できない」。「国民的化学研究所を設置し新しいアイデアを着想した人がそこで研究」できるようにし、「国民自ら発明事業を大きく完成し、国家の富の増進に勇んで進むのが最も急務である」。すでに日本には、発明の能力者は3千人以上いる。

- 外国に事例を見ると、「今後の発明は科学に基づいたものでなければならない」。アメリカでは、富豪のロックフェラーが寄付により、ロックフェラー医学研究所を設立し（1901年）、ノーベル賞受賞者も出ている。同研究所では野口英世も研究している。他の欧米諸国でも研究所の設立が進んでいる[15]（重工業から理化学工業へ）。

- **私（高峰）は、中央に1つの研究所を設置し設備・組織を整備すること、地方でも研究可能な仕組みをつくること（広くアイデア公募）、発明の特許権の活用の仕方（特許の名義、利益の利用等）を**

---

[15] 当時、ドイツでは、カイザー・ヴィルヘルム協会（1911年設立、後のマックス・プランク協会）、アメリカではカーネギー研究所（1902年設立）、フランスではパスツール研究所（1887年設立）などが民間からの寄付で設立されていた。ロックフェラー研究所は1965年にロックフェラー大学院大学に発展する。

検討すること、の3点を提案する。

- 研究所の維持は基金の利子で行うのが望ましく、基金は1,000万〜2,000万円程度必要であろう。この金額は高いように見えるが、ドレッドノート型戦艦1隻の建造費と同じ程度である。戦艦は年々、老朽化するが、研究所は将来の大発明が期待される。

(2) 渋沢栄一が理化学研究所設立を推進

　渋沢栄一の晩年は、1909（明治42）年に70歳を前にして多くの企業・団体の役員を辞任、翌1910（明治43）年政府の生産調査会の副会長（会長は農商務大臣）就任、1911（明治44）年勲一等瑞宝賞受賞、1916（大正5）年第一銀行頭取を辞任し、経済界から引退する（但し、東京養育院の院長は死亡する1931〈昭和6〉年まで務める。同院は現・東京都健康長寿医療センター）。

　渋沢は「生産調査会」のリーダーとして、日露戦争後の日本経済の産業高度化の答申を1912年12月に提言しており[16]、譲吉の研究所構想は、その直後の提案であった。

　渋沢は、譲吉から「国民的化学研究所」設立構想を相談されるが、自らの日頃の考えと一致しているところから（独創を育てる研究所の必要性、既存の研究機関の非有機性、民間の発明家に対応する研究機関の欠如等）、全面的に賛同、その実現に動く[17]。1913年6月に、東京商業会議所と相談し実業界の名望家120〜130人を東京・築地精養軒に招待し、高峰譲吉の一大演説会を開催し、研究所設立の同意を得て、創立活動に

---

[16] 米倉誠一郎『イノベーターたちの日本史』（東洋経済新報社、2017年5月）226頁参照。

[17] 渋沢前掲書347〜349頁参照。当時の大学・研究機関は、『理化学研究所百年史』（理化学研究所、2018年7月）（理化学研究所Webサイト掲載、3頁）によれば、東京帝国大学（1877年設立）、京都帝国大学（1897年）、東北帝国大学（1907年）と電気試験所（1891年）、東京工業試験所（1900年）、鉄道大臣官房研究所（1913年）などの官立（国立）機関であった。

入る[18]。池田菊苗や鈴木梅太郎らと設立案を起草し、1914（大正3）年3月に帝国議会貴衆両議院に請願書「化学研究所設立ニ関スル請願」を提出するが、議会が解散となり廃案になってしまう。

　しかし、1914年6月に勃発した第1次世界大戦により西欧からの日本への医薬品や工業原料の輸入が制限され、これが追い風となる。この事態を受け、農商務省は化学に物理学分野も含めた「理化学研究所」設立の計画をまとめる。この案で、産業界に寄付を要請するとともに、政府（時の首相は大隈重信）でも政府補助に動き、「理化学を研究する公益法人に対し、国庫補助を為す法律案」が可決され、1916（大正5）年3月に公布される。これを受けて、創立委員長に渋沢栄一、常務委員に団琢磨、櫻井錠二ら7名が就き、研究所の建物・設備については、物理関係は長岡半太郎、大河内正敏、化学関係は池田菊苗、井上仁吉に委嘱された。渋沢委員長らの寄付の産業界への勧誘により設立に必要な200万円を上回る寄付金も集まり、「財団法人理化学研究所」が1917（大正6）年3月に設立された[19]。財団理研は、まさに、産学官連携により創設された。

⑶　ラスト・サムライとしての高峰譲吉

　かくして、理研は、2人の希有なイノベーター、発明家・起業家たる高峰譲吉と企業家・実業家たる渋沢栄一の2人のイノベーターの合作として、設立された、と言えよう。譲吉は自らの経験（新知識＝発明→特許→起業・事業化）を踏まえて、日本が欧米との競争に伍していくための新しい「理化学」の発明と事業化の拠点として理研設立を提案した。渋沢は、自らの経験（新知識分野→新事業→起業・起業支援→新産業形成）を踏まえて、欧米との競争に伍していくための知識創造・新規事業

---

[18]　理化学研究所Webサイトの「理研ヒストリア」の「創立までの歩み」参照。

[19]　この民間の財団法人理化学研究所設立は初めてのことであり、政界の動きは曲折をたどる。その詳細動向は、前掲『理化学研究所百年史』5〜8頁を参照されたい。

創出の拠点としての研究所設立を主導した。高峰譲吉と渋沢栄一は発明家と企業家の特性を持つイノベーターであり、相互連携により、新事業・新産業を創出する。高峰譲吉と渋沢栄一は、新技術の発明と新事業創出というイノベーションに不可欠な要素を担う研究拠点＝理化学研究所を創出した、と言えよう。

　米倉誠一郎は、高峰譲吉の葬儀（1922年7月）に際しニューヨーク大学総長フィンレー博士の弔辞「……サムライに生まれた彼は……大小二本の刀を科学という武器にかえた……」を指して、「日本にもこんなサムライがいたことを私たちは忘れてはいけないのである」と述べる[20]。全くその通りである。これにならって言えば、渋沢栄一が「新事業・新産業の生みの親」（渋沢＝「資本主義の父」説の真の意味）であることも忘れてはいけない、と言えよう。

---

[20]　米倉前掲書232〜233頁。

第2章　理化学研究所と理研発ベンチャーの展開 ― 戦前理研 ―

1　理化学研究所＝財団理研の仕組み ― 主任研究員制度と先端試験装置 ―

　民間の財団法人理化学研究所＝財団理研は、高峰や渋沢の念願通り設立されたが、苦難のスタートであった。

(1) 財団理研の設立

財団理研のスタート時の体制等は概ね次の通りである。

- **名称**：財団法人理化学研究所、設立：1917（大正6）年3月20日、場所：東京都文京区駒込（14,901坪、現在の文京区本駒込2丁目の日本医師会館・文京グリーンコート付近）
- **目的**：第1章目的及事業第1条「本所は産業の発達に資するため理化学を研究しその成績の応用を図ることを以て目的とす」[1]（現代語訳、寄付行為＝定款記載）
- **体制**：総裁（皇族）：伏見宮貞愛親王、副総裁：渋沢栄一と菊池大麓（帝国学士院長）、所長：菊池大麓、副所長：櫻井錠二（東京帝大教授）、顧問：山川健次郎、研究者＝物理学部：部長・長岡半太郎、研究員：大河内正敏（造兵学）、鯨井恒太郎（電気工学）、化学部：部長・池田菊苗（化学）、研究員：鈴木梅太郎（農芸化学）、田丸節郎（化学）、和田猪三郎（化学）（以上、東京帝大教授）、眞島利行（有機化学、東北帝大教授）。

---

[1]　目的と次の体制は、理化学研究所『理研精神八十八年』(2005年)（理化学研究所Webサイト掲載）3〜5頁、および前掲『理化学研究所百年史』8頁を参照。

- **運営資金**[2]：御下賜金1,000,000円（1917年から10年間毎年100,000円）＋政府補助金5,050,000円（1916～1922年の7年間1,650,000円＋1923～1932年の10年間2,500,000＋1933～1937年の5年間900,000円）＋民間実業家寄付（3,953,028円）＝10,003,028円（創立当初の民間実業家寄付は約300万円で目標未達）。

(2) 第3代所長に大河内正敏が就任

財団理研は高峰や渋沢の願望通り、民間の研究所として発足したが、当初から問題を抱える。

第1に、財政問題。実業界からの寄付は第1次大戦後の不況も重なり310万円に止まり目標の500万円に届かず、財政不安を抱えていた。第2に、体制の問題。初代所長の菊池大麓は就任5カ月で急逝、第2代所長の古市公威も1921（大正10）年9月に健康上の理由で辞任してしまう。加えて、物理学部（部長・長岡半太郎）と化学部（同・池田菊苗）の2つの研究部の対立が研究のあり方、予算、施設等で激化する。

財団理研の副総裁（財団の実質的トップ）であった渋沢栄一は、第3代所長には、顧問の山川健次郎（日本初の物理学博士、元東京帝大総長）が適任と就任要請するが、山川は固辞し、大河内正敏（1878～1952年）を推薦する。大河内は、1921（大正10）年10月7日、財団理研の第3代所長に就任する。大河内は、東京帝大工学部造兵学科教授（同大学首席卒業）であり、子爵で貴族院議院の42歳の若さであった（池田菊苗は57歳、長岡半太郎は56歳）[3]。なお、櫻井錠二は大河内の所長就任と同時に、副所長を辞任する。

大河内は戦後1945年12月に戦犯容疑者として逮捕されるが、1946年4月に釈放、10月に財団理研所長を辞任する。大河内の財団理研所長在任期間は、実に25年間（1921年10月～1946年10月）にのぼる。

---

[2] この財政資金は、理化学研究所『研究二十五年』（1942年3月）（理化学研究所Webサイト）57頁を参照。

[3] 大河内正敏の経歴等は、米倉前掲書238～243頁を参照。

(3) 主任研究員制度＝分権型研究室制度の導入 ― 研究体制の一新 ―

大河内は1921年10月の所長就任あいさつで次のように述べる。

「研究所運営の方針として、学術の研究と実際とを結合せしむるの方法を講じ、以て産業の基礎を確立すること、したがって、実業界との接触頻繁となり、自然経費の幾分かさむものあらんも、之を諒せられたきこと、また研究者は研究を生命と為すものなるが故に、研究に耐えざるに至りたる者、もしくは研究能力の欠くに至りたる者は之を罷免して、新進気鋭の研究者を採用する見込みなる」[4]旨を陳述する。

この基本方針は、上記の研究所の目的を、〈研究と実際（応用）の結合により産業の基礎を確立すること〉を目指し、研究は〈十分な研究能力を有する者〉（最適研究者に入れ替え）により行うものとする、ことを明示したものである。この方針は、「理研精神の神髄」を語ったものであり、「これが100年続いてきた原点として、現在にも引き継がれている」[5]と、現在の理研自ら位置づけている。現在の理研も大河内の考え方を継承している。

大河内所長は、この方針を具体化する2つの大改革、つまり、〈**研究体制の一新と研究成果の実用化**〉を行う。

まず、〈**研究体制の一新**〉は、2部制（物理学部と化学部）を廃止し、新たな主任研究員中心の分権型研究室制度を新設した（両部の対立も解消した）。この研究室は、主任研究員に全権、つまり、研究テーマ、予算、人事、施設等の裁量権を持たせ、研究者の自由な創意を育む環境とした。すべての主任研究員に同等の権限を与え、主任研究員は一代限りとした。退任時に研究室は解散となる。また、主任研究員は大学教授との兼任も可能とし、東京帝大等の帝国大学内に研究室（ブランチ）を置き理研の研究費で研究員を採用、研究できる体制とした。

1922年1月にスタートした新研究室は、次の14研究室であった。

飯盛研究室（主任研究員・飯盛里安）、池田研究室（同・池田菊苗）、

---

[4]　前掲『理化学研究所百年史』10〜11頁。

[5]　前掲『理化学研究所百年史』11頁。

西川研究室（同・西川正治）、本多研究室（同・本多光太郎）、大河内研究室（同・大河内正敏）、和田研究室（同・和田猪三郎）、片山研究室（同・片山正夫）、高峰研究室（同・高峰俊夫）、田丸研究室（同・田丸節郎）、長岡研究室（同・長岡半太郎）、鯨井研究室（同・鯨井恒太郎）、眞島研究室（同・眞島利行）、喜多研究室（同・喜多源逸）、鈴木研究室（同・鈴木梅太郎）。このうち、片山、長岡研究室は東大、眞島研究室は東北大、喜多研究室は京大の研究室が中心であった。研究分野別に見ると、物理系が長岡、西川、本多、高峰の4研究室、化学系は池田、飯盛、和田、片山、眞島、田丸の6研究室、応用化学の喜多、農芸化学の鈴木、そして工学系の大河内、鯨井の2研究室に分けられる。

(4) 先端試験装置の整備 ─ 研究成果の実用化の基盤整備 ─

　分権型研究室制度による〈自由な研究〉が成果をあげる（研究論文、特許、事業化で）ためには、研究者の独創を検証する装置・機器が不可欠である。

　財団理研は、設立当初、工作業務（研究支援の実験等業務）の担当者はいても、専門の組織はできていなかった。設立4年目の1921（大正10）年に「工作係」[6]という組織が新設される。これは、1914年3月の帝国議会解散で審議未了・廃案となった上記の「化学研究所」設立案に明示されていた「設計及工場試験部」（研究部門に加えた）の設置が実現したものである[7]。

　なぜ、「工作係」が必要なのか。当時、日本国内には先端的な理化学機器や精密測定機器はなく、また当然、製作できる技術も人もいなかった。科学者・研究者のアイデア＝独創を生かすには、精密な実験装置や測定機器を備え、かつ、そうした機器を作る技術者も必要となる。現

---

[6]　以下の工作係については、前掲『理化学研究所百年史』の第3章「工作部の100年」第1節「工作係の誕生と拡張の時代」（159〜173頁）を参照。

[7]　斎藤憲『新興コンツェルン理研の研究』（時潮社、1987年1月）43頁、122頁参照。

代のいわゆる基盤技術である。「工作係」はそういう装置（技術）と人
（技術者）の集積組織である。

　財団理研発足時から物理学部長の長岡半太郎は理化学研究における計
測機器の重要性を認識していた。東京帝大の長岡物理学教室から理研に
職工として入所した綾部直に、入所当日の1917（大正6）年11月30日
に、米ハーバード大学のブリッジマン教授の研究室への派遣命令が出さ
れる。同研究室の高圧技術、それを生み出すための装置を作る精密機械
技術の習得のための留学である（1921年7月29日に帰国）。また、小野
忠五郎は1918年1月4日に入所し、シカゴ大学のマイケルソン教授の
もとに留学、光学、分光学の精密加工技術を習得する（1922年7月に
帰国）。

　これを踏まえて、「工作係」の組織は、綾部の帰国（1921年7月29
日）後、大河内正敏所長就任（1921年10月7日）直後の1921年11月1
日に新設される。以後、「工作係」の運営・業務は綾部と小野の「二枚
看板」の2人の技術者を中心に進む。2人の後も、技術者の育成は続
く。そして、施設として、工作棟（6号館、411坪）が、1922年4月1
日に完成し、工作業務が本格的に開始される。「工作係」は、「各研究室
の研究介助」、つまり実験・試験等に不可欠な理化学機器や精密測定機
器の整備と運用を担う。

　1923年に入所し工作係に勤務した町田秀雄が当時の6号館の図面と
配置された工作機械を記録している。図表1に示す通りだが、これらの
工作機械の多くは当時の世界の最高級マシンであり、機械をつくる機
械、マザーマシンもある。日本製の高級品も交じっている。

図表１　理研６号館の図面と機械設備

(1) 理研６号館図面

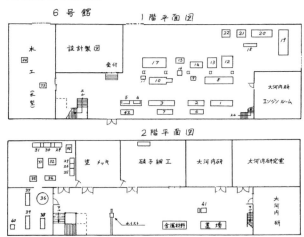

(2) 大正時代の機械設備（『理化学研究所六十年の記録』86頁　野田秀雄の図より）

1．Hendy　8フィート旋盤	16．碌々　卓上ボール盤	31．Ames　卓上旋盤
2．大隈鐵工　6尺旋盤	17．Horn　ラジアルボール盤	32．Mikron　ギアホブ盤
3．Hendy　10フィート旋盤	18．Brown & Sharp　カッター研削盤	33．形削盤（小型、米国製）
4．Ames　卓上旋盤	19．ワカヤマ　平削盤	34．Livet　万能研削盤
5．Ames　卓上旋盤	20．Norton　万能研削盤	35．Taylar-Hobson　彫刻機
6．瓦斯電　6尺旋盤	21．Brown & Sharp　#2万能フライス盤	36．Societe Genevoise　1000 mm 円形目盛り刻印機
7．Horne　6フィート旋盤	22．Brown & Sharp　#1Dフライス盤	
8．池貝鉄工　12尺旋盤	23．木工用鋸盤	37．Societe Genevoise　1000 mm 線形目盛り刻印機
9．Atlas　マンドレルプレス機	24．木工用バンドソー	
10．Brown & Sharp　自動ネジ切り旋盤	25．日立　ツールグラインダー	38．Societe Genevoise　精密ネジ切り旋盤
11．日立　ツールグラインダー	26．碌々　卓上ボール盤	
12．Cincinati　#3縦型フライス盤	27．碌々　卓上ボール盤	39．Societe Genevoise　1 m測定機
13．大隈鐵工　形削盤	28．Ames　卓上フライス盤	40．Boley　精密時計旋盤
14．切断機	29．Livet　卓上旋盤	41．鋸盤
15．碌々　段車掛縦型ボール盤	30．Harding　卓上旋盤	42．硝子旋盤

（出所）『理化学研究所百年史』162頁

　1923年時点の工作係の職員は20名、1925年12月時点では、工作係の職員は66名に増え、技師陣（綾部、小野、石英ガラスのケスラーら5名）のもとに、設計製図部（4名）、精密機械仕上部（10名）、機械仕上部（22名）、調整部（2名）、鋳工部（3名）、鍛工部（2名）、硝子部（1名）、木工部（3名）、工作見習（14名）が配置されていた。

⑸〈科学者の自由の楽園〉とは……

　財団理研は〈科学者の自由の楽園〉と言われるが、その意味するところは何か。鎌田甲一ら[8]によれば、理研がスタートした大正時代の帝国大学の教授はもっぱら〈教育〉に従事し、研究予算もなく、実験・試験装置もなく、〈研究〉はできない状態であった、という。理研は、主任研究員制度＝分権型研究室制度と先端試験装置の整備により、全く逆に、自由な研究を可能にした。帝大の教授は喜んで理研の研究に参加し、後述のように成果（論文、特許権取得）もあげた。また、理研研究室で研究し博士号を取得し、全国の大学に赴任した若手研究者が大学での研究を開拓・先導する役割も果たした。理研は日本発の自然科学研究の仕組みを創った研究所であった。

---

[8]　鎌田甲一（仁科記念財団常務理事・元東大教授）「理化学研究所のあゆみ ― 駒込時代 ―」『Isotope news』（2004年1月号）を参照。また、東京帝大の学長を務め後に理研の副所長に就任した櫻井錠二は、当時の帝国大学は教育が主で、研究費もなく研究可能な状態ではなかったことを証言している（斎藤前掲書37〜38頁）。

2 財団理研の研究体制と研究成果 ─ 論文、特許、研究者育成 ─

　財団理研はどんな体制で、どんな研究成果をあげたのか。まず、研究面から見てみよう。

(1) 研究体制 ─ 研究機能と試験機能の飛躍的充実・拡大 ─

　図表2によれば、大河内所長スタート時点（1922年）から20年後（1942年）の戦時期の財団理研の所員（職員）総数は約11.6倍（132人→1533人）に増加した。その最も大きな要因は、実験・試験作業従事者（試験作業に従事する者＋工作実習中の者）が0人から600人に急増し、所員総数の約40％を占めるようになったためである。これは、後述のように、財団理研本体が発明の事業化機能（実験・試験・試作機能）を飛躍的に強化したことを示す。

　研究活動はどうか。研究に直接従事する者も約8倍（107人→829人）に増えた。研究室＝主任研究員は14から33に増えるが、解散・閉鎖した8研究室も含めれば、総計41研究室・主任研究員にのぼる[9]（その後、財団理研解散時までに3研究室増え、合計44研究室）。研究員も16人から45人へと約3倍増となる。研究員（主任研究員と研究員）は、研究員総会で運営に参加できるが、研究員に指名されるのには、推薦者1名、賛成人2名の推薦状を所長に提出し、所長が研究員総会にはかり、会員の4分の3の賛成を得て初めて可能になる[10]。

---

[9] 前掲『研究二十五年』6～7頁参照。

[10] 前掲『研究二十五年』5頁参照。

図表２　財団法人理化学研究所の所員数の推移

職員		1922年5月①	1942年1月②
研究に直接従事する者		107	829
内訳	主任研究員	14	33
	研究員	16	45
	助手・技師・技手	22	105
	研究生	29	142
	嘱託	4	192
	技手・雇以下	22	312
研究の介助をなす者		19	49
工作実習中の者		0	174
試験作業に従事する者		0	426
雑役に従事する者		6	55
合計		132	1533

（出所）①は『新興コンツェルン理研の研究』122頁、
　　　　②は『研究二十五年』4頁より引用

　学位取得者も多い[11]。研究員以外の助手、技師、研究生等含め124名の博士学位取得者（理学83名、工学20名、農学15名、医学6名）が勤務している。

　図表3は財団理研の研究室一覧であるが、研究室の規模は多様である（1942年1月時点）。最大規模の研究室は仁科研究室100名（研究員は主任研究員の仁科芳雄含め3名＋その他97名＝100名）で、研究員が最も多いのは鈴木研究室9名（研究員は、主任研究員の鈴木梅太郎含め9名＋その他88名＝97名）である。ちなみに、大河内正敏研究室は41名（研究員3名＋その他38名＝41名）、長岡半太郎研究室は12名（研究員2名＋その他10名＝12名）であった。

---

[11]　前掲『研究二十五年』5〜7頁参照。

図表3　理化学研究所の研究室一覧

(1) 活動中の研究室一覧（1942年1月1日現在）

研究室名	主任研究員		設立年月	室員数（人）		
				研究員	その他	合計
飯盛	理博	飯盛里安	1922年1月	2	20	22
大河内	工博	大河内正敏	1922年1月	3	38	41
片山	理博	片山正夫	1922年1月	3	16	19
喜多	工博	喜多源逸	1922年1月	3	26	29
鈴木	農博	鈴木梅太郎	1922年1月	9	88	97
高峰	理博	高峰俊夫	1922年1月	5	15	20
長岡	理博	長岡半太郎	1922年1月	2	10	12
西川	理博	西川正治	1922年1月	4	22	26
本多	理博	本多光太郎	1922年1月	3	16	19
眞島（利）	理博	眞島利行	1922年1月	6	34	40
和田	理博	和田猪三郎	1922年1月	4	9	13
石川	理博	石川総雄	1922年7月	1	12	13
石田	ドクター・オブ・フィロソフィー 石田義雄		1923年4月	2	14	16
久保田	理博	久保田勉之助	1923年4月	2	14	16
西	工博	西健	1923年4月	2	13	15
眞島（正）	工博	眞島正市	1923年4月	1	19	20
木村（正）	理博	木村正路	1924年5月	1	9	10
瀬藤	工学士	瀬藤象二	1925年9月	2	10	12
木下	工博	木下正雄	1926年6月	1	22	23
仁科	理博	仁科芳雄	1931年7月	3	97	100
磯部	理博	磯部甫	1932年6月	4	40	44
飯高	工博	飯高一郎	1933年4月	1	25	26
野口	工博	野口孝重	1933年4月	1	12	13
深川	理博	深川庫造	1933年4月	2	22	24
清水	理博	清水武雄	1936年5月	1	20	21
辻	工博	辻二郎	1937年12月	1	18	19
赤平	工学士	赤平武雄	1939年7月	1	14	15
青山	理博	青山新一	1940年7月	1	11	12
海老原	工博	海老原敬吉	1940年7月	1	7	8
菊池	理博	菊池正士	1940年7月	1	16	17
木村（健）	理博	木村健二郎	1940年7月	1	10	11
星野	理博	星野敏雄	1940年7月	1	5	6
稲葉	理博	稲葉見敬	1941年6月	3	22	25
合計				78	726	804

(2) 過去の研究室一覧

研究室名	主任研究員		設立年	廃止年	備考
池田	理博	池田菊苗	1922年1月	1932年6月	現・磯部研究室に継承
鯨井	工博	鯨井恒太郎	1922年1月	1925年9月	現・瀬藤研究室に継承
田丸	理博	田丸節郎	1922年1月	1922年9月	
浅原	理博	浅原源七	1923年4月	1928年3月	池田研究室から独立→現・磯部研究室に継承
西村	理学士	西村常吉	1923年4月	1928年3月	同上
鈴木（庸）	理博	鈴木庸生	1923年　月	1931年1月	現・稲葉研究室に継承
寺田	理博	寺田寅彦	1924年5月	1935年12月	現・清水研究室に継承
井口	工博	井口春久	1933年4月	1937年11月	現・辻研究室に継承

（出所）財団法人理化学研究所『研究二十五年』（1942年3月）より作成

(2) 研究分野

　図表 4 は、財団理研 25 年間で行われた主な研究分野を一覧にしたものである[12]。同表のうち、物理学関係と理論及無機化学関係の研究分野は抽象的理論や法則の理論等が主で、研究論文が主たる研究業績となる。これに対し、応用物理関係（工学系）と有機及生物化学関係（バイオ・テクノロジー系）の研究成果は論文、特許取得、事業化と幅広い。発明の事業化のためには、この工学系とバイオ系の研究の活性化が重要になる。

図表 4　財団理化学研究所の主な研究分野（1942 年 3 月時点）

大分類	主な研究分野
物理学関係	ベクトル、蛍光、絶対零度、超音波、X 線、原子核、原子核反応、宇宙線、量子理論等細目含む 43 分野
応用物理関係	金属材料（マグネシウム）、光学、電気材料（琥珀、アルマイト）、機械工作（ピストンリング）、測定法・器等細目含む 40 分野
理論及無機化学関係	分子双極子、コロイド、稀有金属元素、鉄鋼分析法、アドソールの研究等 24 分野
有機及生物化学関係	ビタミン、ホルモン、食品の栄養、合成清酒、陽画感光紙、ウルトラジン、合成繊維、合成ゴム、石炭液化等 22 分野

（出所）財団法人理化学研究所『研究二十五年』（1942 年 3 月）より作成

(3) 研究成果① ― 論文、学位、表彰 ―

　では、研究成果はどうであったか。

★研究業績[13] ……研究（テーマ）件数は毎年増加し、1941 年度には 457 件に達した。年 2 回研究発表（毎年 200 件の新発表）、を行い、邦

---

[12]　前掲『研究二十五年』13〜57 頁参照。

[13]　前掲『研究二十五年』8 頁参照。

文と欧文の論文を発表する。1941年までに、邦文月刊誌（「理化学研究所彙報」、〈彙＝い〉は集の意味）に1686件の論文、欧文月刊誌（*The Scientific Papers of the Institute of Physical and Chemical Researches, Tokyo*）に1072件の論文を発表した。

★学位授与[14]……財団理研の研究で学位を授与された者は118名（理学75名、工学22名、農学18名、医学3名）（1941年2月）にのぼり、大学等の教授・助教授に採用された者は93名（同年）にのぼる。研究者養成の大学院の役割も立派に果たした、と言える。

★研究業績表彰[15]……財団理研の研究員の研究業績（主として論文）のうち、学会や帝国学士院に表彰された受賞（民間表彰や文化勲章、海外受賞は除外）は、合計30件にのぼる。

　図表5を時系列で見ると、財団理研の主任研究員制度がスタートした初期から、受賞が発生しており、財団理研の研究レベルの高さが表れている。本多光太郎の「鉄鋼に関する研究」（ベッセマー賞、1922年4月）、鈴木梅太郎の「オリザニンの研究」（帝国学士院賞、1924年6月）、高橋克己「ビタミンＡの研究」（帝国学士院賞、1924年6月）、大河内正敏・海老原敬吉「ピストンリングの研究」（帝国発明協会恩賜賞、1933年4月）などがよく知られている。

(4) 研究成果② ― 特許取得、発明表彰、財政貢献 ―
　第2の研究成果である特許の取得は、発明の事業化の条件であり、その成果報酬は研究所財政を支える。

---

[14]　前掲『研究二十五年』10頁参照。

[15]　前掲『研究二十五年』10〜12頁参照。

図表5　財団法人理化学研究所の研究業績受賞一覧（学会、帝国学士院等）

研究室	受賞者	褒賞名	研究事項	受賞年月
本多	本多光太郎	ベッセマー賞	鉄鋼に関する研究	1922年4月
高峰	高峰俊夫	帝国学士院恩賜賞	スタルク効果の研究	1922年5月
鈴木	高橋克己	日本化学学会賞	ビタミンAについて	1924年4月
鈴木	鈴木梅太郎	帝国学士院学士院賞	オリザニンの研究	1924年6月
鈴木	高橋克己	帝国学士院学士院賞	ビタミンAの研究	1924年6月
久保田	久保田勉之助	日本化学会桜井褒賞	有機化学における接触反応の研究	1925年4月
片山	水島三一郎	日本化学会桜井賞	電波の吸収	1929年4月
鈴木	佐橋佳一	日本農学会賞	オリザニン成分B酸の研究	1930年4月
石川	石川総雄	日本化学会桜井褒賞	化学変化の熱力学的研究	1931年4月
菊池	菊池正士	帝国学士院メンデルホール賞	陰極線の結晶に依る廻折の研究	1932年5月
鈴木	鈴木文助	帝国学士院恩賜賞	脂肪酸及之を含有する生物体成分の研究	1933年5月
辻	辻二郎	帝国学士院恩賜賞	光弾性実験の研究	1933年5月
鈴木	武居三吉	帝国学士院学士院賞	デリス根の有効成分ロテノーンの化学的構造に関する研究	1934年5月
鈴木(庸)	櫻井季雄	日本学術協会賞	赤外線写真の研究	1935年10月
瀬藤	瀬藤象二/宮田聡	日本学術協会賞	アルミニウムの電解酸化の機構	1935年10月
眞島(利)	黒田チカ	日本化学会眞島賞	紅の色素カーサミンの研究	1936年4月
大河内	大越諄	日本学術協会賞	ミリングカッタの研究	1936年10月
大河内	田口淳三郎	日本学術協会賞	トーキーによる日本語の研究	1937年8月
大河内	大山義年	日本学術協会賞	粒体の混合の研究	1937年8月
鈴木	前田司郎	日本学術協会賞	蛋白質分解物を用いる動物飼育試験	1937年8月
片山	水島三一郎	帝国学士院学士院賞	分子の極性（並びにラマン効果）	1938年5月
西川	仁田勇	日本化学会桜井褒賞	X線に依る結晶構造の研究	1939年4月
片山	堀内壽郎	帝国学士院恩賜賞	反応機構論	1940年5月
眞島(利)	川合眞一	日本化学会眞島賞	エゴノールの研究	1940年7月
和田	和田猪三郎	日本学術協会賞	理科教育への貢献	1940年8月
片山	久保昌二	日本学術協会化学賞	気体の透電恒数	1940年9月
青山	青山新一/神田英蔵	日本化学会桜井賞	低温化学に関する研究	1941年4月
深川	小竹無二雄	日本化学会眞島賞	有機化合物構造式決定の研究	1941年4月
眞島(利)	尾形輝太郎	帝国学士院学士院賞	感光色素合成の研究	1941年5月
木村(正)	宮西通可	日本学術協会賞	不知火の神秘性について	1941年8月

（注）文化勲章、民間賞、海外受賞等は受賞欄から除いた。

（出所）財団法人理化学研究所『研究二十五年』（1942年3月）より作成

★**特許取得**……財団理研の特許権等（特許権＋実用新案）取得件数[16]
は、1919年末2件（内国特許2件）、1921年10件（内国10件）、1923
年35件（内国27、外国8件）、1925年116件（内国89、外国23、実
用新案4件）、1927年224件（内国170、外国49、新案5件）、1929年
360件（内国256、外国90、新案14件）と増加し、1939年には838件
（内国542、外国136、満州国30、実用新案130件）に達する。

　1942年1月時点では、1,057件（内国特許669件、満州国特許40件、
外国特許153件、実用新案195件）にのぼった[17]。

★**発明表彰**……財団理研の優れた発明（特許等）に対し、図表6に見る
ように、帝国発明協会から合計15件の発明表彰が行われた。いずれ
も、事業化に貢献した発明である。代表的な受賞発明としては、鈴木
梅太郎の「合成清酒の製法」（1929年10月受賞）、高橋克己の「ビタ
ミンAについて」（1929年10月）、鈴木庸生・櫻井季雄の「ウルトラ
ジンの発明」（1926年9月）、大河内正敏・海老原敬吉の「ピストンリ
ングの研究」、今富祥一郎の「マグネシウム電解装置」などがあげら
れる。後述のように、戦前の日本に新製品・新事業＝イノベーション
を登場させ、財団理研の収入確保にも貢献した。

---

[16]　斎藤前掲書125～128頁参照。

[17]　前掲『研究二十五年』60～61頁参照。

図表 6　財団法人理化学研究所の発明に対する表彰一覧

研究室	受賞者	褒賞名	研究事項	受賞年月
鈴木	鈴木梅太郎	帝国発明協会恩賜記念賞及大賞	オリザニンの発明	1926年9月
鈴木（庸）	鈴木庸生/櫻井季雄	帝国発明協会進歩賞	ウルトラジンの発明	1926年9月
鈴木	鈴木梅太郎	帝国発明協会特等賞	合成清酒の製法	1929年10月
鈴木	高橋克己	帝国発明協会特等賞	ビタミンAについて	1929年10月
鈴木（庸）	鈴木庸生/櫻井季雄	帝国発明協会優等賞	ウルトラジンの発明	1929年10月
本多	本多光太郎	帝国発明協会賞	鉄鋼に関する研究	1930年5月
辻	辻二郎	帝国発明協会恩賜奨励金	光弾性実験の発明	1931年4月
大河内	渡邊俊平	帝国発明協会進歩賞	音響記録方式（トーキー録音方式）	1933年4月
大河内	大河内正敏/海老原敬吉	帝国発明協会恩賜記念賞及大賞	ピストンリングの研究	1933年4月
瀬藤	植木栄/瀬藤象二	帝国発明協会賞	アルミニウム電気絶縁性皮膜の製法	1935年5月
大河内	今富祥一郎	帝国発明協会特等賞	マグネシウム電解装置	1935年5月
大河内	大河内正敏/今富祥一郎	帝国発明協会恩賜記念賞及大賞	マグネシウム製造法	1938年3月
瀬藤	宮田聡	帝国発明協会賞	乾式電解蓄電器	1941年3月
鈴木	佐橋佳一/武内邦次郎/島本鶴造/伊木常安	帝国発明協会特等賞	B（10）オキシカンファーの製法	1941年3月
鈴木	藪田貞治郎/下瀬林太/大嶽六郎	帝国発明協会特等賞	ベンゾールより触媒酸化によるマレイン酸の製法	1941年3月

（出所）財団法人理化学研究所『研究二十五年』（1942年3月）より作成

★**財政貢献**[18)] ……特許（発明）の使用料等は、1928（昭和3）年〜
1940（昭和15）年の13年間で、許諾料が44社から246.7万円、実施
報酬が255社から529.5万円、合計299社から776.2万円にのぼった。

[18)]　前掲『研究二十五年』59〜61頁参照。

実施報酬は精密機械類では定価の5〜7％、薬品類は5〜30％等であった。特許収入の配分は、財団理研の組織が75％、発明者個人が25％の割合であった。

　こうした特許等収入は、財団理研の財政に大きく貢献する。1940（昭和15）年度の財団理研の損益計算は、総収入約356.7万円、総支出約307.2万円で、剰余金約54万円であった。この収入を支えたのは、「特許発明実施許諾報酬」であり、約218.1万円にのぼり、総収入の約60％を占め、支出の大半を占める研究費（人件費＋事業費）約290.1万円の約75％をまかなっている。発足時に懸念された財団理研の財政貧困は、大河内所長の「研究の応用」＝発明の事業化方針の成功により、解決に至った、と評価できる。

3　財団理研における事業化の開始 ―〈発明の事業化〉準備期 ―

〈発明の事業化〉は、まず、発明等規程づくりと事業化実験・試験の準備から始まる。

(1) 発明の事業化の準備 ― 規程、試験 ―

　大河内所長は就任直後に、発明等規程を明確にし、実験・試験を開始する。

★発明等の規程[19] ……1922（大正11）年6月の理化学研究所評議員会で報告された「財団法人理化学研究所職員ノ為シタル発明実用新案及意匠ニ関スル規程」で、特許権を第三者に譲渡等する際の発明者と財団理研との関係を規定する。これで、発明の事業化の前提ができた。

★東洋瓦斯試験所……上記の発明等の規程とともに、「東洋瓦斯試験所

---

[19]　斎藤前掲書128〜133頁参照。

設立ニ関スル組合規約」が1922（大正11）年６月の理化学研究所評
議員会に報告された。同試験所設立趣意書[20]によれば、第１次世界
大戦の教訓＝「一国存立ノ必要条件ハ原料ノ自給自足」の観点から、
急速に進む自動車や飛行機の燃料たる石油資源の開発が必要であり、
「北陸地方到ル所」にある「石油瓦斯」から良質のガソリンを、今回
理研が発明した「一種ノ吸収剤ヲ用ヒ、各種ノ瓦斯中ヨリ諸揮発成分
又ハ水蒸気ヲ吸収スル方法」の応用により採取する、と試験所設立の
目的を述べる。

　その応用により、吸湿剤を用いて天然瓦斯から揮発成分を吸収し液
化したガソリンを採取すること、ベンジンの抽出・販売、さらに、諸
製品（生糸から火薬庫まで）の乾燥などが可能と想定される。すで
に、後述のアドソールの開発に成功しており、これが、「本試験所ヲ
設立シ以テ本発明ノ工業的試験ヲナサントスル所以」である。規約
では、この試験所を出資金５万円の「組合」[21]とし、規約第９条で、
「本所ガ試験ノ目的」を達したと認定した時には、出資者の決議によ
り「解散」し、出資者は、揮発成分・水分の吸着方法や吸着剤製造方
法を応用する事業を目的とする株式会社を設立する、と規定し、この
試験所があくまで「試験」段階の組織＝組合であり、その成果を次の
事業展開を図る組織＝株式会社に発展させることを明示していた。

　次の株式会社として、1927（昭和２）年11月に、理化学興業株式
会社が東洋瓦斯試験所を吸収し（アドソール資産を29万円で買取）、
設立される。東洋瓦斯試験所から理化学興業設立までの５年間は、ア
ドソールを軸にした発明（特許）の試作・事業化の試験・準備期間で
あった。

---

[20]　斎藤前掲書138〜139頁参照。

[21]　斎藤前掲書140〜142頁参照。

(2) 発明の事業化スタート
　　　― アドソール、合成酒「利休」、ビタミンA、精密機器開発 ―
　財団理研初期5年間（1922〜1927年）における主な発明の事業化は、
次の通りである。

- アドソール[22] ……財団理研最初の発明の事業化はアドソールで
  あった。空気中の水分を取り除き乾燥させる能力のある吸湿剤＝ア
  ドソール（商品名）は、池田研究室（主任研究員は1907年にうま
  味調味料のグルタミン酸ナトリウムを発見した池田菊苗、研究員・
  磯部甫他）が1922（大正11）年4月までに**アドソール（吸湿剤）
  関連の特許**を取得し[23]、東洋瓦斯試験所（組合資本金5万円を磯部
  甫ら研究員で出資）で開発・製造し、販売を開始する。1923（大正
  12）年の関東大震災後の大規模施設＝帝国劇場の冷房装置設置な
  ど、アドソール利用の冷房装置は他の施設にも採用され、1924（大
  正13）年には黒字を計上する。その後も、順調に業績を上げる。
- 合成酒「利久」[24] ……合成酒＝理研酒は、1918（大正7）年の米騒
  動を契機にした〈米不使用の合成酒開発〉の研究を1919年から鈴
  木研究室（主任研究員・鈴木梅太郎、研究員・藪田貞治郎他）で開
  始し、1924（大正13）年4月までに**合成酒（清酒代用飲料）の特
  許**を取得し[25]、製造・販売に向かう。だが、特許譲渡先企業（大河
  内らが1923年に設立した大和醸造）が関東大震災で壊滅的被害を
  うけ、製品出荷が不能になる。大河内は、理研内に工場をつくり、
  理化学興業設立後の1929年から、「利久」ブランドで売り出す。し
  かし、特許紛争（特許は大和醸造の所有）は続き1935（昭和10）
  年に、やっと特許実施権を取り戻すことができる。1938（昭和13）

---

[22]　前掲『理研精神八十八年』28〜29頁参照。
[23]　斎藤前掲書125頁の3-4表の10参照。
[24]　前掲『理研精神八十八年』29〜32頁参照。
[25]　斎藤前掲書125頁の3-4表の8参照。

年7月、理化学興業の酒造部を分離独立させ、**理研酒工業株式会社**を設立する[26]。その後は、理研酒の製造特許契約締結会社は一気に拡大し、海外も含め、1943（昭和18）年には47社52工場を記録する。理研酒は戦後も成長するが、理研酒工業は次第に経営が悪化、1955（昭和30）年に協和発酵工業に吸収される。「利久」ブランドの合成酒はその後も販売されている。

- **ビタミンA** [27]……1910（明治43）年にオリザニン（ビタミンB1）を発見した鈴木梅太郎を主任研究者とする鈴木研究室に、東大の鈴木研究室で研究していた高橋克己が1922（大正11）年に研究員として入室する。高橋は、ビタミンAを研究していた三浦政太郎を継いで、鱈の肝臓に含まれているビタミンAを安定的に抽出する方法を世界で初めて確立した。入所1カ月の快挙であった。高橋は、1924（大正13）年1月に、**ビタミンA抽出法の特許**を取得する。

　ビタミンAは、特許取得前の1923（大正12）年4月から、カプセルに入れて試作品として販売したところ、肺結核患者の家族が押し寄せたほど人気が出た（栄養剤の特効薬）。大河内所長は既存企業ではなく、理研の自主生産で、「ビタミンA」を販売した。〈つくれば売れる〉状況になり、売上・利益ともに増大し、1924年には、ビタミンAが、理研の研究作業収入の約80％（279千円／作業収入356千円）、理研の研究費支出の約60％（279千円／研究費493千円）を占めるほどに貢献した[28]とのことである。なお、発明者の高橋は、帝国学士院賞を授与されるが、翌1925（大正14）年に腸チフスで急逝する（32歳の若さ）。

　ビタミンAに続く新しい薬品開発が続き、1938（昭和13）年8月に、理化学研究所の栄養薬品・医療用薬品及び製造部とその販売

---

26) 野村證券株式会社『理研コンツェルン株式年鑑昭和14年版』（昭和14年3月）145〜146頁参照。

27) 米倉前掲書254〜256頁、前掲『理研精神八十八年』33〜35頁を参照。

28) 斎藤前掲書135〜137頁参照。

担当の理化学興業薬品部を分離独立させて、**理研栄養薬品株式会社**が設立された[29]。戦後は、理研ビタミン株式会社（1949年）に継承、現在に至る。

- ▪ **精密機械・機器**……上記の「理化学研究所評議員会決議録」の報告事項のなかで、1926（昭和1）年6月には、「工場製品」＝精密機械製品が約70種類にのぼり、輸入代替を超えた新しい特殊機械も製造できるようになり、1927（昭和2）年1月には、当年度の精密機械製品の売上高は10万円が見込まれる[30]、との報告がされている。より具体的にどんな製品を製造・販売していたのか。図表7は「Scientific Instruments（理化学機器）」という名称の財団理研の総合カタログ（通称赤本）掲載の精密機器一覧[31]である。かなり多品種の精密機器が販売されていたことがわかる。これは、財団理研の工作係が、理研産業団の中核企業たる理化学興業株式会社が設立される1927年以前の理研初期の段階で、研究機関、大学、企業への精密機械の販売可能な能力を持ったメーカーに成長した、ことを示している。

　実験・試験を越えて精密機器の製造・販売が可能になったのは、次のような工作係の組織整備に依っている。1925年12月末時点で、綾部直、小野忠五郎の2人の技師（ガラス加工技師のケスラー嘱託も加えて）のもとに、設計製図部（4名、部長・円山政治）、精密機械仕上部（10名、部長・山野井高二）、機械仕上部（22名、部長・山本光雄）を中心に、調整部（2名）、鋳工部（3名）、鍛工部（2名）、硝子部（1名）、木工部（3名）、工作見習（14名）の66名の陣容が形成されていた[32]。

---

29)　野村證券前掲書（昭和14年版）149〜150頁参照。理研栄養薬品は、理研特許による各種栄養薬品と医療用薬品類一般の製造販売の製薬会社。ビタミンA、B、D、ラクトレバー（採乳剤）、ビタス（栄養剤）、理研カンフェナール（強心剤）、理研トラヒチン（咳止剤）等の製品を販売した。

30)　斎藤前掲書130〜132頁参照。

31)　前掲『理化学研究所百年史』165〜166頁参照。

32)　前掲『理化学研究所百年史』163頁参照。

図表7　財団理研工作係が製造・販売した精密機器一覧

1	感光発電池	31b	100 kg/cm^{2}アブソルートゲージ
2	気圧測微計	32	200 kg/cm^{2}ガス圧縮容器
3	湿度調整器	33a	土井式屈折計
4	象限電位計	33b	爆発ガス検出器（携帯用）
5	繊維電位系	34a	錐試験機
6	ビエゾエレキ用水晶板	35	旋盤刃物試験機
6a	ビエゾエレキ推奨板保持器	36	ランプ　アンド　スケール
7	シャイナー氏感光計	37a	指鍼電流計
7a	ヘフネル氏ランプ	37b	電気断続器
8	鋭感電流計	38	電圧滴定装置
9	リトロー型スペクトログラフ	38a	示差電気滴定装置
10	テープ式クロノグラフ	39	橋梁強弱試験機
11	X線写真機	40	回転暗箱
12	水平型材料試験機	41	尺度目盛器
14	常圧水晶水銀燈	42	300 mm 円形度盛機
15	デューワー氏瓶	42b	500 mm 度盛機
16	水銀ディフュージョン・ポンプ	43	減速装置
17	放射能測定用放電計	44a	A型ミクロフォトメーター
17a	大型ラジオスコープ	44b	B型ミクロフォトメーター
17b	アイエム泉効計	45	万能X線写真機
17c	精密ラドン計	46	ラウエX線写真機
18	清水式鋭感検電器	47	除振架台
19	X線分光計	48	青木式微分儀
20	水圧ポンプ	49	バランシングマシン
21	200 kg/cm^{2}手押ポンプ	50	軸受圧力検出装置
22	2万気圧水圧機	51	陰極線オシログラフ
23	移動暗箱	52	2000 kg/cm^{2}自動水圧ポンプ
24a	コンパレーター（小型）	53	300 kg/cm^{2}空気圧搾機
24b	コンパレーター（大型）	54	照度積算計
25	光弾性学実験装置	55	繊維強伸度測定器
26	熔融点測定装置	56	カセトメーター
27	微量分析装置	57	理研波長分光計
28	ピストンリング試験機	57a	A型水晶分光写真機
29	高速度指圧系	57b	B型水晶分光写真機
30	感光紙暗箱	58	不良硝子検出器
31a	4000 kg/cm^{2}アブソルートゲージ		

（出所）『理化学研究所百年史』166頁より作成

⑶ 自前の事業化で収入確保

　以上から、大河内体制始動の 5 年間（1927年理化学興業設立まで）
の特徴は、〈財団理研自前の事業化による収入確保〉を可能にしたこと
である。特許は年々増え、ライセンス等されたが「収入に結びつかない
状況が続く[33]」一方、財団理研の先端試験機器を活用した自前での事業
化（アドソール、合成酒、ビタミンＡ等）、とくにビタミンＡは研究費
の約60％をカバーする収入をあげ、大河内事業化方針の成功を裏付け
ることになった。ただし、東洋瓦斯試験所が目指した〈天然ガス→ガソ
リン抽出〉の筋書きは実現せず、アドソール販売の成功に留まった。

　自前の事業化でもう 1 つ重要なのは、工作係の充実による先端精密機
器の開発・販売である。工作係に整備された先端機器は発明の事業化の
ための試作・試験だけでなく、開発した先端精密機器を研究機関・学
校・企業に販売して収入をあげる精密機器開発センターに発展したこと
である。その体制と技術が、その後理研産業団形成を支えることにな
る。

4　理研発ベンチャーの創業 ―〈発明の事業化〉展開期 ―

　5 年間の〈試行〉の実績を踏まえて、大河内所長は本格的な研究成果
の事業化を推進する〈事業の中核〉会社＝理化学興業株式会社を、1927
（昭和 2 ）年に設立し、〈発明の事業化〉を本格化する。金融専業の富国
工業株式会社設立の1936年までの約10年間の展開期を経て、富国工業
設立以後終戦までの約10年間は、理研産業団＝理研コンツェルンの形
成・再編期に至る。

⑴ 理化学興業株式会社の設立 ― 事業の〈中核〉―
　理化学興業株式会社[34] は、1927年 6 月に発起人（渋沢栄一、阪谷芳

---

[33]　斎藤前掲書133〜137頁参照。

[34]　斎藤前掲書143〜152頁参照。

郎、大河内正敏、大橋新太郎、森村開作ら5名）より設立趣意書が発せられ、7月に創立委員会（委員長・阪谷芳郎）を開催し、11月に創立総会が開催され、設立された。

★経営体制

　理化学興業の資本金は300万円（払込資本金90万円）で、理化学研究所が50万円出資し筆頭株主となる。他は、民間大企業や財界人が株主となった。取締役会長には大河内正敏、取締役には大橋新太郎や木村徳衛などが就任した。

★事業の目的と機能＝総合創業・事業推進拠点形成

　理化学興業は、定款第3条で次のような事業目的を定めている。「理化学興業ハ理化学研究所ト契約ノ下ニ下記ノ業務ヲ営ムヲ以テ目的トス」[35]とし、「(1)理化学研究所ノ発明考案ニ付工業ヲ実施スルコト、(2)前項ノ工業ヲ目的トスル他ノ工業会社ニ投資シ並ニ其工業会社及ヒ理化学研究所ノ製品販売ノ委託ヲ受クルコト、(3)理化学研究所ノ工業所有権ノ譲渡又ハ其実施権許諾ノ媒介ヲ為スコト、(4)前諸号ノ業務ニ付帯スル事業一切」を行う、と。つまり、理化学興業は、理化学研究所との契約のもとに、①理研の発明の工業化、②その工業会社への投資、③その工業会社や理研の製品の販売業務の受託、④理研の特許権の譲渡・実施許諾、⑤その他関連事業の5つの事業を担う会社である。これは、理化学興業が財団理研の研究成果（発明）の事業化活動の全てを担う会社であることを示す。この理化学興業の設立により、財団理研が「研究」と「事業化」双方を担った準備期から、〈財団理研＝研究、理化学興業＝研究成果の事業化〉の分業体制＝〈発明の事業化〉の本格展開期に移行した。

　より具体的には、a〈特許及び工作係での試作・試験〉→b〈事業化可の事業の理研本体での生産〉→c〈あるいは事業化可の事業会社設立〉→

---

[35] 前掲『理研精神八十八年』26頁。

d〈b、cの製品を受託販売〉→e〈cの事業会社への投資〉→f〈aも含めた特許権のライセンス供与等〉という流れを理化学興業が支援・推進する。fの観点は、c、d、eの全ての場面に加えられリターンに直結している。

　かくて、**理化学興業は技術移転、起業（インキュベーション）及び資金調達（ベンチャーキャピタルVC機能）の３機能に加えて事業拡大も含めた総合創業・事業推進拠点（＝現代の「TLO〈技術移転機関〉＋研究開発型ベンチャー創出機能」＋事業拡大展開機能）の役割を担った、**と言える。また、後述のように、投資機能は、VCのレベルを超える理研コンツェルンの持株会社として理化学興業を機能させる素地となった。

★理化学興業の事業展開

　理化学興業設立から1939年３月時点までの主な事業は次の通りである[36]。

- ▪ **創業**……理研金属マグネシウムを始め、理研ピストンリング、理研コランダム、理研光学工業、理研鋼材、理研護謨工業の各社を分離・創業（スピンアウト）し、理研の発明の工業化を主導した。まさに、理研コンツェルンの「事業的中枢」である（富国工業が「金融的中枢」）。

- ▪ **直営事業**……荒川工場（冷暖房装置等）、王子工場（ダイキャスト等）、宮内工場（大型旋盤等）での直営事業も拡大している。

- ▪ **委託販売**……理化学研究所精機部・工作部製作の精密機械、理研チャック宮内製作所のチャック、日本空気機械会社の機械類の委託販売を行っている。過去に長く委託販売であったビタミンA等は理研栄養薬品（1938年）に、陽画感光紙は理研感光紙（1936年、後に理研光学工業に改称）に、理研酒は理研酒工業（1938年）として分離・独立した。

---

[36] 野村證券前掲書（昭和14年版）14～22頁参照。

- **関係会社投資**……理研コンツェルン傘下企業が拡大し、当社の投資も拡大している。投資額（有価証券）は、直系会社（32社）に1,392.5万円、傍系会社（3社）に31.0万円、合計1,423.5万円の高額にのぼる（1938年12月末現在。自己資本は1,351.5万円）。

⑵ 成長事業会社①──理研ピストンリング、後の理研重工業──

　理研からの典型的なスピンアウト、〈特許→試験→独立会社（ベンチャー）〉のうちで最も成長・発展したのが理研ピストンリング株式会社である。

★設立経緯 [37]

　1923（大正12）年、大河内研究室（主任研究員・大河内正敏）に、東北大卒の海老原敬吉が入所する。大河内研究室ではディーゼルエンジンの開発研究（自動車、航空機等）を進めており、海老原はエンジン効率（シリンダー内でのガス爆発力による）を高めるピストンリングを研究、「ピン止め加工法」による**ピストンリング開発法**＝「シリンダー内壁に対して、均一な圧力を及ぼすピストンリングの製造法」を発明し、**1926年に特許**を取得する。英米等海外でも多数特許を取得する。1927年ごろには工業化技術が確立し、試作を経て、1929（昭和4）年4月に、理化学興業柏崎工場を新設、稼働開始する。1932（昭和7）年ごろから、量産化の研究を理化学興業の本郷工場で航空機リング、柏崎工場で自動車リングの試作・製作を行い、理化学興業営業部で販売を開始するが、思うように販売実績は上がらなかった。大河内の協力者の林辺賢一郎の呼びかけで、理化学興業からピストンリングの販売権を買い取り（7万円）、合資会社理研ピストンリング営業所を設立した [38]（資本金16万円、出資者8人、無限責任代表社員・岡秀宝、有限責任社員・林辺賢一郎など8人、林辺は岡の兄）。

---

[37]　前掲『理研精神八十八年』35〜37頁参照。

[38]　西川鉄工所『西川鉄工所八十年の歩み』（1986年7月）79〜80頁参照。

理化学興業本郷工場と柏崎工場で製造、理研ピストンリング営業所が販売を引き受け、ようやく成績が上向く。理化学興業のピストンリング製造・販売機能を移管し、**1934（昭和9）年3月に理研ピストンリング株式会社**（資本金600万円、会長：大河内正敏、取締役：林辺賢一郎他6名）の創立にこぎつける。主力は柏崎工場におかれた。1935（昭和10）年2月に、柿崎町の誘致に応え、柏崎工場の鋳鉄部門を独立させ、理研特殊鉄鋼株式会社柿崎工場を分離・独立させた。同工場の工具等部品は理研ピストンリング柏崎工場に販売された。1938（昭和13）年10月、理研特殊鉄鋼と理研ピストンリングは対等合併し、理研重工業株式会社となる。

★事業展開

　1939年3月段階の理研重工業の事業展開の概要は次の通りである[39]。

- **機械製作**……理研コンツェルンの機械製作工業部門を担当し、多くの機械製作子会社が連なる芋づる式経営の根幹を担う。王子、柏崎、柿崎、前橋の4工場。
- **ピストンリング**……ピストンリングは全国生産高の80%を占め（高級リングは当社が独占）、生産技術は世界一（特許は日本18件、海外22件）。航空機、自動車、戦車で強みを発揮している。
- **精密工作機械**……四尺、六尺、八尺の各種電動機直結旋盤、ミーリング機、研磨機等生産拡大中。ドリル、カッター等の工具類も工作機械必需品として生産拡大中。売上高ベースで、1935年の〈ピストンリング100%〉から、1938年の〈機械類70%、ピストンリング30%〉に変化している。また、特殊鋼等の拡大も進める。
- **関係会社投資**……機械関係子会社が多く、関係会社への投資（有価証券）は、1938年12月末時点で、総額689.3万円（傍系11社、相互投資関係14社）にのぼる。

---

[39] 野村證券前掲書（昭和14年版）1～13頁参照。

⑶ 成長事業会社②―理研感光紙、後の理研光学工業―

工業の中でも、後の成長分野を見通した光学分野の研究開発型ベンチャーとして、理研光学工業株式会社があげられる。

★設立経緯[40]

鈴木研究室（主任研究員・鈴木庸生、1923年研究室立ち上げ）の研究員・櫻井季雄が1927（昭和２）年に、青写真に代わる「紫紺色の陽画感光紙」（訂正自在、感光度青写真の６倍）を発明する。２年後の1929（昭和４）年に、理化学興業から**「理研感光紙」**として販売される。富国生命の営業担当であった市村清は感光紙を評価し「理研感光紙九州総代理店」の権利を取得後、大河内所長・会長に契約更改を直訴、大河内も市村を高く評価し、1934（昭和９）年に理化学興業の感光紙部長に抜擢する（市村35歳）。市村と感光紙の現場の抜き差しならない対立状況が発生、大河内は、市村に感光紙製造の全権を与え（専務だが事実上の社長）、1936（昭和11）年、感光紙製造会社の「理研感光紙」を切り出す。市村は、1938（昭和13）年に社名を**「理研光学工業」**と改称、感光紙から光学機器等に拡大し、成長・発展する。大戦中、感光紙の全国シェアは90％を占める。1941（昭和16）年、大河内は同社の理研産業団からの分離・独立を市村清社長に指示し、財閥解体の対象をはずれた。戦後は理研光学工業として再発足し、1963（昭和38）年に社名を株式会社リコーに改め、総合OA機器メーカーへと発展する。

★事業展開

1939年３月段階の理研光学工業の事業展開の概要は次の通りである[41]。

▪**化学工業**……理研重工業が機械製作工業部門を代表する企業に対

40) 前掲『理研精神八十八年』37〜39頁参照。
41) 野村證券前掲書（昭和14年版）47〜55頁参照。

し、当社は化学工業部門を代表する企業として成長・発展する。王子と鳩ヶ谷の2工場。

- **感光紙・製図用紙**……会社設立以来、感光紙（陽画、陰画双方）の需要増で供給力拡大、製図用紙も需要増に対応している。順調。
- **光学工業**……感光紙等に次いで、写真機・光学工業分野に進出する。現在、高級写真機製作を進めている。従来、写真機は80〜90％輸入、戦時統制で輸入禁止、国産カメラが不可欠となる。

⑷ 富国工業株式会社 ―〈金融の中核〉―

理研コンツェルンの「金融的中枢」として、1936年10月に、富国工業株式会社が設立される。

★設立経緯[42]

理化学興業は理研コンツェルンの「事業的中枢」＝理研の発明の工業化の「育ての親」であるが、1936年10月に、富国工業株式会社が「金融的中枢」として設立された。取締役社長には、岡秀宝が就く。岡は上記のように、理研ピストンリング設立をリードした合資会社理研ピストンリング営業所の無限責任代表社員を務めた。岡は、三井系会社の役員を経て、郷誠之助の紹介で大河内正敏所長と関係するようになった[43]、とのこと。

★事業展開

1939年3月段階の富国工業の事業展開の概要は次の通りである[44]。

- **株式市場**……理研コンツェルン傘下企業の株式持合いから、公開株式市場からの資金調達を推進・支援することに転換した。また、コ

---

[42] 野村證券前掲書（昭和14年版）131〜132頁参照。

[43] 西川鉄工所前掲書73〜75頁参照。

[44] 野村證券前掲書（昭和14年版）131〜134頁参照。

ンツェルン各社への貸付（市場から当社が資金調達して）も行う。
1938年10月末現在、コンツェルン傘下企業33社に408.2万円投資
（有価証券）し、82.5万円の貸付を行っている。

- その他……土地の購入、建物の賃貸、火災・生命保険代理店業務などの付随的業務も行った。

5　理研産業団＝理研コンツェルンの形成 ―〈発明の事業化〉拡大・再編期 ―

　1936年の富国工業の設立前後から、いわゆる理研産業団＝理研コンツェルンの形成・拡大が開始される。

(1) 理研産業団＝理研コンツェルンとは

　まず、理研産業団＝理研コンツェルンとは何か。野村證券によれば、「理研コンツェルンとは、理化学研究所の研究を後援する事業団である」[45] と言われる。1939（昭和14）年3月時点で、47社にのぼり、他の財閥と異なり、理研コンツェルンの特徴は、〈研究の成果の事業化（知能）、優秀な技術、大河内正敏所長の創造力（科学主義工業、農村工業論）及び「若さ」（ここ数年の急成長企業）〉の4点にある、と評価される[46]。

　上記の野村證券の1939年時点の株式年鑑では、理研コンツェルンをこのように定義、特徴付けを行っているが、何時からこの用語が使用されるようになったのかは明らかではない。後述のように、1937（昭和12）年5月に、月刊誌『科学主義工業』が「理研コンツェルン出版社」から刊行され、同年には、当初の社内雑誌的記事等は『理研コンツェルン月報』となったことなどから推測すると、富国工業設立の1936年ごろには、理研コンツェルンの用語は使用されていた、と見られる。

---

[45]　野村證券前掲書（昭和14年版）166〜167頁参照。

[46]　野村證券前掲書（昭和14年版）の調査部長・高垣五一の「序」を参照。

⑵ 理研コンツェルンの展開とその特徴

　この理研発の事業会社群＝理研産業団は、「理研コンツェルン」と呼称され、戦前の新興財閥の１つに数えられ、戦後の財閥解体の対象になる。その展開と特徴を整理する。

★理研産業団＝理研コンツェルンの展開[47]

　図表８[48]は、理研コンツェルン傘下会社を時系列で、財団理研の発明の事業化会社（○印）、理化学興業等が買収した会社（▲印）及び資本・技術力を求めて加盟した会社に分けて、社名、設立目的、主な製品などを整理したものである。理研コンツェルン傘下企業群のピーク時は63社と言われるが、図表８は独立や合併も含めた時系列データなので、多くなっている、と思われる。

　図表８からは、次のような特徴が読み取れる。

- ピーク時63社、発明の事業化会社28社……1927〜1941年の14年間に理研産業団傘下の会社は76社（延べ）にのぼるが、合併等を除くと最盛時63社（1939年）であった。うち、○印の発明の事業化会社は28社、▲印の買収会社は17社、△印の加盟会社は７社、無印の子会社等27社である。**発明の事業化会社＝研究開発型ベンチャーは全体の約40％**にとどまる。
- 産業別特徴……産業別に見ると（1940年末の58社）、機械系22社、金属系８社、光学系５社、化学系４社、薬品等系３社、商業系４社、鉱業系２社、その他10社である。
- 子会社、農村工業等多様な会社群……1935年まではほとんど研究開発型ベンチャーであったが、1936年以降は、発明の事業会社の起業は減少し、それ以外の会社が増える。**企業集団の機構整備の会社、多数の子会社、農村工業の会社、買収会社、加盟会社などに分**

---

47) この項は、斎藤前掲書の第４章を参照。
48) 斎藤前掲書170〜176頁から作成。

図表8　理研コンツェルン傘下各社の創立年月及び事業内容

年	月	番号	印	社名	設立目的	主な製品（業務）
1927	11	1	○	理化学興業	研究所発明の工業化→理研工業（41年7月）	工作・化学機械、投資
32	4	2	○	理研マグネシウム	33年日満マグネシウムに吸収→理研金属（38年3月）	金属マグネシウム
34	3	3	○	理研ピストンリング	興業より独立→理研重工業（38年10月）→理研工業（41年7月）	ピストンリング、工作機械
	11	4	○▲	理研閃光板	特許写真用閃光板の工業化	フラッシュ・ライト
35	2	5	○	理研特殊鉄鋼	ピストンリング製造原料部門の独立→理研重工業（38年10月）	各種鋼材
	8	6	○▲	理研電線	大和合資会社が株式会社化して加盟	エナメル銅線、通信用コード
	10	7		理研紡織	経メリヤス工業の遅れ挽回	人絹交織物、メリヤス
	10	8	○▲	理研ウルトラジン光業所	紫外線吸収のウルトラジン応用製品→理研光機と改称（36年11月）	写真用器具、眼鏡付属品
	12	9	○	理研コランダム	研磨材料の国産化	研磨布・紙、黒鉛
36	2	10	○○	理研感光紙	特許陽画感光紙製造のため興業から独立→理研光学工業と改称	感光紙、写真機
	3	11	△	理研軽合金	日東合金を買収し、軽合金事業に進出	銅合金、軽合金鋳物
	6	12	○	理研酒販売	理研酒の乱売防止会社（理研酒各社の販売統制）	理研酒共販、原料販売
	7	13	○	理研鋼材	特許防錆処理によるスチール製品製造→理研工業（41年7月）	製鋼・製鉄・鍛造圧延
	10	14	○▲	理研圧延工業	日本鋼材工業が資本・技術求め加盟→理研工業（41年7月）	鉄鋼や金属の圧延
	10	15		富国工業	産業団企業の株式売買機関	投資、証券売買等
	10	16	○	三興商会	特殊通信用コード製造のため買収→理研電線に吸収（40年1月）	通信用コード等
37	2	17	○	比角自転車	各工場の厚誼で安価な自転車づくり、下請	工作機械部品の下請
	4	18	○	理研鋼材尼崎工場	理研鋼材の関西方面子会社→理研鋼材に吸収（38年）	サッシ、特需品
	4	19	○	理研チャック宮内製作所	チャック専用工場としてピストンリングより独立→理研鋳造（40年10月）	各チャック、ストロール
	4	20	○	理研旋盤宮内製作所	十尺旋盤専用工場としてピストンリングより独立→理研鋳造（同上）	電動機直結十尺旋盤
	4	21	○	東洋綴金具製作所	圧延工業から原料入手、技術もで加盟	各種ベルトレーシング
	6	22	○	理研護謨工業	特許テトラリン法による再生ゴム製造	再生ゴム、特需ゴム製品
	6	23		科学主義工業社	大河内主張の「科学主義工業」の雑誌社	出版、機械器具販売
	7	24	○	理研電具	特許「リケーム（抵抗器）」の製造	電気抵抗器、無線機
	7	25	○	理研自動車工業	自動車エンジン再生・木炭ガス装置製造→重工業に吸収（40年9月）	再生エンジン、自動車
	7	26		理研電磁器柿崎製作所	マグネチック・チャック専用会社、ピストンリングから独立→理研電気製造（40年10月）	電磁チャック、特殊鋼
	7	27	○	理研宮内鋳造所	理研各社への素材鋳鉄供給、特殊鉄鋼より独立→理研鋳造（40年10月）	各種鋳造
	8	28	○▲	理研ジャッキ製作所	ガイキ機械名が資金当てに加盟→理研製機と改称（37年11月）	高速度鋼
	8	29		浪速機製作所	各社製品販売、原材料購入一元化	工作機械器具工具販売
	8	30		柏崎興業	理研種原料の甘藷・澱粉製造及び農村工業の統括機関	ピストンリングの下請
	9	31		上越興業	各社包装用木箱・輸出用木工玩具製造→理研輸出玩具（38年4月）	精密機械工具、木工玩具
	11	32	○	旭光学工業	理研光学がカメラ製造進出のため買収	写真機製造
	11	33	○	理研琥珀工業	琥珀応用品の国産化→理研合成樹脂と改称（39年2月）	合成樹脂、電気機械
38	2	34	○	飛行機特殊部品	航空機部品製造	機体、発動機部品
	3	35	○	理研主軸台小千谷工場	旋盤部品ヘッドストック専用会社としてピストンリングから独立→重工業に吸収	ヘッドストック
	3	36	△	理研（城南）スプリング	自動車用バネ・スプリング製造のため、城南発条を買収	自動車用バネ・スプリング
	3	37	○	研興産業（理研輸出品工業）	上越興業と研興業が合併→理研輸出玩具	輸出用具、義手・義足
	3	38	○	理研金属	日満マグネシウム（満鉄傘下）の産業団への復帰	金属マグネシウム
	3	39	○	日本苦汁興業	38での原料給子会社→38へ吸収合併（1939年2月）	苦汁
	4	40	○	理研鍛造	鍛造部門への進出のため染谷鉄工所を買収→理研工業（41年7月）	各種鋼材等部品の鍛造
	4	41	○	理研工作機械	工作機械・特需品の製造→理研工業（41年7月）	工作機械、兵器
	4	42	○	理研科学映画	トーキー方式・自動現像法の映画製作	映画製作
	5	43	▲	畑製作所	飛行機部品製造で加盟、後加盟脱退（1939年）	飛行機機体・部品
	6	44	△	理研水力機	特許水力ポンプ製造のため買収→理研電機製造（40年10月）	航空機部品
	7	45	○	日本光器	一枚ガラスフィルター・レンズの製造	光学用レンズ、フィルター
	7	46	○	理研酒工業	理研酒事業部門が興業より独立	理研酒・ウイスキー
	8	47	○	理研工業薬品	研究所有機酸部の独立	工業・化学用薬品
	8	48	○	理研栄養品	ビタミンA・D等薬品の製造	栄養・医療用薬品
	8	49	○	理研電動機	研究所有機の独立	工作機械直動電動機
	9	50	○	朝鮮理研金属	朝鮮の自動原料で鋼、アルミ、マグネシウムを製造	鋼鉄・アルム・マグネシウム
	9	51	○	理研空気機械	日本空気機械が技術求めて加盟	空気機械
	10	52	○	理研重工業	特殊鉄鋼とピストンリングが合併	ピストンリング・特殊鋼等
39	2	54	○▲	向島製作所	研究所研究室製品製造の富国機械に加盟（40年10月）吸収	採鉱、電気機械
	2	55		浪速機三河島製作所	浪速機製作所の中国市場向姉妹会社	工作機械器具・工具
	2	56	○	朝鮮製鋼所	朝鮮唯一の銅鋼会社が資本・技術求めて加盟	鋳鋼、鋼鉄・合金
	3	57		東洋綴金具三国製作所	東洋綴金具製作所の子会社	各種ベルトレーシング
	3	58	▲	山喜製作所	理研電磁器と電気計器供給会社が資本・技術求めて加盟	各種電流計・電圧計
	3	59		浪速機械京城製作所	浪速機械所の朝鮮市場向け姉妹会社	工作機械器具・工具
	3	60	○	理研水産加工塩釜工場	理研栄養食品に供給するビタミン・オイルの製造	ビタミン・オイル
	3	61	▲	葛生興業	重工業に専門コークス供給の葛生乾留研究所が資本・技術求め加盟	含蜜高級コークス
	3	62	▲	戸塚機製作所	硬度計の専門メーカーが資本・技術求め加盟	硬度計・ダイヤルインジケーター
	3	63	○	飯田機械製作所	個人経営会社が大河内に発展性認められる	印刷機械
	4	64	○	高崎自動車部品	バルブ等自動車部品等製造のため、重工業より独立	自動車部品
	4	65	△	特殊ゴム加工	特殊ゴムによるライニングのため丸和化学工業を買収	特殊ゴムのライニング加工
	4	66	○	朝鮮理研鉱業	理研技術による朝鮮での砂金採掘	砂金、亜炭
	4	67	○	東洋鋼製所	薄板鉄板株式会社が資本・技術求めて加盟	薄鋼板
	5	68	▲	島喜製作所	個人経営会社が個人工所加盟、後脱退（1940年5月）	鉱山用機械
	7	69	○	朝鮮理研護膜工業	朝鮮での再生ゴムの製造	再生ゴム
	8	70	▲	渡辺鉄工所	個人経営会社が改組、資本・技術求めて加盟	化学機械、農器具
40	1	71	○	理研栄養飼料	飼料「理研フード」の製造	理研フード
	8	72	○	理研電化工業	研究所静岡工場の独立	アルマイト応用製品
	10	73		理研鋳造	上記の理研チャック、旋盤、鋳造の宮内製作所の合併→理研工業（41年2月）	工作機械、金属鋳造
	10	74		理研電機製造	理研電磁器柿崎製作所と理研水力機が合併	水力・鉱山機械
	11	75		理研鉱業	鉱業進出のため朝鮮理研鉱業所有の内地鉱山の独立	鉄鉱、亜炭
41	7	76	○	理研工業	興業、重工業、圧延、鋼材、鍛造、鋳造の7工業が合併	

（注）○印＝研究所の発明の工業化を目的に設立した会社、□印＝買収した会社、▲印＝資本・技術を求めて加盟した会社、△印＝買収した会社

（出所）斎藤憲『新興コンツェルン理研の研究』（1987年1月、時潮社）より作成

けられる。企業集団の機構整備の会社としては、証券金融業務の富国工業、販売購買の浪速機械商会等、広告宣伝の科学技術工業社、映画製作会社の理研科学映画などである。

★理研コンツェルン＝理研モデルの特徴

　理研コンツェルン＝理研モデルの基本的特徴は、〈発明の事業化〉の仕組みを〈研究 ― 試験 ― 事業化〉の一貫システムを基軸に、参加企業グループを構築した点にある。

- 〈研究 ― 試験 ― 事業化〉の一貫システム……発明の事業化を、研究＝〈自由な研究制度（主任研究員制度）による事業シーズの抽出〉→試験＝〈工作係等による事業シーズの実験・試験〉→事業化＝〈理化学興業による事業化・起業推進〉の相互作用展開が可能な仕組みとして具体化し、推進した。この仕組みこそ、理研が新しく構築した日本初の研究開発型ベンチャー育成＝新事業創出の仕組みである。

　とくに**重要**なのは、〈事業シーズの実験・試験〉を行う〈場〉を財団理研本体の工作係＝機械機器試験・製造工場として構築した点である。理研ピストンリング設立（1934年３月）後の同年10月に、精密旋盤・工作機械製造専門の部門が精機部として工作係から分離・独立して新設される[49]。工作係から山本光雄ら５名の技師が移籍し体制を確立、1937年に理研正門横に５階建ての新工場も建設する。1938年12月には、この工場も手狭になり、理研本体の工場は研究室とし、新潟県宮内工場（現長岡市）に移転し、「理研精機部宮内工場」となり、拡大する。なお、当時の宮内には、理研精機部宮内分工場、理化学興業宮内工場、理研チャック宮内製作所、理研十尺旋盤宮内製作所、理研宮内鋳造所が立地していた（山本光雄はこれらチャック、旋盤、鋳造の宮内製作所の取締役に就任）。他方、工作係は、1941年10月に科学機械製造部と名称変更し、電気、

---

[49] 前掲『理化学研究所百年史』167～172頁参照。

レンズ、光学等の精密機械類の製造部に発展する。光波干渉計、光学測微計、球面計等の精密加工機器や測定機器が開発された。これは、戦時経済への対応でもあった。

　もう１つ、発明の事業化会社＝研究開発型ベンチャー（＝研究成果型、技術移転型ベンチャー）を核にしながら、多数の子会社や加盟会社を擁する理研コンツェルンを形成できたのは、事業化を理化学興業が一手に引き受けるとともに、大河内の**「研究者＝発明家と事業家・経営者は別」**との考え[50]のもと、多様な人的ネットワーク（具体像は不明であるが）を通じて有能な外部経営者を確保できたこと、による。これは、図表９（野村證券が計上した理研コンツェルン傘下企業群）の「経営者」欄を見れば一目瞭然である（大河内正敏会長のもとに専務等各分野の専門経営者が連なる）。基礎研究＝発明とその事業化を別々の専門家が担うべき、との大河内の考え方がコンツェルンを可能にした、と言えよう。

▪ **理研コンツェルンを支える仕組み**……この理研コンツェルンを形成した仕組みを構成したのは**金融、販売及び経営思想・戦略**である。

　ａ：金融……コンツェルン傘下の企業間連携・提携のカギとなったのは金融である。1936（昭和11）年10月に、**富国工業株式会社**[51]が設立される。同社は、理研コンツェルン傘下会社の持株の肩代わり、上場・株式売買、金融を中心に、販売代理、土地・建物購入・賃貸、火災・生命保険業務など各社の資金、販売、施設、保険業務を担った。特に、上場（1935年理研ピストンリン

---

[50]　本田康二郎「軍事研究と基礎研究：戦前の理化学研究所の科学技術政策」『同志社商学』（同志社大学商学会、2021年3月）参照。同論文によれば、大河内は基礎研究の研究者と工業化を担う経営者は明確に分けるべきと考えていた、という。大河内は言う、「発明の工業化をやることの難しい所は、その発明を工業化するにはどんな設備にするか、どんな装置にするか、どんな機構にするかにある。それを企画し組み立てる人が大切だ。そうして、その人は発明をした人とは別人でなければいけないという所に非常な困難がある。」と。

[51]　斎藤前掲書179～183頁参照。

図表9　理研コンツェルン傘下企業一覧（47社、1939年３月現在）

年月		会社名	経営者	経緯及び取扱い製品・商品等
1927年	11月	理化学興業㈱	社長・大河内正敏、取・大橋新太郎	理研発明の工業化及び委託販売、投資
1933年	10月	理研金属㈱	社長・三木善太郎	理研発明の金属マグネシウム等製作
1934年	5月	理研電線㈱	社長・山野政太郎、専務・西川光二	理研発明譲渡・エナメル線（電線）製作
	11月	理研閃光板㈱	会長・大河内正敏、専務・市村清	理研発明の室内撮影用フラッシュ・ライト製作
1935年	2月	飛行機特殊部品会社	社長・市村清	飛行機部品（引込脚の部品、金具）製作
	10月	理研紡織㈱	社長・荒木重義	経メリヤス生地、メリヤス加工品製作
	12月	理研コランダム㈱	会長・大河内正敏、専務・島田房吉	理研発明の金属研磨材（商品名：コランダム）製作
1936年	4月	理研軽合金㈱	専務・杉浦正雄	日東合金（1934年10月）が改称/銅合金等各種金属の鋳物
	6月	理研圧延工業㈱	会長・大河内正敏、社長・海野幸保	発条材、兵器材料・部品等製作
	6月	理研酒販売㈱	社長・馬渡俊雄、常務・加藤正二	理研酒工業の製品「利久」等の販売
	8月	理研研磨材㈱	会長・大河内正敏、社長・石山正男	理研発明の防錆鉄鋼製品（防錆処理スチール・サッシ、ドア等）製作
	10月	富国工業㈱	社長・岡秀実、常務・磯野信威	理研コンツェルンの金融業務全般（株売買、投資、融資、保険）
	10月	㈱三興商会	専務・荒木重義	服飾用金属糸・特殊通信コード用金属糸製作
	10月	理研光器㈱	社長・加藤正二	理研ウルトラジン㈱を改称/理研発明・ウルトラジン＝紫外線吸収効果を活用した写真用フィルターや眼鏡等の製作
	12月	㈱畑製作所	社長・市村清	理研光学工業傘下企業/飛行機発着諸設備（引込脚等）製作
1937年	2月	比角自転車㈱	専務・西川弥平治、取・星野一也	理研各社の自転車部品を利用した農村用自転車の組立・販売
	4月	㈱東洋綴金具製作所	社長・海野幸保、取・松井琢磨	ベルトレーシング（ベルトをつなぐ金具）製作
	4月	㈱理研チャック宮内製作所	専務・早川幾太郎、常務・星野一也	理研ピストンリング柏崎工場チャック工場の分離・独立/チャック製作
	4月	理研十尺旋盤宮内製作所	専務・岡部福蔵、常務・星野一也	理研ピストンリング柏崎工場旋盤部の分離・独立/十尺旋盤製作
	6月	理研護謨工業㈱	会長・大河内正敏、専務・西郷佳夫	理研発明の再生ゴム製品製作（戦時下で需要急増）
	6月	㈱科学主義工業社	専務・小藤柳太	月誌『科学主義工業』『工作機械』等発行、出版
	7月	㈱理研宮内鋳造所	専務・品川英三、常務・星野一也	理研特殊鉄鋼会社宮内鋳造所の分離・独立/鋳造品製作
	7月	理研自動車改造㈱	会長・大河内正敏、専務・荒木重義	古自動車・エンジンの再生事業
	7月	理研電機㈱	会長・大河内正敏、常務・川邊仁蔵	理研の通信機用抵抗器（商品名・リケノーム）製作
	8月	柏崎興業㈱	会長・大河内正敏、専務・西川弥平治	理研重工業柏崎工場の下請工場/ピストンスクリング、農村工業等
	8月	㈱浪速機械商会	専務・横山健	理研重工業、理化学興業の製品のうち機械（工作機械等）を販売
	11月	旭光学工業㈱	会長・大河内正敏、専務・市村清	理研光学工業傘下企業/写真機、望遠鏡等製作
	12月	理研琥珀工業㈱	会長・大河内正敏、常務・川邊仁蔵	理研発明の国産琥珀による圧縮琥珀（商品名・理研アムフロイド）の製作
1938年	2月	理研光学工業㈱	会長・大河内正敏、専務・市村清	理研感光紙（1937年2月創立）の社名変更/理研発明の感光紙、焼付け機、カメラ等製作
	3月	城南スプリング㈱	会長・大河内正敏、専務・松井琢磨	理研圧延工業傘下企業/自動車・航空機用スプリング等製作
	3月	理研主軸台小千谷工場	会長・大河内正敏、常務・西川弥平治	理研重工業柏崎工場の下請工場/旋盤部品のヘッドストック製作
	3月	理研輸出玩具㈱	社長・林辺賢一郎、専務・大河内正倫	モデルシップ中心の各種木工玩具、金属玩具等製造・輸出
	4月	理研工作機械㈱	会長・大河内正敏、専務・大塚万丈	工作機械（六尺、八尺旋盤）、兵器等製作
	4月	理研科学映画㈱	会長・大河内正敏、専務・市村清	理研発明のトーキー録音法等。科学映画の製作・販売（光学部門の一翼）
	4月	理研鍛造㈱	会長・大河内正敏、社長・染谷閑太郎	各種銅材の鍛造（スチームハンマー等）製作
	6月	理研水力機械㈱	専務・田中章一、常務・三浦正助	各種渦巻ポンプ、各種水力機製作
	7月	理研酒工業㈱	社長・加藤正二	理化学興業の酒造部の分離・独立/合成清酒「利久」等販売
	7月	日本光器製造㈱	社長・林辺賢一郎、専務・加藤正二	眼鏡レンズ生地と一枚フィルターの製作
	7月	理研電磁器㈱	会長・大河内正敏、専務・田中章一	理研ピストンリングより分離・独立した柿崎工場（1937年7月）、本年7月改称/本社を東京、工場を高崎に移転。増大軍需に対応。/旋盤用マグネチック・チャックの製作
	8月	理研工業薬品㈱	会長・大河内正敏、代取・加藤正二	有機酸その他工業用薬品の製作
	8月	理研製機㈱	会長・大河内正敏、専務・大竹鳳一郎	各種ジャッキ類等製作
	8月	理研電動機㈱	会長・大河内正敏、専務・上田輝雄	理研電機部・柏崎工場の誘導電動機・付属品の分離・独立/誘導電動機等製作
	8月	理研栄養品㈱	会長・大河内正敏、代取・加藤正二	理研栄養・医療薬品製造部と理化学興業薬品部の分離・独立/理研発明のビタミンA等、造血剤等の製作
	9月	朝鮮理研金属㈱	会長・大河内正敏、専務・島村牧三	銅、アルミニウム、マグネシウム等製作
	9月	日本空気機械㈱	会長・大河内正敏、社長・町田哲二郎	三井物産と東京製鋼の子会社として創業（1933年12月）、当年9月理化学興業等が買収/エアー・ハンマーやモーター等空気機械の製作
	10月	理研重工業㈱	会長・大河内正敏、代取・中川正左	理研ピストンリング（1934年3月）と理研特殊鉄鋼会社が対等合併/理研発明のピストンリング、工作機械等製作
	12月	理研計器㈱	社長・林辺賢一郎、専務・加藤正二	富国機械（1938年6月）の改称/理研発明の光弾性実験装置等製作

（出所）野村證券株式会社『理研コンツェルン株式年鑑　昭和14年版』（1939年３月）

グ、1936年理研特殊鉄鋼と理化学興業）、各社の株式対策（株式募集、投資等）、融資対策などを一手に担う。

　その結果、理研コンツェルン傘下47社の払込資本金約7,593.7万円[52]に対し、4社1研究所の投資総額（有価証券）は約3,173.5万円[53]（＝理化学興業約1,423.5万円＋理研重工業689.3万円＋富国工業約408.2万円＋理化学研究所約652.5万円）、約41.8％を占める。理研コンツェルン傘下企業は株式持合いながらも、4社1研究所による株式投資が圧倒的比重を占める。資本面の経営力が際立つ。

ｂ：販売面……1937年8月に設立された浪速機械商会（大阪本社）は、理研産業団全体の機械の購入と販売の代行機関＝商社を目指した。1939年2月に浪速機械三河島製作所、3月に浪速機械京城製作所も設立する。販売取扱製品としては、鉱山・一般機械（理研空気機械）、理研タービンポンプ等（理研水力機）、ジャッキ類（理研ジャッキ製作所）、各種電磁チャック・各種炉（理研電磁器柿崎製作所）、電動機・工具（理研電動機）、金切鋸刃帯鋸各種（理研圧延工業）、理研スプリング（城南スプリング）、バイト（理研重工業）、各種レースチャック（理研チャック宮内製作所）など。だが、小企業で体制整備が不十分で、購買、販売ともに大きな成果は上げられなかった[54]。

ｃ：経営思想・戦略……理研の〈発明の事業化〉は、大河内所長の「**科学主義工業**」の理念を根拠に、成長・発展する。とくに、理研コンツェルンが拡大・普及するのは、1937（昭和12）年5月に、月刊誌『科学主義工業』[55]が創刊され（発行所は理研コン

---

52)　野村證券前掲書（昭和14年版）の「序」参照。

53)　理化学研究所の投資額652.5万円は、野村證券前掲書（昭和14年版）166〜169頁参照。他の3会社の数字は本文「8-2」の各項を参照。

54)　斎藤前掲書183〜188頁参照。

55)　以下の内容は、前掲『理化学研究所百年史』18頁、および勝村誠「雑誌『科学

ツェルン出版社）、刊行されたことによる（1945年の4・5月合併号まで、94号まで刊行）。この月刊誌は、当初、社内雑誌の位置づけであったが、第3号から「工業経済総合雑誌」とし、科学主義工業の普及を柱にした月刊の総合経済雑誌に転換する。発行所も株式会社科学主義工業社に変わる。当初の社内雑誌的記事等は、『理研コンツェルン月報』として引き継がれる。

　大河内所長が主張した「**科学主義工業**」とは、「科学を活用して生産性の向上を図り、良品を廉価で製造する」[56] 産業であり、「**資本主義工業**」（低賃金の労働力に依存して生産原価を切り詰めるという当時の資本主義）とは対極の実践的経営思想であるとした。より具体的には、生産工学の経営効率の考え方[57] で、〈専門化〉を徹底し、専門機械の採用、専門熟練工の養成、専門工場の設計そして専門会社の設立を具体化し、生産性の向上を図る。発明の性格・分野を明確にした機械、労働力、工場、会社を設計し工業化する。「**一工場一品主義**」はその具体化であり、この考えに沿って、理研産業団の各社が設立、構成される。また、大河内所長の「**農村工業**」[58] の活用・推進もこの〈専門化〉の考え方の応用である。柏崎の理研ピストンリングで具体化された「生産工程の単能工対応の分化・分離（農村での作業所）において、農村女子の単能工的反復技能を養成し、コスト低減とスピードアップによる生産性向上」という農村における工業活用の方策として具体化された。

　こうした科学主義工業の主張と普及は、大河内と理研への関心を高め、企業誘致依頼やコンツェルン加盟企業を拡大することになった、と思われる。この科学主義工業論等については当時の革

　　主義工業』改題」（Web ページ）の第1章、2章を参照。

[56]　前掲『理研精神八十八年』24頁参照。

[57]　斎藤前掲書239頁以降の第5章参照。

[58]　斎藤前掲書261〜267頁参照。

新経営思想であったと評価しつつも、筆者としては、1930年代において〈発明の事業化・工業化〉を史上初めて実践し、主導した経営思想として評価すべきと考える。

★理研コンツェルンの再編 ― 理研工業の設立 ―

　1940（昭和15）年10月会社経理統制令が公布され、配当率は8％以下に制限されたのをきっかけに、1940年末の理研各社の株価は暴落する[59]。これにより、共同融資団への返済に充当予定の所有株売却益が見込めなくなった。理研側の追加融資要望に対し、共同融資団は理研企業群の整理統合を要求する。

　その結果、1941（昭和16）年7月、理化学興業、理研重工業、理研圧延工業、理研鋼材、理研鍛造、理研鋳造、理研工作機械の金属、機械工業7社が合併し、理研工業（払込資本金6,700万円）が設立された。大河内正敏が代表権のある会長に就いたが、事実上、権限はなく、翌1942（昭和17）年1月に辞任する。大河内理研は幕を閉じたことになる（理研所長は継続）。

---

[59]　斎藤前掲書358〜361頁参照。

第3章　理研の地域展開と地域産業活性化
― 戦前理研の地域展開 ―

　上記の理研産業団＝理研コンツェルンを構成する企業群には多くの子会社群も含まれており、これら子会社群も、各立地地域で新企業・産業形成に貢献したものと思われる。

1　理研コンツェルン傘下企業群の地域展開

　図表10は、図表8をベースに、理研産業団＝理研コンツェルン傘下の企業の工場＝生産機能の地域展開を、図表11は同傘下企業の本社と工場の地域展開を、それぞれ整理したものである。いずれも、1941（昭和16）年の理研工業株式会社設立直前の状況を示す。

★工場は東京と新潟・群馬県に80%立地
　図表10は、理研自身が作成したもので、掲載会社数は52社、工場数は106工場にのぼる。工場数は、55工場が現・東京都内に立地し、全体の半数超（約52%）を占め、他を圧倒する。次いで、新潟・群馬地域に30工場が立地し、全体の30%弱（約28%）にのぼる。コンツェルン傘下企業の工場＝生産機能は、東京 ― 新潟・群馬地域中心に立地していることが確認できる。

★本社は東京都内立地が80%
　図表11は、野村證券の株式年鑑から作成したものである。これによれば、理研コンツェルン傘下企業は45社で、金融、商社、出版社等を除いた製造業企業は40社、工場も73社と、図表10と比べ大きく減少する。掲載時点は近似しているが、データ作成の観点の違い、例えば、図表10の「分工場」は単独では工場としてカウントしない、などの結果

図表10　理研コンツェルン各社工場の所在地域一覧（1940年7月現在）

都県等	県別工場数合計	広域地域	工場名	会社名						
新潟県	17	柏崎地域	柏崎工場	理研重工業	理研電動機					
			比角工場	比角自転車	柏崎興業					
			御倉山	柏崎興業						
			柿崎農場	柏崎興業						
			荒浜工場	柏崎興業						
			種理場	柏崎興業						
		上越地域	柿崎工場	理研重工業						
			六日町工場	理研輸出玩具						
		長岡地域	宮内工場	理研チャック	理研十尺旋盤	理研宮内鋳造	理化学興業精機			
		小千谷地域	小千谷工場	理研重工業						
		新潟地域	白根工場	理研電線	理研紡織					
群馬県	13	沼田地域	沼田工場	理研コランダム	理研護謨					
		前橋地域	前橋工場	理研重工業	理研宮内鋳造	理研前橋鍛造	理研工作機械			
		高崎地域	高崎工場	理研空気機械	理研合成樹脂	理研電磁器	理研製機	高崎自転車部品		
			松井田工場	飯田機械						
埼玉県	2	熊谷地域	熊谷工場	理研重工業						
			葛生工場	葛生窯業						
東京都	55	本郷地域	本郷工場	理研重工業	理研栄養薬品	理研工業薬品	理研合成樹脂	理研電具	理研光器	日本光器
				理研水産加工	渡辺鉄工所					
			巣鴨工場	理研科学映画						
		王子地域	王子工場	理研重工業	理研圧延	理研鋼材	理研圧延・鋼線	理研圧延・発條	理研圧延・バリカン	
				理研コランダム	理研護謨	理研光学	理研電動機			
		荒川地域	荒川工場	理研圧延	理研護謨	理研軽合金	理化学興業第1	理化学興業第2		
		足立地域	足立工場	飛行機特殊部品	理研圧延	理研コランダム	理研スプリング			
		日暮里地域	日暮里工場	理研輸出玩具						
			三河島工場	理研コランダム						
			向島工場	理研電線						
		平井地域	平井工場	理研圧延木根川	東洋製鋼所	理研鋼材				
		品川地域	芝浦工場	理研重工業	理研水力機					
			品川工場	理研電線	理研水力機					
			森ヶ崎工場	理研電線						
			大森工場	理研電線	旭光学					
			鈴ヶ森工場	理研電線						
			大森工場	理研スプリング						
			蒲田工場	理研空気機械	理研鍛造	理研鍛造第2	理研製機	理研スプリング		
			戸越工場	戸越機械						
		西北地域	吉祥寺工場	山鹿製作所						
			板橋工場	理研軽金属	理研工業薬品	理研電具				
			志村工場	理研計器						
千葉県	3	市川地域	茂原工場	日本光器						
			市川工場	理研紡織						
		流山地域	流山工場	理研栄養飼料						
静岡県	1	静岡地域	静岡工場	理研重工業						
愛知県	1	名古屋地域	名古屋工場	理研光学						
大阪府	6	大阪地域	大阪工場	理研光学	理研圧延	東洋緞金具	東洋緞金具三国製作所	理化学興業	特殊ゴム加工	
兵庫県	2	神戸地域	尼ヶ崎工場	理研鋼材						
			神戸工場	理研護謨						
広島県	1	広島地域	瀬戸田分工場	理研金属						
山口県	4	宇部地域	平生分工場	理研金属						
			三田尻分工場	理研金属						
			秋穂分工場	理研金属						
			宇部工場	理研金属						
福岡県	1	福岡地域	福岡工場	理研光学						
工場数合計	106		会社数合計	52						

（注）朝鮮進出の12工場はこの一覧から除外した。
　　（出所）斎藤憲『新興コンツェルン理研の研究』253〜254頁より作成。但し、原注資料は「理研産業団案内」（1940年7月末現在）である。

図表11　理研コンツェルン傘下各社の本社・名称・工場名等の一覧（1939年3月現在）

本社所在地 都府県	本社所在地 地区	会社名	新潟県	群馬県	埼玉県	東京都	千葉県	神奈川県	大阪府	兵庫県	山口県	工場数
新潟県	柏崎町比角	理研チャック	宮内									1
		理研十尺旋盤	宮内									1
		理研宮内鋳造	宮内	前橋								2
		柏崎興業	柏崎 荒浜 御倉山 柏崎農場									4
		比角自転車	比角									1
	小千谷町小千谷	理研主軸台小千谷	小千谷									1
東京都	麹町区有楽町	理研重工業	柏崎 柿崎	前橋		王子						4
		理化学興業	宮内			王子 荒川						3
		理研護謨工業				王子 荒川						2
		理研工作機械		前橋								1
		理研圧延工業				王子 荒川 木根川			大阪			4
		城南スプリング				大森 蒲田						2
		東洋級金具							大阪			1
		理研鍛造		前橋		蒲田 品川						3
		理研鋼材				王子 平井				尼ヶ崎		3
		理研コランダム		沼田		王子						2
		理研電具				本郷 板橋						2
		理研琥珀工業				本郷						1
		理研電磁器		高崎								1
		理研水力機		高崎		芝浦 品川						3
		理研電線	白根			品川 大森						3
		理研紡織	白根				市川					2
		三興商会				品川	市川					2
		理研電動機	柏崎			王子						2
		理研酒販売	ナシ									0
		科学主義工業社	ナシ									0
	麹町区丸ノ内	理研金属									宇部	1
	京橋区銀座	理研光学工業			鳩ヶ谷	王子						2
		理研科学映画				巣鴨						1
		理研製機		高崎		蒲田						2
		日本光器					茂原					1
		理研光器				本郷						1
		理研閃光板	ナシ									0
		富岡工業	ナシ									0
	芝区高浜	理研自動車改造				芝浦						1
	足立区本木	飛行機特殊部品				足立						1
	本郷区駒込	理研軽金属				荒川						1
		理研酒工業				本郷第1 第2						2
		理研工業薬品				本郷						1
		理研栄養薬品				本郷						1
	滝野川区田端	理研輸出玩具	六日町 白根			日暮里 目白						4
	板橋区志村	理研計器				志村						1
	蒲田区南六郷	日本空気機械				蒲田						1
神奈川県	横浜市神奈川区	畑製作所						大船				1
大阪府	大阪市南区	浪速機械商会	ナシ									0
											合計	73

（会社数）			（県別工場数）									
会社総数	45社			新潟県	群馬県	埼玉県	東京都	千葉県	神奈川県	大阪府	兵庫県	山口県	合計
工場所有会社数	40社			17	8	1	39	3	1	2	1	1	73

（出所）野村證券株式会社『理研コンツェルン株式年鑑昭和14年版』（昭和14年3月）より作成

が表れていると見られる。

　図表11によれば、本社を東京都内に置く企業は約80％超（37社/45社＝82.2％）で圧倒しており、新潟県に本社を置く企業が約10％（6社/45社）で続く程度である。また、本社は東京の中でも、有楽町〜銀座の狭い地域に集中している（27社で東京全体37社の約70％超）。本社機能は東京中心部、生産機能は都内工業集積地域（王子、荒川、足立、品川、蒲田）という立地構図が形成された。

　他方、新潟県には本社と工場が一定に立地し（本社7、工場17）、群馬県には工場が一定に立地している（工場8）。これはなぜか。**理研初期の「発明の事業化」が新潟県の柏崎地域で展開され成果をあげ、その滲み出しが群馬県にも及んだ、とみられる。**

2　理研コンツェルンと地域産業活性化 ―〈柏崎・新潟のケース〉―

　柏崎・新潟地域における理研の地域展開の実態と特徴を整理しよう。

(1) 創業二人三脚 ― 大河内正敏と西川弥平治 ―

　私見では、理研初期に、発明の事業化＝創業拠点となったのは新潟県柏崎地域であり、その拠点化は、**〈理研所長・大河内正敏と西川鉄工所代表・西川弥平治の創業二人三脚〉**の精力的な活動の成果であった、と考えられる。というのは、〈二人三脚〉で、アドソール、金属マグネシウム、ピストンリング、電線、特殊鋼、マグネサイト、旋盤、チャック、鋳造、玩具、農村工業等多数の事業化＝創業を主導したからである。

　なお、西川鉄工所[1]については、1910（明治43）年8月、西川藤助が柏崎駅前で創業し、石油さく井機部品製造を開始する。1921（大正10）年5月、西川弥平治（1898〈明治31〉年生まれ）が新潟鉄工所退社、西川鉄工所に入社。1924年1月、合名会社西川商店に法人化（代

---

[1]　西川鉄工所『西川鉄工所八十年の歩み』（1986年7月）を参照。

表社員：西川藤助)、1926（大正15）年4月に西川弥平治が代表社員に、1940（昭和15）年10月、株式会社西川鉄工所創立（代表取締役：西川弥平治、後に市議、県議、国会議員に)。

(2) 発明の事業化推進拠点形成へ

柏崎地域における発明の事業化の進展具合を見てみよう。

★アドソール（吸湿剤）― 理化学研究所柏崎支部アドソール工場設立 ―

まず、アドソールである。アドソール（吸湿剤、冷房装置等に利用）は、上記のように、大河内体制がスタート直後の1922（大正11）年1月時点で、池田菊苗研究室の磯部甫ら研究員が特許を取得した。理研は、同年6月に、試験を行う組合＝東洋瓦斯試験所を設立し、理研内試験工場（駒込の本郷工場）でアドソールの応用・事業化、販売も開始し、1925年1月第6期決算（満3年）で黒字を計上する[2]。

他方、大河内は、アドソール原料が新潟の酸性白土であるところから、アドソールを活用した天然ガスからの揮発油・ガソリン抽出を目指して、石油の町・柏崎での事業化に乗り出す。大河内には、石油の町・柏崎は帝国石油株式会社の長谷川尚一から、柏崎の協力工場の西川鉄工所の西川藤助は柏崎の明治石油株式会社の藤井辰次郎から、それぞれ紹介された、という。大河内は、1926（大正15）年ごろ、アドソールによる天然ガスから揮発油採取試験を行うが、天然ガス不足で満足な成果は得られない。大河内のこうした実験実務等は、西川鉄工所の西川弥平治が主となって手伝うようになり、実験の機械装置も西川鉄工所が受注する[3]。

こうした柏崎地域でのアドソールとその活用の実験を経て、**財団理研は、1927（昭和2）年11月、東京での理化学興業株式会社の設立と同時期に、理化学研究所柏崎支部アドソール工場を設立**する（西川鉄工所の隣接地100坪を買収）。この理研アドソール工場設立により、「**柏崎に**

---

[2] 斎藤前掲書130頁参照。

[3] 西川鉄工所前掲書57〜59頁参照。

おける理研の第一歩が始まった」[4]。それは、大河内正敏（理研）と西川
弥平治（西川鉄工所）の〈二人三脚〉の最初の成果であり、その後の協
働の始まりでもあった。

★理化学興業株式会社柏崎工場の設立―〈発明の事業化〉＝創業推進拠点へ―

柏崎での理研アドソール工場設立と同じ1927（昭和2）年11月に、
東京では、理化学興業株式会社が設立される。東洋瓦斯試験所はここに
吸収される。

理化学興業のアドソール製造は西川鉄工所との製造契約が成立し、
1928（昭和3）年2月に、西川鉄工所がアドソール工場を新設、製造を
開始する（1941年廃止）[5]。アドソール利用が拡大し（大学図書館、繭乾
燥場等）、事業として成功する。

他方で、1928（昭和3）年12月、理化学興業が柏崎の比角地区
20,000坪を買収し、理化学興業柏崎工場の建設を開始、翌1929（昭和
4）年4月、稼働する。

西川鉄工所は鉄骨類の製造・供給を引き受け、翌1929（昭和4）年
4月に、理化学興業株式会社比角工場構内に、西川鉄工所比角工場を新
設、理研の建設・諸機械の本格的製造・納入を開始する（1944年10月
撤収、本社工場に吸収）。理化学興業柏崎工場と西川鉄工所は、本格的
に、二人三脚で発明の事業化・工業化を推進することになる。

★理研マグネシウム株式会社の設立 ― 大河内は鉄工業に転換を決断 ―

理化学興業柏崎工場の最初の仕事は、天然ガスから揮発油を採取す
ることであったが、予想した揮発油量を採取できず、中止となる。当初に
想定した「アドソール活用による天然ガスから揮発油・ガソリン抽出」

---

[4]　西川鉄工所前掲書1頁。当時の社長である西川努（弥平治の息子）が「発刊に
　　際して」で感慨深げに述べている。

[5]　西川鉄工所前掲書63～66頁参照。

という目標は達成できなかった。

　理研の研究者の事業化アイデアは次々と試されたが、初期の柏崎工場で成果をあげたのは金属マグネシウムの工業化であった。日本における初の快挙であった。大河内研究室の助手の今富祥一郎博士（後に理研金属株式会社専務取締役）は、1929年6月に金属マグネシウム製造法の特許を取得する。今富博士の指導のもと、1930（昭和5）年2月から、工業試験を開始する。理化学興業柏崎工場内の西川鉄工所工場が製造機械の設計、製作、施設など一切を担い、理化学興業柏崎工場で、日本初の純国産原料による金属マグネシウムの工業的製造に成功し、1931（昭和6）年に販売も開始し、**1932（昭和7）年4月に、理研マグネシウム株式会社を設立**する。

　しかし、柏崎では電力と工業用水の不足が判明、柏崎から翌1932（昭和7）年に直江津・新井に移転する。大河内は、信濃電気株式会社の子会社の信濃窒素肥料株式会社直江津工場（当時生産中止中）を活用する。西川鉄工所も、また直江津に出張所を設立し、理研の仕事を引き受ける。理研マグネシウムは、曲折を経て、1938年3月、理研金属に社名を変更し、戦後は、宇部マテリアルズ株式会社へと承継される。

　こうした柏崎での電力と工業用水の不足は柏崎の工業発展の隘路となった。大河内はこの事態を見て、思いきって、鉄工業に転換したという[6]。大河内の英断であった。

⑶　理研ピストンリング株式会社柏崎工場の設立 ― 理研コンツェルンの中核企業へ ―

　金属マグネシウムの事業化とほぼ同時進行で、ピストンリングの事業化も進んでいた。大河内の英断が柏崎で、具体化される。

★理研ピストンリング株式会社柏崎工場の設立

　ピストンリングの研究は、1924（大正13）年から、大河内研究室で

---

[6]　西川鉄工所前掲書70〜71頁参照。

開始、海老原敬吉博士がピストンリング製造法を発明、1926年に特許取得、内外特許37件を獲得した世界的発明であった。

　1932年ごろから、量産化の研究を理化学興業の本郷工場で試作・製作（航空機リング）、柏崎工場では自動車リングの試作・製作を行い、販売実績をあげるため合資会社理研ピストンリング営業所を設立した。理化学興業本郷工場と柏崎工場で製造、理研ピストンリング営業所のピストンリング製造・販売機能を移管し、**1934（昭和9）年3月に理研ピストンリング株式会社を設立**する。主力は柏崎工場におかれた。

　他方、西川鉄工所は、ピストンリング製造が始まった1932（昭和7）年8月には、ピストンリング製造用工作機械を製作、理化学興業株式会社柏崎工場に納入し、その後、ピストンリングを研磨する両面研磨機、マグネットチャック式研磨機等のほとんどの注文（約80％）を受け、ピストンリング加工専用機を製作する組み立て工場を設立する（1937年）[7]。

★西川弥平治と品川英三

　理研ピストンリング柏崎工場設立後、1934（昭和9）年7月に、同柏崎工場に鋳物工場が新設される。それを品川英三が主導した。品川は、1899（明治32）年に柏崎で生まれ、1923（大正12）年「工手学校」（現工学院大学）（中堅技術者養成の工業実業学校）卒業後（24歳）、富山県の大同製鋼等を経て、1932（昭和7）年信越線城岡駅（現・北長岡駅）前に品川鋳造所を設立する（33歳）。西川弥平治は、品川と同年生まれ、同じ工業学校出身の技術者である。

　品川は、後述の宮内3工場設立等で大きな役割を担うが、この間の西川弥平治との「このころ結ばれた事業上の交遊は終生変わることなく続いた。品川氏と弥平治は、その性格において、前者の豪放、後者の細心の違いはあっても、大河内先生の知遇に感激し、理研の初期時代に活躍した道は同じであった。」[8]。

---

[7]　西川鉄工所前掲書78〜79頁参照。

[8]　西川鉄工所前掲書80〜81頁参照。

こうした西川と品川の親交が後の宮内・長岡エリア等広域への理研産業団企業の拡大の下地（人のネットワーク）になったと思われる。西川弥平治の「細心」の気質のなせる技か。

★理研特殊鉄鋼株式会社（理研ピストンリング柿崎工場）の独立

　1935（昭和10）年2月、柿崎町側の熱心な誘致活動に応えて、理研ピストンリングは柿崎工場＝**理研特殊鉄鋼株式会社柿崎工場**（戦後は**理研製鋼株式会社**）を設立する。ピストンリングや工作機械、工具等の製造領域が拡大し、柏崎工場の鋳鉄生産部門（主として工具生産）を分離、独立させた。柿崎工場の製品（ピストンリングの素材、ドリル等工具、精密機械・工作機械の部品）は、全て、理研ピストンリング柏崎工場に供給される[9]。

　この柿崎工場は、敷地8万坪が無期限無償貸与され、従業員768名（男子工員320名、女子工員430名、職員18名）の陣容でスタートした、という[10]。

　理研ピストンリングの柿崎工場進出に対して、西川弥平治は、柏崎工場の場合と同様、1935（昭和10）年8月、理研柿崎工場敷地に自社の柿崎工場を新設した（戦後は株式会社柿崎機械製作所となる）[11]。

　1938（昭和13）年10月、理研特殊鉄鋼株式会社と理研ピストンリング株式会社は対等合併し、**理研重工業**となる。

(4) 地域展開へ ― 柏崎・新潟エリア ―

　理研ピストンリング柿崎工場は、地域＝柿崎町の熱心な誘致活動に対応して、設立された。1935（昭和10）年ごろから、理研コンツェルン参加企業が急増する。

---

[9]　野村證券株式会社『理研コンツェルン株式年鑑昭和13年版』（Webサイト検索データ）12～23頁参照。以下、同資料は、野村證券『昭和13年版』と略記。

[10]　理研製鋼株式会社『理研製鋼株式会社50年史』（1999年12月）18頁参照。

[11]　西川鉄工所前掲書82頁参照。

★電線事業の開始 ― 白根エリア ―

　大河内が関係した大和電機株式会社（岡田武代表、1934年5月設立）は柏崎工場を建設し、1935（昭和10）年8月に、理研よりエナメル線の特許権を譲渡され極細線銅線の電線製造に乗り出す。社名を**理研電線株式会社**に改称し、新潟県白根町に移転した[12]。

　この白根への移転は、西川弥平治が手配する。西川鉄工所は、1933（昭和8）年ごろから、理研大河内所長の勧めで伸線機の研究・製作に着手し、この伸線機を使って電線製造も理研柏崎工場で行われた。こうした経緯から、弥平治が理研電線の白根立地を主導・支援し、西川鉄工所の伸線機は白根の理研電線株式会社のみに販売・供給する専属工場になった。

★鉄工業界の形成 ― 柏崎エリア ―

　理研が柏崎への進出を開始した1926（大正15）年から10年、1936（昭和11）年1月に、**柏崎鉄工組合**が理研ピストンリングと新潟鉄工所を中心に、設立される（参加企業25名）。理研の柏崎進出は西川鉄工所の成長等を生み、柏崎に鉄工業界を形成した。弥平治は幹事長に就く。翌1937（昭和12）年4月に、任意から出資による**柏崎機械工業組合**に衣替えする。

★製造基盤拠点の形成 ― 宮内・長岡エリア ―

　1937（昭和12）年に、株式会社理研チャック製作所、株式会社理研十尺旋盤宮内製作所、株式会社理研宮内鋳造所の3社が、古志郡上組村（現・長岡市）の宮内地区の1カ所に固まって、設立された[13]。概要は図表12の通りである。3社の特徴は、まず、本社はいずれも柏崎の理研ピストンリング柏崎工場にあり、同柏崎工場等の機能の分離独立したものである。鋳造所は理研特殊鉄鋼株式会社柿崎工場の鋳造部門を分離

---

[12]　野村證券前掲書（昭和14年版）127〜130頁参照。

[13]　理研宮内3社については、斎藤前掲書192〜198頁、野村證券『昭和14年版』98〜106頁参照。

図表12　宮内地区に設立された理研3社の概要

社名	株式会社理研チャック宮内製作所	株式会社理研十尺旋盤宮内製作所	株式会社理研宮内鋳造所
所在地	古志郡上組村大字宮内1750	同左	同左
本社所在地	柏崎町大字比角2642-1	同左	同左
設立年月	1937（昭和12）年4月	同左	1937（昭和12）年7月
会長	会長：大河内正敏	同左	同左
役員	専務：早川幾太郎、常務：星野一也、取締役：岡部福蔵、山本光雄、鷲田二郎、監査：品川英三	専務：岡部福蔵、常務：星野一也、取締役：早川幾太郎、山本光雄、鷲田二郎、監査：品川英三	専務：品川英三、常務：星野一也、取締役：山本光雄、西川弥平治、鷲田二郎、監査：早川幾太郎、岡部福蔵
工場	工場長：鷲田二郎、庶務課長：植田忠夫	同左	同左
工員・職員	工員：1246名、内女工433名、職員：27名	工員：262名、内女工7名、職員：21名	工員：358名、内女工19名、職員：37名
事業・製品	インデペンデント/スクロール・チャック	電動機直結十尺旋盤	各種鋳造
払込資本金	200万円、4万株	45万円、9千株	125万円、4万株
主要株主	富国工業・理化学興業・理化学研究所計2万株超	理化学研究所・理研重工業・理化学興業計8,400株	理研重工業・理化学研究所・理化学興業・富国工業・理研旋盤・理研チャック計3.7万株超

（出所）『新興コンツェルン理研の研究』196〜197頁

独立したものである。

「親会社の理研重工業会社機械制作部の分身」として機能させ、大河内の「一工場一品主義」を反映させた。役員や株主構成は「理研」関係メ

ンバーや企業が中心を担っている。しかし、重要なのは、3社の経営者に理研外部の専門企業家を迎えて、経営体制を整えたこと、これが、宮内3社・工場のポイントである。

　3人とは、チャック専務の早川幾太郎、旋盤専務の岡部福蔵、鋳造専務の品川英三であり、専務以外でも他の2社で取締役か監査役を務める。3人は次のような経歴の持ち主である[14]。早川幾太郎は、1893（明治26）年生まれで、須藤鉄工所で修行後、1920（大正9）年長岡で早川鉄工所を設立した（チャック専務就任時44歳）。岡部福蔵は、1895（明治28）年生まれ、東京で旋盤工として働き、1931（昭和6）年上越線開通記念博覧会で須藤鉄工所の英式8尺旋盤を購入し、長岡に岡部鉄工所を設立する（旋盤専務就任時42歳）。品川英三は、上記の通り、1932（昭和7）年信越線城岡駅（現・北長岡駅）前に品川鋳造所を設立した（鋳造専務就任時38歳）。

　なぜ、理研外部のこの3人の企業家を経営者にすえたのか。筆者の推測であるが、上記の品川英三と西川弥平治の親交の成果ではないか。弥平治から理研ピストンリング工場の製造機能の分離・設立を相談された英三が、親交のある早川と岡部の2人の先輩に話を持ちかけ、〈3人がそれぞれ経営者になるのであればOK〉というような合意のもとに、弥平治や理研側と交渉し、実現したのではないか。これが、筆者の推測である[15]。

　またなぜ、宮内地区に3社を集積させたのか。宮内地区は、1931（昭和6）年に上越線が東京・上野 ― 宮内間で開通し、信越線との交差地区になり交通利便性が高まり、加えて、1932（昭和7）年の満州国設立による日本 ― 満州間交流の幹線となり、国際的交通利便性も高まった

---

[14]　長岡商工会議所『長岡商工人　百年の軌跡』（2011年9月）98～106頁、内山弘『長岡鉄工業の歩み』（2016年4月30日）103頁参照。

[15]　西川鉄工所の上記の社史も宮内3社の立地の件には一切触れていない。1940（昭和15）年、3社は合併、理研鋳造株式会社となる。3人は顧問となり経営を離れてしまう。

ため、と見られる。3社の業績好調もあり、従業者数約2,000人の工業地区が出現した。

　なお、1940（昭和15）年に3社は合併し、**理研鋳造株式会社**となる。

★輸出玩具事業の推進 ― 六日町エリア ―

　六日町町長の工場誘致要請に対して、西川弥平治が大河内に取り次ぎ、大河内は木材玩具の事業をアドバイス、1937（昭和12）年5月に、農村労働力を活用した上越興業株式会社を設立する。翌1938（昭和13）年3月に、他の同様の企業と合併し、**理研輸出玩具株式会社**が設立される。社長には林辺賢一郎、取締役に大塚万丈が就任し、大河内正敏は顧問となる[16]。

　同社は従業員約160名、六日町工場中心に、白根工場や東京（日暮里、目白）の工場で、輸出に集中し、モデルシップを軸にした各種木工玩具等を製造、販売し、好成績をあげた。

★農村工業の推進 ― 柏崎エリア中心 ―

　西川弥平治は大河内に賛同し、農村工業を推進する。1937（昭和12）年に、**社団法人農村工業協会柏崎支部**を設立し、自ら支部長に就任する。荒浜村と枇杷島にピストンリング向けの作業場をつくった。理研ピストンリング柏崎工場は農村工業課を新設し、専任の職員を配置する。以後、急速に拡大、柏崎町内だけでなく、群馬、長野の農村の部落の作業場に、理研ピストンリングの機械を貸付け、材料を送り作業を行った。理研ピストンリング柏崎工場を中心に、約50の下請工場とともに軍需生産の一翼も担う[17]。

　弥平治は、1937（昭和12）年8月、こうした農村工業推進を目的とした**柏崎興業株式会社**を、大河内 ― 西川コンビ（会長：大河内正敏、

---

[16]　理研輸出玩具株式会社は、西川鉄工所前掲書94～95頁、野村證券『昭和14年版』133頁を参照。

[17]　農村工業については、西川鉄工所前掲書95～96頁参照。

専務取締役：西川弥平治）で設立する。柏崎町郊外の柳橋、荒浜、西中通各地に下請工場も稼働させた。海軍の指定工場にもなり、従業員は284人に拡大する[18]。1937（昭和12）年2月、**比角自転車株式会社**（専務取締役：西川弥平治）を設立して農村用の自転車部品製造と自転車の組立、販売を行った[19]。

★旋盤主軸台製造の開始 ― 小千谷エリア ―

　1937（昭和12）年、柏崎町の隣の小千谷町の町議会で工場誘致を決議、同町出身の医師で大河内と親しく理化学興業株式会社取締役であった木村徳衛に仲介を依頼する。翌1938（昭和13）年3月に、理研旋盤小千谷株式会社が設立され、その後、**理研主軸台小千谷株式会社**[20]に改称される（会長：大河内正敏、常務取締役：西川弥平治、取締役：大塚万丈、木村徳衛）。

　この会社は、理研重工業（理研ピストンリング）柏崎工場の旋盤部品の主軸台（ヘッドストック）製造部門の下請工場として、設立された。軍需拡大で業績は順調であった。工具は1939年3月時点で196人に達した。株主は、理化学興業が筆頭、理研宮内鋳造所が第2位、理研チャックも株主になっている。こうしたことも反映して、1939年6月に、西川弥平治が専務に昇格、品川英三が新たに取締役に就任、西川 ―― 品川コンビができる。

　なお、この理研主軸台小千谷工場は1940年1月に理研重工業に吸収・合併され、**理研重工業小千谷工場**[21]となる。戦後は、財閥解体等曲折を経て、1955（昭和30）**年理研精機株式会社**（西川弥平治による

---

[18]　柏崎興業については、西川鉄工所前掲書96〜97頁、野村證券『昭和14年版』109〜110頁参照。

[19]　比角自転車については、野村證券株式会社『昭和14年版』111〜112頁参照。

[20]　理研主軸台小千谷工場については、野村證券『昭和14年版』107〜108頁参照。

[21]　松本和明「新潟県小千谷地域における機械工業の生成と発展」『長岡大学地域連携研究センター年報第4号』157〜158頁に、小千谷工場についての大河内の評価が掲載されている。

理研小千谷工場買収後、名称変更）となる。

(5) 理研宮内製作所の悲劇 ― 米軍空爆で壊滅 ―

　日米開戦の緊迫した戦局が迫るなか、1941（昭和16）年7月に、上記のように、理研コンツェルンの機械・鉄工系の中核企業群7社が合併して、**理研工業株式会社**を設立する。

★理研工業株式会社宮内製作所

　1938（昭和13）年時点における宮内地区の理研系工場は、理研チャック宮内製作所、理研十尺旋盤宮内製造所、理研宮内鋳造所（以上3社は1940年に理研鋳造に統合）、理化学興業株式会社宮内工場、理化学研究所精機部の5工場である。これら5工場が理研工業株式会社の成立により、**理研工業株式会社宮内製作所**に1本化される。

　このうち、理化学研究所精機部は、1934（昭和9）年10月に、工作係から分離・独立して、精密機械・工作機械の試作・製作を担う部門となった。1937（昭和12）年に、駒込の理研正門横に5階建ての新工場を建設する。山本光雄技師など幹部が工作係から精機部に異動し体制強化を図る。1938（昭和13）年に、駒込の精機部は研究室とし、精機部宮内分工場がある宮内に新工場を建設し試験・製造部門を全面移転した。1938年に工作機械等の試験・製作拠点として「理研精機部宮内工場」ができた。

★理研工業株式会社宮内製作所の悲劇

　山内清松（元理研工業株式会社宮内製作所経理課長）の回想録によれば、理研工業株式会社宮内製作所の当時の状況は次の通りである[22]。

　▪ **宮内製作所設立の要因**……宮内製作所設立の要因は5つあげられ

---

[22] 山内清松『理研工業株式会社宮内製作所』（1984年10月17日）、内山弘『長岡鉄工業の歩み』（2016年4月30日）115頁参照。

る。農閑期の余剰労働力活用可能、良質の労働力確保可能（理研ピストンリング柏崎工場で実証済み）、工作機械の精度単純化による単能工化可能、上・信越線の分岐点と日本海時代（満州との交流）への備え、チャック・旋盤・鋳造の3社の設立（1937年）の5点の立地優位性があげられた。

- **体制の確立**……理研工業株式会社は、会長：大河内正敏、専務取締役：大塚万丈。宮内製作所は、所長：山本光雄、技師長：池辺常刃、造機部長：田野孝一など。山本は理研本体の精機部長と所長を兼務。

- **移行過程**……1938（昭和13）年の精機部の宮内工場への移転当初はチャック等宮内3社の共同所有の倉庫を借りて機械を据え付けた。段階的に移転を進め、1940（昭和15）年春には全機能の移転を完了させた。移転に当たっては、職員の異動も関係するが、山本所長の公平無私の態度が信頼され95％の職員が宮内に異動した。チャック等理研3社の合併は1942（昭和17）年までに完了させた。

- **工場配置**……宮内製作所は、1937年段階から、上・信越線宮内駅の西側約15万m²＝約4.5万坪を買収し建設が始まり、最終的に図表13のような構内配置となった。1937〜1938年時点では、先の宮内3工場の共同材料倉庫を借り機械を設置、その後工場15棟（第1期3棟、第2期12棟）を建設する。1940年春に理研精機部の全機能を宮内工場に移転する。この時点で工場等30棟、従業員2,000人規模となる。1942年に先の理研宮内3工場を吸収合併し、工場敷地17万m²＝約5.2万坪、工場等60棟（工場39棟、事務所、男女の寮、食堂、体育館、青年学校等）、従業員約4,000人規模となり、戦時下で、最終的に約7,000人規模となる。

- **戦争末期等**……戦争末期の1945（昭和20）年、ハルピン疎開が強行され、5月に機械約100発送、7月500人が新潟港からハルピンへ渡る。しかし、機械も支援金（300万円）も未着で、終戦を迎える。8月7日突如、ソ連軍が銃撃、略奪、死者多数。残余者の引き揚げは1946年9月。1945（昭和20）年8月1日の終戦直前に、宮

内製作所は米軍の爆撃でほぼ焼失し（80%）、終戦とともに、残務整理者以外の職員は全員解雇となった。まさに、悲劇！

図表13　理研工業株式会社宮内製作所配置図

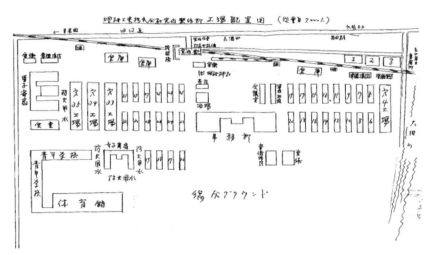

（出所）山内清松『理研工業株式会社宮内製作所』

(6) 地域展開＝〈柏崎・新潟ケース〉の成功要因

以上総括して、〈柏崎・新潟ケース〉の成功要因と教訓は何か。

まず何よりも、**発明の事業化を担う地域における〈協働の仕組み〉を創った**ことが重要である。理研の柏崎進出は、アドソールの活用による天然ガスからの揮発油の抽出（1926年ごろから）が目的であったが、理研アドソール工場設立、理化学興業柏崎工場設立、理研ピストンリング設立（1934年3月）と続く約8年間に、アドソール事業化、金属マグネシウム事業化、ピストンリング事業化という理研事業の成長・発展の核を形成した。西川鉄工所はアドソール製造を引き受け、理化学興業・理研ピストンリング柏崎工場構内に自社工場を建設し、理研チームの業務を支援し協働して、試験・製造を行った。この西川弥平治の大河内正敏との協働の仕組み＝〈創業二人三脚〉が成果をあげた（理研側はそれだけの人材等体制を持っていなかった）。

　第２に、地域特性を考慮した〈機械産業の成長・拡大〉を追求したこと。ピストンリングは当時の成長産業（自動車、飛行機等）のエンジンの円滑稼働を担保する基幹部品であり、鋳造、旋盤、研磨、諸耕具等幅広い工作機械分野の連携（サプライチェーン）が必要であった。その産業特性を生かし、金属マグネシウムを断念して（柏崎地域は電力と工業用水が不足）、機械産業を選択し（大河内の決断）、柿崎工場、小千谷工場、宮内の３工場（チャック、旋盤、鋳造）の設立が可能になった。

　第３に、〈地域の産業集積・業界〉を形成したこと。西川弥平治は理研ピストンリングを中心にした事業成長・拡大に協働することを通して、既存企業の成長と新企業の設立を支援し、新たな機械・鉄工業界の形成を推進する。自社も新製品を開発し、戦後に生き残る技術・人材等を確保する（伸線機等）。西川鉄工所自身が研究開発型ベンチャーに変身したとも言える。

　最後に、〈理研工業宮内製作所の悲劇〉を忘れてはならない。この工場が米軍の空襲による焼失を免れていれば、戦後の長岡・新潟の機械産業発展の礎になったと思われる。悲劇であり、誠に残念！

3　財閥解体 ― 戦後へ ―

　理研工業株式会社は、戦後、財閥解体の対象企業に指定され、1949（昭和24）年の財閥解体の結果、図表14に示す11社（新理研工業、新潟工業、理研柏崎ピストンリング工業、理研前橋ピストンリング工業、理研熊谷鋳鉄、理研鋼材、理研精機、理化学興業、大阪理研工業、大研工業、理研製鋼）に分割された。

　なぜ、この11社に理研工業は分割されたのか、そして、独立後の経緯は如何、手探りではあるができる範囲で調べてみた。理研工業株式会社は、上記のように、1941年に７社が合併して成立するが、この７社の合併前（1939年時点）の工場は、図表15の通りである。これを参考に、上記の分割・独立会社との接続・継承性を検討しよう。

図表14　財閥解体で理研工業から独立した第二会社

財閥解体で独立した会社名	その後の経緯
新理研工業㈱	1955年10月、大同製鋼㈱（現・大同特殊鋼）に合併
新潟工業㈱	1951年1月、理研製鋼㈱に合併
理研柏崎ピストンリング工業㈱	1950年理研ピストンリング、1979年リケンに名称変更
理研前橋ピストンリング工業㈱	1950年8月、解散
理研熊谷鋳鉄㈱	1955年5月、理研柏崎ピストンリング工業と合併、現・リケン熊谷工場
理研鋼材㈱	理研精機を合併、現・エルゴテック㈱
理研精機㈱	理研鋼材に合併
理化学興業㈱	理研精機に合併
大阪理研工業㈱	現存
大研工業㈱	1950年11月解散
理研製鋼㈱	現存

（出所）『理研コンツェルン株式年鑑/昭和14年版』等より作成

図表15　理研工業に合併・一体化された工場

7社名	工場名					
理研重工業	柏崎	柿崎	小千谷	王子	前橋	熊谷
理化学興業	宮内	荒川	王子			
理研工作機械	前橋					
理研圧延工業	王子	足立	木根川	大阪圧延		
理研鍛造	蒲田	品川	前橋			
理研鋼材	王子	平井	尼崎			
理研鋳造	宮内					

（出所）『理研コンツェルン株式年鑑/昭和14年版』等より作成

〈新理研工業〉は、1955年に、**大同製鋼（現・大同特殊鋼）**に設備・従業員等の一切が合併される。大同特殊鋼の沿革によれば、この合併により、平井、足立、王子、荒川の4工場が加わり、規模、生産量ともにわが国筆頭の特殊鋼メーカーになった、と評価している[23]。図表15から、理研圧延工業の王子、足立及び木根川工場を柱に、理研鋼材の平井工場、理化学興業の荒川工場などが新理研工業に移行した理研工業の工場群であった、と推測できる。但し、王子工場については、理研重工業、理化学興業、理研鋼材の王子工場が新理研工業の王子工場に加わったか否かは資料不足で不明である。

〈新潟工業〉は、理研工業の宮内工場（図表15の理化学興業と理研鋳造の宮内工場）と小千谷工場（図表15の理研重工業の小千谷工場。1940年1月に理研主軸台小千谷工場が理研重工業に吸収合併され、1941年から理研工業株式会社小千谷工場）が合併して独立したもの。だが戦後の経営は厳しく、1951（昭和26）年に、理研製鋼に一括吸収・合併される。鉄鋼業界の不振等により、理研製鋼の経営も苦しく、1954（昭和29）年3月会社更生法の適用を受け、柿崎工場の人員整理と小千谷工場を閉鎖し、従業員は宮内工場へ勤務することになる。しかし、小千谷工場の従業員36名（戦後直後の経営不振と労働争議で減少）は小千谷工場閉鎖に反対、再建の運動を展開する。小千谷町当局もその動きを支援し、西川鉄工所の西川弥平治（当時、参議院議員）に経営再建を依頼する。小千谷工場の創業者である西川弥平治が引き受ける。1954（昭和29）年12月に、柏崎興業株式会社（社長：西川弥平治）が理研製鋼小千谷工場を買収し、柏崎興業小千谷工場となる。**1956（昭和31）年1月、理研精機株式会社**と社名を変更し、藤波省二を専務に迎え再建軌道に乗せ、現在に到る[24]。

〈理研製鋼〉は、理研重工業の柿崎工場（旧・理研特殊鉄鋼株式会社、

---

[23]　大同特殊鋼株式会社のWebサイト「大同特殊鋼100周年特設サイト」参照。

[24]　理研精機株式会社『企業に生きる躍動 — 我が社の四十五年 —』（2001年5月）36〜51頁参照。

図表15）が独立したもの。その後、新潟工業株式会社を吸収・合併するが、小千谷工場が分離・独立したため、**理研製鋼株式会社**は、1955（昭和30）年から、柿崎工場と宮内工場の２工場を有する企業となり、現在に到る。

　図表14の〈**理研柏崎ピストンリング工業**〉は図表15の理研重工業の柏崎工場、図表14の〈**理研前橋ピストンリング工業**〉は図表15の理研重工業の前橋工場、図表14の〈**理研熊谷鋳鉄**〉は図表15の理研重工業の熊谷工場にあたる。理研前橋ピストンリング工業は、1950年に解散する。理研柏崎ピストンリング工業は、1950年に理研ピストンリング工業と改称し、1953年に理研鋳鉄（1951年に改称）を吸収・合併する。1979年に**株式会社リケン**（柏崎工場、剣工場、熊谷工場）に改称し、現在に到る。

　〈**理研鋼材**〉は復活した（図表15参照）が、その後は空調会社との合併により、エルゴテック株式会社となる（1998年）。

　上記以外の図表14の〈理研精機、理化学興業、大阪理研工業、大研工業〉の各社については、資料的に確認できなかった。とくに、「理研精機」に関しては、全く情報が得られなかった。小千谷地域の理研精機は上記のように、戦後小千谷で設立され、現存する企業であり、財閥解体の第二会社とは全く別会社である。したがって、理化学興業が理研精機に合併、理研鋼材が理研精機を合併、などの図表14の記述については確認できなかった。

第4章　戦前の理化学研究所と展開事業の意義・教訓 ― 総括的まとめ ―

以上を踏まえ、最後に、戦前の理化学研究所とその展開事業についての意義・教訓をまとめておきたい。

1　戦前の理化学研究所の意義 ― 唯一の独創的研究機関かつ研究開発型ベンチャー輩出の源流 ―

以上の理化学研究所の活動は、戦前の学術研究とその成果の事業化の展開のなかで、どのような位置づけ、意義を持つのであろうか。

⑴　学術研究を担う大学・研究所の設立 ― 帝国大学、私立大学、官民研究所、陸海軍研究所 ―

まず、学術研究を担う大学や研究所の設置状況を見る。戦前の日本における大学の設立・整備は、1877（明治10）年の東京大学の設立から始まる。約10年後の1886（明治19）年の帝国大学令により、東大は帝大となり、京都（1897年設立、以下同じ）、東北（1911年）、九州（1911年）、北海道（1918年）、大阪（1931年）、名古屋（1939年）の旧7帝大が理系学部・学科（理学、工学、医学、農学）中心に設立される。これに、東京商科（一橋）（1920年）、東京工業（1929年）の2大学も加わる。さらに、1920（大正9）年の大学令により、文系学部・学科（法学、文学、経済学等）中心に、慶應義塾、早稲田、明治、法政、中央、日本、國學院、同志社など多数の私立大学が設立される。理系学部・学科は慶應義塾（医学）、早稲田（理工）、日本（医学）など少数の大学に限定される。

さらに、大学の付置研究所としては、東京帝大の伝染病研究所（1916年）、航空研究所（1921年）、東京天文台（1921年）、地震研究所（1925

年）、東北帝大の金属材料研究所（1922年）、京都帝大の化学研究所（1926年）を初めとして、戦前には、理学12、工学17、医学11、農学3、人文2、経済2、計47の研究所が設立される。他方、軍の研究所としては、1919年に陸軍科学研究所（物理、火薬・爆薬、化学兵器、秘密兵器関係）、1923年に海軍技術研究所（化学、理学、無線兵器、造船、航空）が設立される。

　民間の研究所としては、財団法人理化学研究所（1917年）、社団法人北里研究所（伝染病、1918年）が設立された程度であった。

　財団理研が設立された1917（大正6）年時点では、大学は、東京、京都、東北、九州の4帝大、研究所は伝染病研究所（東京帝大）しか設立されていなかった。財団理研は民間で唯一の理系の研究所として設立された。

　他方、学術研究を奨励・促進する組織も設立される。1879（明治12）年に、欧米のアカデミーに対応する東京学士会院が設立され、1906（明治39）年に、帝国学士院に改組される。これが、戦後は日本学士院となる。第1次大戦時に設立された万国学術研究会議に対応して、1920（大正9）年に、日本も学術研究会議を設置する。そして、1932（昭和7）年、財団法人日本学術振興会が設立され、研究費も1939（昭和14）年に、科学研究費交付金が設けられ、戦後につながる。そして、1940（昭和15）年に、ようやく、文部省に学術研究担当の科学課が設置される。

(2) 日本学術振興会の設立 ― 研究費と研究人材育成 ―

　この過程で、学術研究の充実を提言・推進したのは、理化学研究所の設立を渋沢栄一らと常務委員として推進し、設立後は初期の理研運営を副所長として担った櫻井錠二[1] であった。櫻井は1931年1月に、帝国学

---

[1]　櫻井錠二は、1858（安政5）年9月生まれ、1939（昭和14）年没、化学者。父は加賀藩士、幼名は錠五郎。藩立の英学校、大学南校（後に東京大学）を経て、1876年に国費留学生として英ロンドン大学に留学、理論化学を研究。1881

士院長（学術研究会議会長を兼務）として関係者に呼びかけ、政府に学術振興の協議・提言を行い、1932年12月の日本学術振興会の設立に貢献する。櫻井は、この過程で、1931年4月、昭和天皇へのご進講「学術研究ノ振興」[2] を行い、日本学術振興会設立に繋げる。櫻井は、そこで、次のような現状把握と提案を行う。

- 明治維新以後、欧米を「模倣」して経済発展したが、「独創的学術研究」は欧米諸国に劣後している。現在の経済不況下では、「独創的学術研究」の振興による産業振興が不可欠であり、「輸入工業国」から「独創工業国」に転換する必要がある。
- 慨嘆せざるを得ないのは帝国大学の現状である。1986（明治19）年の帝国大学令では、第1条で、「学術技芸」の教授＝教育と、「学術技芸」の「蘊奥」（奥深いところ）の攻究＝研究を目的とする、と改正され、第2条で、研究は「大学院」で、教育は「分科大学」（1918年に「学部」に）で行うことが明記される。大学は立派な「学術研究機関」となったが、研究費予算はない。研究は全く「空文」（空文句）で、「大学院」は「有名無実」である。帝国学士院や学術研究会議にも政府予算はついていない。
- **日本の現状で、「一般的な独創研究」の機関として成果をあげているのは、「理化学研究所」の1機関だけ**である。設立時の「御下賜金」が今日の理研を生んだと言える。
- 研究人材もいちじるしく不足しており、日本の最大の急務は、「研

年帰国、東京大学理学部講師に就任。日本で2人目の化学系研究者。1883年東京化学会会長、1886年東京帝国大学理科大学教授。1917年の理化学研究所設立を渋沢栄一らと推進（常務委員）、設立後は初代の副所長に就任（1921年まで）。1919（大正8）年、60歳で東京帝大を辞職（定年制賛成派）。1920年貴族院勅選議員。1924年学術研究会議会長、1925年帝国学士院長・枢密院顧問官、1932年日本学術振興会理事長就任。

[2] 山中千尋「日本学術振興会の設立経緯をめぐって ― 櫻井錠二による御進講『学術研究ノ振興』」―（日本科学史学会『科学史研究』第55巻277号、2016年）

究機関の充実」と「能力ある多数の研究者の養成」である。

- 具体的対応策としては、財団法人を設立し、「研究機関の充実」と「研究者の養成」を主たる事業とし、「出版費支援」等も加える。研究機関の充実は、各大学での研究費支給を主とし（「第2の理化学研究所」の設立ではない）、研究者の養成は、大学院を活用すべきである。

1932年8月、天皇から鳩山一郎文部大臣に、学術振興奨励の下賜金150万円があり、振興会設立の動きは加速され、12月に財団法人日本学術振興会が設立される。1933年度から研究費補助事業が、「**個人研究**の助成」、「**総合研究**（学会、産業界、官界等の研究者による組織化されたプロジェクト研究）の実施」、「調査・建議・出版」、「研究所の設置・受託研究」の4つで開始される。

(3) 戦時対応と科学研究費交付金 ― 戦時下で大学等への基礎研究制度設立 ―

1937年の日中戦争開始後資源不足が深刻化（日本製品ボイコットで輸入依存の軍需物質の不足）し、輸入代替製品が求められ、研究重視が強調される。同年の上記「総合研究」が軍部の要請で国家重要問題解決に取り組む研究[3] として、助成研究費が急拡大する（1936年32.7万円、1937年58.8万円から1941年203.0万円に拡大）。こうした総合研究＝軍民連携の研究プロジェクト推進にあたって、大学の研究者、設備、研究費が貧弱で、障害になっていた。1938年4月、学術研究会議会長の櫻井錠二ら8名が、これを解決する基礎研究の振興が重要である、との進言を木戸幸一文部大臣に行う。同年5月の内閣改造で就任した荒木貞夫

---

[3] 1938年の総合研究の研究費上位研究プロジェクトテーマ10件は、航空燃料、無線装置、宇宙線・原子核、結核予防、鋳物製造、特殊鋼材製造、国民体力問題、金属材料疲労、植物繊維原料、電機溶接である。水沢光「日中戦争下における基礎研究シフト ― 科学研究費交付金の創設 ―」（日本科学史学会『科学史研究』第51巻264号、2012年）を参照。

文部大臣は、8月に大臣の審議機関として、科学振興調査会を発足させる（特別委員会委員長：長岡半太郎）。1939年3月の答申で基礎研究重視を強調、**「科学研究費交付金」制度を新設**することとした。文部省は、1939年度追加予算で300万円を計上、1940年2月に文部省専門学務局に科学課を設置する。

　ここに、日本学術振興会の応用研究中心の研究助成（総合研究＝国防事業化の研究プロジェクト）に対し、基礎研究中心の「科学研究費交付金」制度（戦後に継承）ができ、大学等研究機関に交付されることとなった。1939年度の科学研究費交付金300万円は、大学・研究所21カ所、高等専門学校66カ所、帝国大学が過半、研究分野は医学、工学、理学、農学の4分野中心、であった。1941年度に科学研究費交付金は500万円、日本学術振興会の個人研究費助成は約49万円、総合研究は約203万円、科学研究奨励金（1918年文部省設置）は15万円であった[4]。

(4) 戦時研究の展開 ― 軍主導プロジェクトに研究者動員 ―

　日中戦争勃発後の国家総動員法（1938年4月施行）第25条「総動員試験研究令」で、「戦時研究」が始まる[5]。

　試験研究令での戦時研究は、商工省中心の工業生産力の拡充（工作機械の整備拡充、高速度鋼用特殊金属元素回収など）が中心で、自然科学者の関与は限定的であった。自然科学者の戦時研究への動員は、文部省の「科学研究の緊急整備方策要綱」（1943年8月閣議決定）以後である。大学に科学研究動員委員会が設置され、学術研究会議で「研究班」を組織、約2000人の科学者が戦時研究に関与した、とされる。

　1940年上期以降の戦時期には、陸軍による外部研究者・技術者の研究動員＝囲い込みが一挙に進み、個人だけでなく、官私立研究機関が陸海軍試験研究機関の研究分所・研究分室として動員されるようにな

---

[4]　水沢前掲論文参照。

[5]　河村豊「戦時下日本で、科学者はどのように軍事研究にかかわったか」（日本天文学会『天文月報』第111巻第3号、2018年3月）参照。

る[6]。太平洋戦争末期の1944年11月末時点で、海軍技術研究所3研究部（電気・電波・音響）が部外研究機関に設置した研究分所・室は37カ所、海軍嘱託は約300名にのぼった、という。軍官産学試験研究機関の枠を超えた共同研究が盛んに行われた。軍官産学代表者からなる研究動員会議（会長は首相）が重要研究課題（戦時研究）を決定し、その研究従事者（戦時研究員）を任命し、資材・研究費を確保した。1943年10月〜1945年7月まで、同会議は17回開催、動員科学技術者延べ1600名、研究補助員5500名、実施決定研究約250件、うち約100件が終戦までに完了。1944〜1945年には、決戦兵器＝熱線誘導爆弾開発に、約300名の研究員が動員されたという（所属が確認されたのは東大13、京大5、東工大4、電気試験所6、通信院5、理研5名等）。

　なお、1941年4月に、陸軍航空技術研究所からの新型爆弾＝「原子爆弾」の研究（極秘研究「ニ号研究」、「ニ」は仁科の「に」）の依頼に対し、理研・大河内所長は、サイクロトロン（核粒子加速装置）の開発に成功していた仁科芳雄研究室[7]にこの研究を託した（アメリカは1942年に原爆開発の「マンハッタン計画」開始）。1943年5月頃、仁科のチームは原爆作成の可能性を提示し、研究を継続するが、1945年の東京大

---

[6]　沢井実「軍官産学連携の戦前・戦中・戦後」（日本産業技術史学会『技術と文明』第20巻2号、2016年6月）参照。

[7]　仁科芳雄の略歴等は次の通り。仁科芳雄は、1890（明治23）年12月生まれ、1951（昭和26）年1月没、物理学者。岡山県出身。岡山中学を経て、旧制第六高校工科を首席で卒業、1914年東京帝大工科大学電気工学科入学。1918年7月大学首席で卒業、大学院進学と同時に理化学研究所の研究生（鯨井恒太郎教授研究室）。1921年欧州大学に留学、1923年コペンハーゲン大学のボーア教授研究室で5年間研究、1928年帰国。理研の長岡半太郎研究室所属。1930年東京帝大理学博士。1931年に理研・仁科研究室立ち上げ。量子論、原子核、X線など研究。1935年、理研に原子核実験室設置、1937年に、小型サイクロトロン（核粒子加速装置）を完成させる。1940年、陸軍より原爆開発研究を依頼される。「ニ号研究」（ニは仁科のに）を続けるが、1945年の米軍空襲で設備焼失。広島、長崎の原爆を現地調査で確認、終戦の日8月15日にラジオ放送で原爆を解説。戦後、サイクロトロンは米軍により廃棄。1946年11月理研所長に就任、同年文化勲章授与。

空襲で理研設備が焼失、原爆開発は潰える。仁科は広島と長崎の原爆投下については、現地調査に加わり、原爆であることを確認し、8月15日の終戦の日にもラジオ放送で原爆の解説を行った。

⑸　戦前の理化学研究所の意義 ― 唯一の「独創的」研究機関、研究開発型（技術移転型）ベンチャー輩出の源流であること ―

　1886年の帝国大学令で、大学の目的は「教育」と「研究」であり、学部（分科大学）で「教育」、大学院で「研究」を行うことと改訂され、「研究」が新たに加わった。だが、約半世紀を経た1931年時点でも、研究費は予算化されず、研究は「空文」（空文句）同然であり、大学院は「有名無実」と言ってよい。理化学研究所設立を推進し、当時、帝国学士院長であった櫻井錠二は、こう厳しく評価した。櫻井は、「研究費」確保と「研究人材」養成を制度化し、欧米に劣後する「独創的学術研究」を振興しなければならないと提起し、日本学術振興会（1932年設立）の研究費（個人研究と総合研究）を制度化、さらに、科学研究費交付金（1939年支給開始）制度設立を推進した。ここに、帝国大学令から半世紀超を経て、ようやく大学等研究機関における研究基盤が形成される。しかし、既に戦時期に入っており、**戦前の日本の大学（帝国大学）は教育大学に留まり、研究大学への発展は未完のまま**であった。

　こうしたなかで、民間の理化学研究所は、帝国大学令から約30年後の1917年に設立され、1931年時点ですでに大きな研究成果をあげていた。櫻井は、「一般的な独創研究」機関として成果をあげているのは理化学研究所だけであると断じている（これは自らが設立した研究所への身びいきではないであろう）。理研は、大河内正敏所長のもとで、〈自由な研究〉と〈発明の事業化〉の体制を構築し、研究成果の論文発表と若手研究者の育成を進め、帝国大学令で定めた大学の「研究」と「大学院」の役割を実現していた、と言える。この理研の成果が、櫻井が推進した研究費と研究人材育成を後押しし、科学研究費交付金設立を実現させた、と言えるのではないか。その意味では、理研の活動成果が戦後にもつながる大学等の研究費＝科研費制度を打ち立てたと言ってよい。**理**

研は、研究大学機能を実現した、とも言える。

　だが、理研は〈発明の事業化〉で、いわゆる研究開発型（技術移転型）ベンチャーを多数輩出・成長させ、比肩なき研究所像を顕示した。ハイテクベンチャーを育成する戦後アメリカの企業家大学にも近似する。大河内の〈科学主義工業〉論がその根拠であった。だが、その基本は、理研の発明＝特許をライセンスしても新事業に繋げられない企業の現状に直面し、自前での起業・事業化（理研 —— 理化学興業を柱にした日本型起業システム）の根拠づけにあった（理研コンツェルンはその延長）、と言えよう。**理研は、かくて、研究開発型（技術移転型）ベンチャー輩出・成長の実現の点で、研究大学を越えて、企業家大学**[8]**に匹敵する時点まで進化した。**

　かくして、**戦前の理研は、日本で唯一の独創的研究機関であり、かつ新産業を生む研究開発型（技術移転型）ベンチャー輩出の源流であった**、と言わなければならない。理研が独創的研究機関であったことは、仁科研究室のサイクロトロン、原爆研究、さらには、同研究室メンバーであった湯川秀樹、朝永振一郎のノーベル賞受賞にも現れている。

　なお、研究費等整備の政策実現過程は、上記のように、軍事研究プロジェクト推進のための大学の基礎研究推進と研究人材育成の必要性が根

---

[8]　企業家大学 Entrepreneurial University とは、〈研究成果を活用して経済社会発展の原動力となる大学〉を指す。大学の教育、研究、社会貢献の３つの機能のうち３番目を積極的に評価した命名。この規定は、Henry Etzkowitz *"MIT and the Rise of Entrepreneurial Science"*（2002 年）などで提起され、日本では、西澤昭夫教授が〈MIT から始まるアメリカの企業家大学〉として明確にした。研究大学から企業家大学への移行（第２次大学革命）は、米では、第２次大戦後、MIT 発ベンチャー DEC の大成功を背景に、1980 年代以降全米に拡大した。要するに、ハイテクベンチャーを輩出し新産業創生につなげる大学である。エツコウィッツ著／三藤利雄他訳『トリプルヘリックス』（2009 年、芙蓉書房出版）、西澤昭夫他著『ハイテク産業を創る地域エコシステム』（有斐閣、2012 年４月）、原田誠司「企業家大学と地域エコシステム」『新産業政策研究かわさき 2019 第 17 号』（川崎市産業振興財団、2019 年５月）などを参照。また、詳細は、本書第５章、第７章の３を参照。

拠となったところから、次の点は確認しておきたい。軍事技術と民生技術については、スピンアウト（軍事技術から民生技術への転用）とスピンオン（民生技術から軍事技術への転用）の関係[9]があるが、戦前期の上記のような軍事プロジェクトはスピンオンとは言えず、もっぱら大学等の研究者を囲い込んだだけ、と言えよう。大学側には研究を基盤にした技術はなく、研究人材しかない状態であり、スピンオンとは言い難い。もちろん、軍側にもスピンアウトの技術はない。日本の戦時期は、軍の技術課題と追求願望で研究プロジェクトが組まれていたのであって、スピンオンもスピンアウトも未達のレベルにあった、と言ってよいであろう。そのなかで、上記の終戦時の仁科芳雄の態度は評価できよう。

2　いくつかの教訓 ― 研究開発型（技術移転型）ベンチャーの源流として ―

　次に、理研発の研究開発型ベンチャー振興について、いくつかの教訓、課題を整理しておく。

　まず第1に、「独創の競争」の時代であるとの根本的時代認識を共有すること。高峰譲吉は財団理研設立に繋がった「国民的化学研究所」設立提案は、世界における「独創の競争」に日本が対応するためである、と強調し、渋沢栄一も賛同した。同様の観点から、櫻井錠二も大学の基礎研究制度（科学研究費交付金）の実現を提言し、推進した。この時代認識は、現代でも全く同様である。〈模倣から独創へ〉を再認識し、現代日本の〈独創〉状況の再評価が必要である、と筆者は考える。〈発明

---

[9]　本田康二郎「軍事研究と基礎研究：戦前の理化学研究所の科学技術政策」（同志社大学商学会『同志社商学』第72巻第6号、2021年3月）参照。スピンアウト＝軍事技術から民生技術への転用（原子炉：原爆からの転用、ロケット：ミサイルからの転用、インターネット：ファイル共有システムからの転用）、スピンオン＝民生技術から軍事技術への転用（戦闘機：飛行機からの転用、鉄条網：牧場用の柵からの転用、防弾チョッキ：合計繊維からの転用）を指す。

の事業化〉を本格化させる現代の観点として、この点の認識は極めて重要である。この点はぜひ、共有したい。

第2に、日本経済・産業の歴史において、**〈発明（特許）の事業化〉が新産業を生むイノベーションの源流**であることを共通認識とすること。戦前の高峰譲吉・渋沢栄一と財団理研が推進した〈発明（特許）の事業化〉は研究開発型（技術移転型）ベンチャーと新産業を生むイノベーションであり、現代のイノベーションの源流であることを共通認識としたい。この点を確認し、以下の諸点の確認・見直しも必要になる、と思われる。

第3に、研究者の**〈自由な研究〉を可能にする仕組み**が不可欠であること。財団理研の大河内正敏所長は、主任研究員制度と先端試験装置を導入し、主任研究員に研究の全権（研究テーマ、研究チーム、予算）を与え、自由な研究を可能にした。現代の大学、国公立研究所等における〈自由な研究〉の仕組みはどうなっているのか。再点検と改革が必要と思われる。

第4に、**〈発明（特許）の事業化〉を実現する仕組みを構築する**こと。〈発明シーズの事業化可否評価の実験・試験→特許出願→事業化判断（目利きチーム）→事業化・創業→市場拡大〉の仕組みを構築する必要がある。財団理研は、先端試験施設（工場）を強化し事業化を推進した。また、創業については、高峰譲吉は企業家・渋沢栄一らと協働し、財団理研では、大河内所長の「発明家と企業家・経営者は別」の考えから外部経営等専門家との連携・活用（人的ネットワーク）を積極的に推進した。現代の研究開発型ベンチャーにも共通する課題であり、この点の優劣が研究開発型ベンチャーの成否を決める。

第5に、**〈地域における創業〉を活性化する仕組みを構築する**こと。柏崎における〈創業二人三脚〉の現代版を各地方・地域に形成する必要がある。かつての地域プラットフォーム機能を強化・拡大した〈新地域プラットフォーム＝地域総合創業推進センター〉とも言うべき地域における総合的創業促進の仕組みである。当然にも、地方・地域の産学官民連携の人的ネットワーク形成をともなったセンターである。また、大

学、公設試験研究機関、企業研究所・室の発明に加えて、高峰譲吉が指摘した民間からの発明発表や特許活用も可能な機能を持ったセンター整備を目指すべきであろう。

第Ⅱ部

戦後における研究開発型ベンチャー振興の展開 ― アメリカと日本 ―

― 企業家大学・NTBFs、KSP、地域エコシステム、大学発ベンチャー ―

第5章　戦後アメリカにおける企業家大学への進化とNTBFs＝技術ベンチャーの簇業

　アメリカにおけるNTBFs＝技術ベンチャーの輩出は、第2次大戦後のMIT（マサチューセッツ工科大学）発ベンチャー＝大学発ベンチャーの誕生に始まる。それは、アメリカの大学機能の変化＝教育型大学から研究型大学、さらに企業家大学への進化の成果を示す。この進化の過程は、ヘンリー・エツコウィッツの研究（Henry Etzkowitz "*MIT and the Rise of Entrepreneurial Science*"）[1] により裏付けられた。

1　第1次大学革命から第2次大学革命へ

　エツコウィッツは、アメリカの大学は2度の大学革命を経て進化して

---

[1]　Henry Etzkowitz "*MIT and the Rise of Entrepreneurial Science*"（Routledge 社、2002）は、STUDIES IN GLOBAL COMPETITION シリーズの1巻として刊行された。同書の出版側前書きには、MIT は「産学連携の基本型を発明し、アメリカ全国さらに他の世界各国に普及させ」現代の経済の成功の基礎を創ったと評価している。MIT は「産学連携の基本型」the format for university—industry relations を発明 invent した。本書の目次は、次の通りであり、筆者の第5章の本文はこれらを要約したものであるが、細かい出所は記載していない。Introduction: MIT and the rise of the entrepreneurial university/1 The second academic revolution/2 MIT: the founding of an entrepreneurial university/3 Controversy over consultation/4 The traffic among MIT, industry and the military/5 Knowledge as property: the debate over patenting academic science/6 The regulation of academic patenting/7 Enterprises from science: the origins of science-based regional economic development/8 The invention of the venture capital firem: American Research and development (ARD)/9 Stanford and Silocon Vally: enhancement of the MIt model/10 technology transfer universalized: the Bayh-Dole regime/11 the making of entrepreneurial scientists/12 Innovation:the endless transition。エツコウィッツは本書出版当時、ニューヨーク州立大学科学政策部門長の教授。

きたと提起する。

　まず、**第1次大学革命**は、19世紀半ば以降の**教育大学 education university** から**研究大学 research university** への移行を指す。すでによく知られているように、この移行はドイツの「フンボルト改革」に始まる、と言われる。フンボルトは1809年に、ドイツ（プロイセン）政府内務省文教局長に任じられ学校制度改革に取り組み、ベルリン大学の創設（1810年）にも関わる。彼は、「教育と研究の結合」（研究をベースにした教育）と「学問の自由／大学の自治」（研究は公平、政府から独立）を主張し、これが研究大学の根拠となり、ドイツの大学の声望（世界最高水準）を高め、海外からの留学生を呼び込むことになる（アメリカからも多くの留学生がドイツに渡った）。

　アメリカでは、19世紀後半〜20世紀初頭に、教育大学から研究大学への移行が行われる。研究大学の典型は、1876年に、初の研究大学として設立されたジョンズ・ホプキンズ大学院大学であり、「純粋研究」を掲げた。これに対し、1865年に設立されたマサチューセッツ工科大学 MIT は、ヨーロッパの工業専門学校運動につらなる技術者養成を担う「実践研究」の大学であった。この「純粋研究」と「実践研究」は研究大学のタイプをめぐる対立を引き起こす。ちなみに、ハーバード大学はアメリカ最古の大学として、1636年に設立されている。

　では、**第2次大学革命＝研究大学から企業家大学 Entrepreneurial University** への移行はどう進んだのか。詳細は後述の通りであるが、このように要約できる。「実践研究」の大学である MIT においても、20世紀初頭に「純粋研究」（ノイス教授主宰の物理化学研究所）か「産業関連（開発）研究」（ウォーカー教授主宰の応用化学研究所）かの対立が発生する。MIT は、第1次大戦後のノイス教授の転出を機に、後者の観点で建学の理念（産業とリンクした科学基盤技術大学）を再確認し、企業家大学への歩みを開始する。そして、第2次大戦までに、産学連携の基本機能（コンサルティング論争と決着＝ One-fifth rule、企業との研究契約・リエゾン・オフィスの展開、特許政策と発明の商業化）を整備する。第2次大戦後は、戦時中の軍事研究の成果を踏まえて、研究

体制の刷新（グループ研究重視の学際的研究センター等）、MIT 発ベンチャー（NTBFs）の輩出（DEC 等）と支援（ベンチャーキャピタル VC 設立等）による新産業の創成（ルート 128 地域のハイテク産業集積）に成功する。

　こうした成果の全米への拡大を意図した 1980 年のバイ・ドール法のもとで、技術移転（TLO 設置）によるベンチャー輩出を推進する大学が全米に広がる。TLO を有する大学は、1980 年時点で 25 大学、1990 年には 200 大学に拡大した。産学連携の柱である技術移転の観点から見ると、企業家大学が普及したのは、戦後でも、バイ・ドール体制下の 1980 年代以降ということになる。

　以上の経緯からは、企業家大学とは、**〈研究成果（知識）の活用（技術移転等）により産業・経済の発展に貢献する大学〉**と言える。エツコウィッツは、教育大学→研究大学→企業家大学への変化・進化を、次のような大学の使命の変化・進化として明示した。〈知識の涵養（教育）knowledge conservation (education) →知識の創造 knowledge creation (research) →新知識の活用（企業家活動）application of new knowledge (entrepreneurship)〉[2]。企業家大学（新知識の活用）は、経済発展の基盤 base of economic development であり、社会の核となる制度 core institution in society である、と位置づけている[3]。

2　MITの設立と研究大学の性格論争

　MIT は研究大学からどのようにして企業家大学へ成長・発展したのか。

---

[2] Henry Etzkowitz *"The Triple Helix"*（Routledge 社、2008 年）33 頁、ヘンリー・エツコウィッツ著『トリプルヘリックス』（三藤利雄・堀内義秀・内田純一訳、芙蓉書房出版、2009 年 9 月）51 頁参照。

[3] Henry Etzkowitz (2002) 前掲書 1 頁参照。

⑴ マサチューセッツ工科大学Massachusetts Institute of Technology＝MIT開設

マサチューセッツ工科大学 Massachusetts Institute of Technology＝MIT は、1861年に技術専門学校として設立され、1865年に大学として開設された（ちなみに、アメリカ最古のハーバード大学は、1636年に、植民地議会で設立決議）。初代学長には、ウイリアム・バートン・ロジャーズ W. B. Rogers（元バージニア大学地理学教授）が就任する。ロジャーズは、〈**産業とリンクした科学基盤技術大学** science-based technology university, linked to industry〉[4) という新しい大学構想を提示した。

MIT 設立初期は、若者の学生ではなく、熟練工や機械工などの一定の技能を持つ大人の学生（社会人）が主で、学生寮、食堂、礼拝堂もなかったという。

⑵ ランド・グラント大学Land Grant Collegeとして

1862年7月制定の Morill Act によりランド・グラント大学 Land Grant College が制度化される（1862年リンカーン大統領署名で成立）。この助成制度は、当時のアメリカの主要産業である農業の発展を図るため、大学の農業試験場のイノベーション（新技術、革新的農業人材育成、基礎研究）支援のため、大学に対し連邦政府・州政府による土地・土地売却金額（当初、30万エーカー〈120平方キロ〉）を寄付する（施設整備・運営資金用）制度である。対象大学は、公立（州立）大学であり、後に、海洋、都市、宇宙、エネルギー等の大学にも対象を拡大した。2012年には、Morill Act 150周年祝いが開催された。

MIT やコーネル大学などの私立大学も例外的に対象となる。これは、農業とともに重要な産業革命に伴う工業振興（工学分野の技術者育成等）が、含まれていたためである。MIT は、ランド・グラント大学としての助成を受ける。マサチューセッツ州は相当程度産業が発展してい

---

4) Henry Etzkowitz (2002) 前掲書21頁。

たので、非農業分野の大学を支援対象とした。ロジャーズ学長のアイデア（科学基盤技術大学）が、すでに強い技術と産業基盤を有していたボストン地域の強い共感を呼び起こし、助成に繋がった。筆者の文献調査によれば、MIT は、1865〜1900 年の間に、19.4 万ドル（2008 年評価では 380 万ドル）のグラントを連邦政府から、36 万ドル（2008 年評価では 700 万ドル）のグラントをマサチューセッツ州政府から、受けた。合計 54.4 万ドル（約 1080 万ドル＝約 12 億円）のグラントを受領したことになる。

(3) 研究大学の性格論争 ― 研究大学の性格の明確化 ―

MIT は研究大学 research university の性格論争を経て、企業家大学へと歩み出す。MIT は実学・エンジニアリングに重点があり、大学教授による民間企業の研究所形成のコンサルティングの進展を契機に研究大学像の進化が進む。

MIT 教授ウィリス・ウィットニー Willis Whitney は、1900 年頃から数年間、一週間のうち、MIT（ボストン）に 4 日間、GE（スケネクタディ）に 3 日間を充てていた（電車で移動）。こうした方法は、企業研究所を設立したいアメリカのテクノロジー企業に対するモデルとなった。

しかし、MIT 内部に研究大学論争 ――「純粋」研究所か「産業関連（開発）」研究所か ―― が起こる。1903 年に、MIT 化学教授のアルフレッド・ノイス Alfred Noyes 提案による物理化学研究所（ノイスのコンサルティング収入やカーネギー財団の寄付による）が了承・設立される。また、1894 年から MIT 教授で、1900〜1905 年の間コンサルティング企業 Arther D. Little Inc. の代表・会長も務めたウォーカー W. H. Walkar 教授から、産業関連の研究に焦点をあてた応用化学研究所が提案され、1908 年に設立され、同教授が所長に就く。ノイス教授の研究所は純粋研究専門であり、ウォーカー教授の研究所は、産業と連携した開発研究が主であった。ウォーカーは、大学とビジネスの世界を行き来する当時の企業家的科学者のモデルとなった。

この２つのタイプの研究所（基礎研究志向の大学院を有する科学基盤大学か産業に従事する学部生教育に資する技術大学か）は、２つの異なった展望を示し、論争の的となった。長期に見れば、MITの発展は両者を包含する。しかし、当時は、MIT大学執行部は両者の調整を模索したが、うまくいかなかった。第１次大戦（1914〜1918年）後、ノイス教授は、カリフォルニア工科大学に移る。

　ノイス教授の移動・離脱にともない、MITは、「技術に集中し産業との関係を発展させる」という大学開設の理念（産業とリンクした科学基盤技術大学）を確認することとなった[5]。MITは、この時点で、研究大学論争に決着をつけ、企業家大学への歩みを開始する。

　この時点で、MITは、古典的な教育大学、工業技術専門学校（ヨーロッパからの工業技術専門学校運動 polytechnic movement の影響）、ランド・グラント大学、研究大学の多様な性格を持つ大学となる。

3　企業家大学の基盤づくり ― 企業家大学へのスタート ―

　第１次大戦後から第２次大戦までの間に、MITの企業家大学の基盤づくりが進む。

(1) コンサルティング論争と決着＝One-fifth rule（５分の１ルール）

　研究所機能の導入・拡大に対し、MITにおいても、従来の教育理念との衝突が起こり、伝統的な（教育担当の）教授からの教授個人のコンサルティングに対する批判が高まる。コンサルティングで卓越した教授達は、コンサルティングによる産業界との関係は研究と教育にとって、不可欠であると主張する。

　MITにおけるコンサルティング論争を解決する委員会は、20年近くの間、開閉を繰り返した。1930年代初めに、同委員会はOne-fifth rule＝５分の１ルールを決定し、ようやくコンサルテーションが公認され

---

[5]　Henry Etzkowitz (2002) 前掲書29〜30頁参照。

る。One-fifth rule とは、週のうち1日はコンサルタント業務に従事できるが、他の4日間は大学業務に専念するというルールである。伝統的教授の要求とコンサルティング教授の要望の調整の結果である。one-fifth rule ＝ one-day-a-week rule は、その起源がほとんど忘れられるほどアメリカの大学の共通の制度となった。

⑵　企業との研究契約・リエゾン・オフィスの展開 ― 1920年代〜1930年代 ―

　第1次大戦後（1920年代）、州政府の支援が州立大学に限定され、補助金もカットされ、私立大学の MIT は財政危機に陥る。財政危機への対応として、ハーバード大学への合併（ハーバードの1つのスクールの技術専門学校として）等あったが、拒否し独自の道を探る。MIT は、産業との直接的協働による収入増を目指した。

　具体的には、企業との**研究契約**による収入増である。財政危機への対策として、MIT は、大学としての組織的なコンサルティング（従来は、教授個人のコンサルティング）を企業との間で研究契約（研究成果の有料化、コンサルティング、卒業生名簿提供等）を結び収入を確保する。MIT の技術計画 Technology Plan からの収入は、1919〜1920年度の初年度のピークの約42万ドルに達したが、その後は減少傾向で、1926〜1927年度は2.7万ドルに減少する。1930年代まで継続するが、成功したとは言えない。

　しかし、その過程で後に普及する産学連携窓口の**リエゾン・オフィス**を稼動させる。MIT は、1920年代に、この技術計画 Technology Plan 実施の過程で、大学と企業との研究契約を管理するオフィス＝産業協働部門 Division of Industrial Cooperation（DIC）を設立した。後のリエゾン・オフィスである。このオフィスは、部長、副部長、経理、秘書及び卒業生や学生の世話をする数名のメンバーなどで構成されていた。1940年の予算では、契約額10万ドル弱（2008年価格換算では、10×19.5万ドル×110円＝約2.1億円）、うち政府契約は1万ドル弱（同換算で、約2,100万円）の研究契約業務を担っていた。このオフィスは、後の第2

次大戦中及び大戦後の連邦政府と大学の間の研究契約等も担うことになる。

(3) MITの特許政策と発明の商業化 ― 1930年代～1940年代後半 ―

アメリカの特許は、1790年発効の憲法第1章第8条第8項に基づく特許法 Patent Act of 1790 に根拠づけられる。1952年に現行の特許法が制定される。1980年にバイ・ドール法が制定され、政府補助金による研究成果の知的財産権は大学に属することになる。

MITは特許論争を経て特許政策を確立する。1931年に、コンプトン学長は、MITの特許政策作成の委員会を立ち上げ、委員長には、工学部長のバンネバー・ブッシュ Vannevar Bush 教授が就任する。学内論争を総括して、1932年4月、教授会で特許政策を採択する。

具体的には、次の通りである。大学が研究を財政的に支援した場合の特許権は大学に帰属、大学が実質的に貢献していない場合は個人に帰属する。学生の場合は発明に対する全権利を得る。研究プロジェクトを外部の支援者との協働で行った場合は、特許から得られる権利は支援者、大学及び発明者の間で分け合う。大学は、自身で特許の商業的利用は行わない。大学は他者に適正な資金的報酬と引き換えに利用する権利を譲渡する。

特許のマネジメント体制としては、「特許委員会 committee on patents」と「特許マネジメント委員会 committee on management of patents」を設置した。前者は、発明の考え方への疑問、資格諸団体内の公平性の確保、発明の創造性や科学的新規性に対する考えの提示及び発明者が獲得する報酬シェアの設定などを担う。後者は、研究者グループが行った研究契約の特許規定の履行状況の管理を行う。

MITのこうした新しい特許政策は、大学固有の機能に関する議論を巻き起こした。1930年代半ば、MITの副学長になったバンネバー・ブッシュ Vanneuvar Bush は、特許取得とそのライセンスを担う部署・オフィスを設置することを探った。しかし、教授陣に反対される。1930年代には、MITは、特許を直接販売することはなく、研究会社に委託

して知財の商業化を進める。1937年6月、MITは、ニューヨーク研究会社 Research Corporation of New York（1912年設立）と契約し、MITの発明の商業化を始めた。RCはボストンにMIT卒業生を責任者とする、MITの発明の商業化を担う支所を設置した。RCとの契約は、1960年代まで継続した。

　MITは、戦前の時点で、TLO機能を整備し特許の事業化・商業化を実現した。

4　企業家大学としての本格展開 ― 技術ベンチャー輩出へ ―

　第2次大戦中の大規模先端研究展開を経て、戦後の企業家大学としての本格展開が開始される。

⑴　放射線研究所Radiation Laboratory＝Rad Labの展開 ― 1940〜1945年（第2次大戦）―

　アメリカ連邦政府は、第1次大戦時では、軍事面で大学の教育機能・能力は利用したが、研究機能・能力は活用しなかった。しかし、第2次大戦時には、政府は、軍事上の課題、エレクトロニクス、核物理学さらに他の科学・技術分野の課題を解決する大学、企業研究所を検討する。だが、その能力のある大規模な研究センターを有する大学は無く、技術力、指導・管理能力を検討の上、6つの大学に先端研究の研究所の設立を行った。

　大学側は、連邦政府の研究の受け皿をまず形成した。1930年代の大恐慌時に、MIT学長のカール・コンプトン Karl Compton やハーバード大学学長のコナントは、先端的研究開発への助成要望を連邦政府に行った。しかし、研究の中立性の観点から、研究への政府の統制懸念や戦時の研究の軍事利用には、大学教授側の反対は強かった。そこで、MITのコンプトンやブッシュなどの指導的科学者グループは、独立した立場から軍との関係を持つ、科学者のコントロール下におかれる機関の設立

を要求した。軍と対等な関係を表現する仕組みとして、1940年に Office of Scientific Research and Development ＝ OSRD を設立し、企業科学者も加わったが、大学側のハーバード大学学長のジェームス・コナントや MIT の前副学長のバンネバー・ブッシュなどの大学側の科学者が主導した。この OSRD のもとで、大学の研究所が運営された。

　MIT は、OSRD のもとで、1940年に、政府助成による放射線研究所 Radiation Laboratory ＝ Rad Lab を設立した。この研究所はマイクロ波やレーダー技術の改善・改良を目的としたが、最初の大規模の学際的かつ多機能 interdisciplinary and multifunction の研究開発組織であった。Rad Lab は、1つの組織で、研究、開発、生産の機能を統合して保有していた。

　ここでの研究スタイルの特徴は〈グループ研究 group research〉にあった。Rad Lab の「学際的かつ多機能」は、研究開発面では、役割分担が可能な〈グループ研究 group research〉の形として具体化された。この研究スタイルはほとんどの科学者にとって通常の研究スタイルではなかった。MIT では、すでに、ブッシュ教授などが、学際的研究チーム interdisciplinary team を立ち上げて研究開発を行っていた。このグループ研究方式が戦後の研究プロジェクトの特徴となる。

　放射線研究所 Rad Lab は、1940年10月設立時は50人であったが、終戦時には3,897人に増大し、うち、1,189人が科学者・技術者であった。Rad Lab は、戦後閉鎖される（1945年12月）。理論・研究部門は、エレクトロニクス研究所 Research Laboratory for Electronics（RLE）、リンカーン研究所 Lincoln Laboratory（1951年設立）などに再編される。

　放射線研究所 Rad Lab の成果として、戦後、〈学際的研究センター Interdisciplinary research center〉（グループ研究 group research）が研究の豊かさを生み、研究開発の拠点であるとして、制度化される。

　MIT は、第2次大戦下の上記等活動により、大きく成長する。戦前（1939年）は、学生3,100人、スタッフ680人、部門 department（学部等）17であった。終戦時（1945年）は、学生6,200人、スタッフ1,165人、部門（学部等）18、そして、戦後（1947年）は、学生5,172人、ス

タッフ1,244人、部門（学部等）20になった。戦後は戦前と比べて、学生、スタッフともに倍増した。

⑵ MITからスタンフォードへ ― MITモデルの移転 ― 1930年代〜1950年代 ―

シリコンバレーの生みの親とも言われるフレデリック・ターマンFrederick Terman（1900年生まれ）は、スタンフォード大学工学部で学士号、修士号取得後、MITで電気工学の博士号を取得した。博士号取得時のメンターはMITのバンネバー・ブッシュ教授であった。1925年にスタンフォード大学に戻り、教授陣に加わり、電気工学部の学部長にも就任する。ターマンは実践的教育を行い、教え子の起業を奨励し、1937年には、スタンフォードの電気工学科の大学院生が創業したヒューレット・パッカード社HPを支援した。

ターマンは、1943年に、戦時中のハーバード大学レーダー防衛研究所長の時（MIT近隣に居住）、スタンフォード大学の経理部長に、次のような手紙を送った[6]。

> 「MITの産業と連携したやり方を私は見てきたが、この産学連携方式を戦争が終わったら直ちに取り入れなければならない。われわれは、研究センターを立ち上げ、企業群を創生しなければならない。スタンフォード大学が一流大学になりたければ、これ（MITの産学連携方式）をスタンフォード大学の中核的な推進力にしなければならない。」

---

[6]　Henry Etzkowitz (2008) 前掲書86頁のこのターマンの手紙の原文は、次の通り。What I have seen about the way that MIT operates in connection with industry, this is what we have to do as soon as the war is over. We have to form research centers, we have to establish firems. We must make this a central thrust of Stanford if we are to become a major university. ヘンリー・エツコウィッツ（2009）前掲書125〜126頁、Henry Etzkowitz (2002) 前掲書107〜108頁も参照。

ターマンはスタンフォード大学への手紙により、MIT の Rad Lab モデルを参考にした研究システムづくりが不可欠と考えた。

　第 2 次大戦後、スタンフォード大学に戻ったターマン（工学部長・副学長）は、MIT の Rad Lab をモデルにした研究センターづくり等に取り組む。財政資金戦略としても、軍事関連研究予算の確保、研究成果の商業化、大学用地の活用（インダストリアル・パークやショッピングセンター）を進め、スタンフォード大学をシリコンバーを生む企業家大学に発展させた。

(3) NTBFs の設立と ARD ＝ VC の発明 ― 1945〜1946年 ―

　ボストンが属するニューイングランド地域は20世紀に入り、それまでの繊維産業や靴製造業が停滞し、経済活性化が課題となり、経済活性化を目指したニューイングランド協議会が1925年に設立された。

　MIT のコンプトン学長は、ニューイングランド地域における大学と研究機関の集積というユニークな資源を活用した、科学基盤の地域経済発展 science-based regional economic development の戦略を提示した。1939年に、ニューイングランド協議会は、コンプトン提案を受けて〈新製品〉委員会を立ち上げた。製造業などの企業や大学教授 8 人で構成され（MIT からは 3 人）、既存企業の大学研究活用による新製品開発、大学専門家による大企業における原材料の再検討、さらに、大学の研究からもたらされる新技術企業の形成・設立を目指した。

　第 2 次大戦終了後も、コンプトン学長は、新技術基盤企業 new technology-based firms ＝ NTBFs の設立によるニューイングランド地域の経済再生を進めた。新技術基盤企業 NTBFs 創成の障害の 1 つは、金融が欠けていることと結論した。ここから、ベンチャー・キャピタル venture capital firm が発明され、大学の研究成果を企業化する NTBFs の創成につながる。

　1946年に、ハーバード・ビジネス・スクール HBS と MIT 等が連携することにより、初のベンチャー・キャピタルである American Research and Development ＝ ARD が設立された。コンプトン学長の経済界幹

部への説得もあり、ボストン連銀総裁のラルフ・フランダース Ralph Flanders はリスクマネーの欠如を明言し、ベンチャー・キャピタルの設立を主導した。ARD の社長には、HBS の産業経営の教授ジョージ・ドリオ Georges Doriot が就任した。フランダース、ドリオ両氏は、ともに、先のニューイングランド協議会の委員であった。ドリオは、鉄鋼会社でのマネジャーや戦時中の米軍補給軍団の研究開発メンバーを経ており、HBS の教授達（大企業向けコンサルティング）とは異なり、新産業振興等に関心を持っていた。ドリオにとって、ARD のトップになることは、大学授業での練習問題を実際のビジネスに転換することを意味した。ドリオは、HBS での教授職と ARD の社長業務を兼業した（夜のオフィスアワーと土曜日のスタッフ・ミーティングによって）。

⑷ MIT 発ベンチャー DEC と VC の成長・発展 ― 1947年～1970年代 ―

　ARD の設立当初は、500万ドルの資本調達を計画したが、350万ドルしか集まらなかった。株価は、1株＝25ドルであった。1947年末時点で、投資実施会社は8件（スタートアップ6件、アーリーステージ2件）であった。10年後の1957年に MIT 発ベンチャーであるデジタルイクイップメント DEC の設立時に7万ドルを投資する。1960年の株価は1株＝74.1ドルと高評価（3倍）され、1971年の IPO 後も DEC は急成長し、ARD の持つ DEC 株式の評価額は当初の50倍に上昇する。1972年に、ARD はテキストロン社に売却され、売却株価は1株＝813ドルで、設立当初の株価の33倍に上昇した。この成功により、ベンチャー・キャピタル VC が急成長し、1979年までに250社、1997年には1000社を超えたといわれる。

　MIT 発ベンチャー企業の HVEC と DEC は、ARD の投資を受け、成長・発展する。

- HVEC = The High Voltage Engineering Corpration 高電圧工業会社……ARD の最初の投資は、1947年に設立された High Voltage

Engineering Corpration ＝ HVEC 高電圧工業会社（エックス線装置開発会社）に対して行われた。同社は、第2次大戦中の Rad Lab で開発された高電圧発電機のガン治療への応用を目指すベンチャーを、Rad Lab のマネジャー経験のあるデニス・ロビンソン博士 Dr. Dennis Robinson を社長に起業した。同社は1955年まで成長した成功企業となった。

- DEC ＝ The Digital Equipment Corporation……1957年に、デジタル・イクイップメント Digital Equipment Corporation ＝ DEC が設立される。リンカーン研究所は戦時中の MIT の Project Whirlwind（1944年）で使用されていた真空管をトランジスタに置き換えたコンピュータの開発を開始。この事業化を目的に、同研究所の技術者（大学院生）のケネス・オルセン Kenneth Olsen とハーラン・アンダーセン Harlan Andersen を DEC のトップにして、ARD から7万ドル（全資本10万ドルの70%）の投資を得て、創業した。DEC は、ミニコンピュータ・メーカー（PDP シリーズ、VAX シリーズ等）として、IBM に次ぐまでに、驚異的な成長をとげる。ARD は当初、7万ドル投資したが、1971年にはその市場価値は3億5千万ドル（取得時の5000倍）に増加する。この DEC の大成功で、大学・研究所からのスピンアウトしたベンチャーが急増、ルート128地域の発展をもたらし、同時に VC を急速に増加させることになる。DEC は、その後、競合が激化し、1998年にコンパックに買収され、コンパックは2002年に、ヒューレット・パッカード社 HP に吸収合併された。

5 バイ・ドール法＝大学知財法とSBIR制度の展開 ― 1980年代〜 ―

MIT 発ベンチャー等の拡大・成功等を背景に、1980年に、バイ・ドール法 Bayh-Dole Act が成立した。この法律は、大学が行う連邦政府の研究活動から発生する知的財産権を大学に帰属させる（以前は連

邦政府に帰属）ことを定めた法律である。同法の効果は、MIT モデルの拡大と企業家的科学（企業を生む科学）の興隆 rise of entrepreneurial science に大きな意義をもつ。

　このバイ・ドール法の成立を期して、技術移転機関 TLO を設置する大学が急増し、TLO を持つ大学、つまり企業家大学は、1980 年の 25 大学から 1990 年の 200 大学に拡大した。特許取得件数も 1980 年の 300 件から、1995 年には約 2000 件に増えた。全米の TLO 連携組織として、Association of University Technology Managers ＝ AUTM が設立されている。

　さらに、1982 年に SBIR（Small Business Innovation Research Program）制度が開始される。この制度は有期限であったが何度も延長更新し、現在に至る[7]。この制度（いわゆる魔の川、死の谷越え支援）により、大学知財の起業化・事業化（技術ベンチャー＝ NTBFs の起業）を促進している。連邦政府は各省庁の予算の 0.5％、最近は 2 ％を研究開発に充て、継続的に助成を推進している。

6　シリコンバレーとルート128地域 ── 技術ベンチャー・新産業集積 ──

　シリコンバレーにおけるハイテク産業集積はスタンフォード大学のターマン教授らの活躍をベースに進む。戦前、ベル研究所でトランジスタの発明・開発に関わり戦後ノーベル賞を受賞した（1956 年）ウィリアム・ショックレーがスタンフォード大学のターマン教授などの呼び

---

[7]　SBIR については、山口栄一『イノベーションはなぜ途絶えたか』（2016 年 12 月、ちくま新書）、山口栄一編著『イノベーション政策の科学 ─ SBIR の評価と未来産業の創造 ─』（2015 年 3 月、東京大学出版会）を参照。また、大学発ベンチャーについては、S．シェーン著 / 金井一頼・渡辺孝監訳『大学発ベンチャー ─ 新事業創出と発展のプロセス ─』（中央経済社、2005 年 10 月、原著は 2004 年刊）、S．シェーン著 / 谷口功一他訳『〈起業〉という幻想 ─ アメリカン・ドリームの現実 ─』（白水社、2011 年 9 月、原著は 2008 年刊）を参照。

かけに応えて、ショックレー半導体研究所を1956年にパロパルト（スタンフォード大学近隣）に設立する。全国から同研究所に参加した研究者・企業家8人はショックレーと対立、1957年に独立し（「8人の反逆者」）、フェアチャイルド・セミコンダクター社を創業する。この8人は、ノイスとムーアがインテルを創立する（1968年）など、12年間で30社のスピンオフ企業を生み出す。1971年に、ジャーナリストのドン・ホフラーが「**シリコンバレー**」の命名を週刊紙上で行い、シリコンバレーの名称が広がる。8人のうちのクライナー、フェアチャイルド社のバレンティンはベンチャーキャピタルVCを設立し、ベンチャー投資を展開した。こうしたフェアチャイルド社にルーツを辿ることができる企業は現在まで2000社にのぼる、という調査もある。こうして、次々とスピンオフが起こり、VCが投資をする、というハイテク企業集積を拡大するシリコンバレーが形成された。他方、MITやハーバード大学が立地する東海岸ボストンのルート128地域のハイテク産業集積は、上記のDECの成長とコンピュータ関連企業が集積して形成される[8]。

　なお、エツコウィッツは、MIT（ルート128地域）とスタンフォード大学（シリコンバレー）の研究大学から企業家大学への成長・発展を牽引した〈インフルエンサー Influencer〉の重要性も指摘している。MIT初代学長のウイリアム・バートン・ロジャーズ、戦前のMITの企業家大学への発展（特許政策等）を主導したバンネバー・ブッシュ教授・副学長、戦前から戦後にかけMITの企業家大学への発展（とくに戦後の大学発ベンチャー起業とVC設立）を主導したカール・コンプトン学長、MITに次ぐ企業家大学への発展を推進しシリコンバレー発展の源泉となったスタンフォード大学のフレデリック・ターマン教授・副学長

---

[8]　シリコンバレーの創成については、磯部剛彦『シリコンバレー創世記』（白桃書房、2000年1月）参照、他に多数。シリコンバレーとルート128の比較分析については、A．サクセニアン著・山形浩生・柏木亮二訳『現代の二都物語』（日経BP社、2009年10月）、原著：AnnaLee Saxenian, *Regional Advantage :Culture and Competition in Silicon Valley and Route 128*, （Harvard University Press、1996年）も参照。

の４名である。

7　企業家大学のエッセンス ― MITモデルの核心 ―

　以上の戦後アメリカの〈企業家大学への進化と大学発ベンチャー簇業による地域におけるハイテク産業集積への波及・拡大〉は、世界的に大きな影響を及ぼした。日本も例外ではない。

　ここで、エツコウィッツに沿って、その根幹をなす企業家大学の骨格、MITモデルの核心を整理しておきたい。

　まず第１に、研究スタイルを刷新したこと。MITモデル＝企業家大学モデルの核心は、**学際的研究センターにおける〈グループ研究 group research〉**であり、１人の研究者の研究ではなく、研究グループ research group での学際的研究である点にある[9]。研究グループは、教授、大学院生、ポスドク研究者、技術スタッフおよび秘書などから構成され、擬似企業 quasi-firm 的に運営される。

　研究グループは科学研究部門の基礎単位であり、助教授は３〜４人、准教授は７人、教授は15〜20人程度のグループを形成する。グループの教授等責任者は、論文を書き、提案を行い、研究補助金（政府や企業等の）の継続的確保に注力する。同時に、外部との連携、商品化のネットワーク等も構築する。これは、私企業に近似する〈擬似企業〉の運営と言える。

　〈擬似企業〉での研究により、新企業設立もその延長上で可能になり、教授陣が教授職から離れる必要はなくなる。企業家を探し、コンサルタントとして関わることも経営陣の一員として政策をアドバイスすることも可能になった。〈擬似企業〉は、この新企業、すなわち、大学の知財を活用した技術ベンチャー＝NTBFs の創成を容易にする。

　第２に、「産学連携の基本型」the format for university―

---

[9]　Henry Etzkowitz (2002) 前掲書127頁以降の11章参照。

industry relations を発明・構築したこと[10]。企業家大学は、新知識
＝研究成果を活用する次のような産学連携の基本型の仕組みを構築し
た[11]。〈リエゾン・オフィス（産学連携機能）→グループ研究（研究開発
センター、サイエンスパークにおける産学官研究プロジェクト・外部資
金確保）→技術移転（TLO、知的財産権、特許、ライセンス）→インキュ
ベータ（技術ベンチャー設立・技術経営等支援）・VCによる資金調達
→産学官連携支援→地域産業・経済活性化→大学所得増による経済基盤
強化〉という技術移転・ベンチャー起業支援による地域経済活性化の仕
組みである。エツコウィッツは、このプロセス〈知識空間（研究展開）、
コンセンサス空間（産学官連携による支援）、イノベーション空間（技
術移転から起業のプロセス）〉を地域におけるトリプルヘリックス（産
学官連携関係）空間と規定する[12]。こうした企業家大学像が普及するの
はバイ・ドール法以降の1980年代以降であり、研究大学の企業家大学
への進化は20世紀後半と考えてよい。

　第3に重要なのは、技術移転等が大学への有力な財政収入財源となっ
たこと。1980年代後半までに、ほとんど全ての研究大学は、技術移転
機関TLOを設立した。大学のミッションとして技術移転が位置づけら
れた。これにより、大学自身の経済基盤も、発明の事業化・商業化（技
術移転）からの所得を得る方向に変化した。2000年には、アメリカの
大学の知財のロイヤリティ収入は10億ドルにのぼり、経済効果は極め
て大きくなった。企業家大学は、研究成果の特許取得とライセンス等に
よる「知識の資産化」が可能になり、大学の財政基盤の充実に大きく貢
献する。アメリカの私立大学は長年の寄付金をベースにした基本財産運

---

[10]　本章の注1）を参照。

[11]　Henry Etzkowitz (2008) 前掲書32〜42頁、ヘンリー・エツコウィッツ（2009）前
　　掲書50〜63頁参照。

[12]　Henry Etzkowitz (2008) 前掲書75〜89頁、ヘンリー・エツコウィッツ（2009）前
　　掲書111〜132頁参照。

用（配当等）[13] が収入構造の大きな割合を占めるが、企業家大学はさら
に技術移転等による収入増（研究プロジェクト収入、大学発ベンチャー
企業投資収入等）を加えることができる。

　最後に、**戦前の理研はこうした MIT モデルに近似した理研モデルを
構築していたこと**をここで確認しておきたい。というのは、MIT は戦
前の段階で、研究大学から企業家大学の基盤づくりに着々と進んでいた
のに対し、第Ⅰ部で検討したように、戦前の日本の大学（帝国大学）は
教育大学レベルに留まり、研究大学の段階には全く達していなかった。
唯一、理研が研究大学、そして企業家大学の機能を果たしていた。第Ⅰ
部の理研の展開機能を MIT モデルに模して要約すれば、理研モデルは、
〈グループ研究（主任研究員制度による「自由な研究」で研究論文・特
許で多大な成果）―― 理研発ベンチャー輩出（「理化学研究所 ―― 理化学
興業」システムで研究成果事業化の仕組み構築）―― 技術移転等で事業
収入確保（特許ライセンスやベンチャー育成による理研研究費等の収入
確保）〉と言えよう。これに比し、戦前の日本の大学は、第Ⅰ部第4章
で述べたように、1886（明治19）年の帝国大学令で、〈学部で「教育」、
大学院で「研究」〉と定められながら、戦後につながる「科研費」（科学
研究費交付金）が創設されるまでの約50年間（1886〜1939年）、「研究」
は空文句であった。「科研費」制度が拡大された戦後に入っても、技術
移転や産学連携が制度化されるのは2000年前後であり、日本の大学の
研究大学化・企業家大学化は21世紀の大きな課題となっている、と言
わなければならない。

---

13) 長野公則『アメリカの大学の豊かさと強さのメカニズム』（東信堂、2019年1
　月）参照。同書によれば、19世紀前半に相当な寄付等による基本財産を有した
　大学があり、1939年には、ハーバード大学は1.4億ドル、イエール大学は1.0億
　ドルの基本財産を有していたとのこと（同書80頁表1-8）。

第6章　戦後日本におけるベンチャー振興の開始 ―〈KSPモデル〉の創生 ―

　戦後日本におけるベンチャー企業へのアプローチは、高度経済成長末期に起こった第1次ベンチャー・ブーム（1970〜1973年）から始まる。

1　ベンチャー・ビジネス論の提起 ― 研究開発型企業育成センターVEC設立へ ―

　第1次ベンチャー・ブームを契機に、新たな理論を提示したのは、1971年に刊行された、清成忠男・中村秀一郎・平尾光司著『ベンチャー・ビジネス ― 頭脳を売る小さな大企業 ―』であった。

(1) 〈ベンチャー・ビジネス〉論の提起

　最初に問題提起を行ったのは、清成忠男氏（1970年当時国民金融公庫調査役、1972年4月法政大学助教授就任）の論文「零細企業激増は逆行現象か ― そのメカニズムと実態 ―」[1]（『経済評論』1970年3月号）であった。氏は、この論文で、1960年代後半からの産業構造の転換に伴う新企業群登場の現状、つまり、旧来の下請型中小企業とは異なる知識集約型の小企業群＝零細企業群が起こっていることを詳細に分析した。この**新提起＝〈零細企業激増〉**の認識が、1970年3月になされる。

　同年の1970年5月末に米ボストン大学で「ベンチャー・キャピタルと経営」のセミナーが開催され、日本から佃近雄氏（通産省課長）が参加し、その報告講演会が1970年夏頃、長期信用銀行の会議室で開催された。佃氏は、そこで、米ボストンで NTBFs = New Technology-based

---

[1] パイオニア・ベンチャーグループ PVG『黎明期のベンチャービジネス運動』（2005年6月）16頁掲載。

Firms（MIT のコンプトン学長が提起していた）を**「ベンチャー・ビジネス」（和製英語）**と表現した[2]。ここに、初めて、「ベンチャー・ビジネス」という言葉が生まれた。

　清成氏によれば、講演会終了後、この命名が佃氏の造語であることを確認した上で、清成、平尾、中村の３人で相談し、**ベンチャー・ビジネス＝「知識集約的なイノベーターとしてのスタートしたばかりの中小企業」**のような経済概念として使うこととしたとのことである[3]。約１年後、上記の『ベンチャー・ビジネス ― 頭脳を売る小さな大企業 ―』（日本経済新聞社、1971年12月）として、刊行され、この言葉は瞬く間に、普及する。

(2) 日本ベンチャー・ビジネス協会の設立と解散

　他方、同時期の1970年暮頃から、国民金融公庫の六本木寮で、ベンチャー企業家等の交流が始まる。清成氏が中心だが、飯沼和正氏（当時、朝日新聞記者、後に独立して科学ジャーナリスト）も加わる。飯沼氏によれば、1970年夏頃、飯沼氏が清成氏を訪ねて、意気投合したとのことである。飯沼氏は、『模倣から創造へ』（1968年）や「シンク・ポイント・ネットワークの提唱」（1970年６月『中央公論・夏季特大号』）を公表していた。この「シンク……」論文で清成氏の上記「零細企業」論文を評価、賛同する。飯沼氏は、技術導入時代から自主技術優先への移行、終身雇用の崩壊等の見通しのもと、個人優先の小さな創造的活動・組織が発生すると主張しており、清成論文はその端的な証左となるものであった、と言う。

　飯沼氏はこの出会いについて、次のように評価した。「清成らが見いだしていた、新しいタイプの『零細企業』群の集約化、組織化、ネットワーク化が社会的に重要ではないか ―― という認識で、われわれ二人は

---

[2]　清成忠男「ベンチャー・ビジネスの創生 ―― その歴史的意義」（2003年５月）（前掲『黎明期のベンチャービジネス運動』６頁〜）参照。

[3]　清成前掲論文参照。

一致した」[4] と。

　1970年末に始まった国民金融公庫六本木寮でのベンチャー企業家たちの交流会は、定期的に開催されるようになり、「日本ベンチャー・ビジネス協会」設立に至る。1974年6月1日付で、「会員名簿、規約、役員」が、9月30日付で「理念」が決定される。

- **主なメンバー**[5]……主なメンバーは次の通り（年齢は1971年時点）。皆若者であった。会員は最盛期には60名にのぼった。メンバー：清成忠男（国民金融公庫調査役、38歳）、飯沼和正（朝日新聞記者、39歳）、中村秀一郎（専修大学教授、48歳）、金谷貞夫（国民金融公庫調査役、36歳）、川本琢哉（ミニ・コンピュータ／コモタ技研㈱社長、開業：1967年12月）、中戸将治（多重映像システム／㈱ジュビリー社長、開業：1968年5月）、小平均（電卓関連電子機器／㈱東京電子応用研究所社長、開業：1967年2月）、今井寿（公害防止機器／スパーノン工業㈱社長、開業：1968年8月）、下條武男（ソフトウエア開発／日本コンピュータ・ダイナミックス㈱社長、開業：1967年）、金沢磐夫（コンピュータ応用計測装置）。代表幹事は下條武男氏。
- **理念**……飯沼氏が「ベンチャー・ビジネスの理念」を執筆。この「理念」[6] で、ベンチャー・ビジネスVBを「知識集約的な革新的企業」（企業家）と定義し、「より健全な産業社会」（独占化の度合いが少ない産業社会）の実現に社会的意義を見出す。日本ベンチャー・

---

[4]　飯沼和正「日本のベンチャー・ビジネス ― その発端と背景 ―」川崎市産業振興財団新産業政策研究所研究年報『新産業政策研究かわさき2003』創刊号（川崎市産業振興財団新産業政策研究所、2003年3月）、同論文は前掲『黎明期のベンチャービジネス運動』（150頁〜）にも掲載。

[5]　このメンバーは、上記の飯沼「日本のベンチャー・ビジネス」、清成・中村・平尾『ベンチャー・ビジネス』、PVG『黎明期のベンチャービジネス運動』等の照合により筆者作成。

[6]　飯沼前掲論文の「ベンチャー・ビジネスの理念（1974.9.30）」の項参照。

ビジネス協会は、内部の会員に対しては「教育、情報提供、事業に
かかわる便宜供与、相互扶助」（企業成長）を推進する。外部に対
しては、「VBの本質と社会的意義」、つまり、「産業社会の革新に
際して、独立の気迫に満ちた企業家精神がいかに重要か」を明確に
主張し、「共鳴者と共働者の参加」を求める。将来展望としては、
これまで大企業に集中してきた「優秀な人材がより多くVBの前線
に参入すること」が「すぐれた革新的企業群の創造」につながり、
「次世代の新しい産業の多くはここから始まる」ことを目指す。

■ 解散……日本ベンチャー・ビジネス協会は、1975年6月6日の総
会決議で自主解散となる。

(3) 研究開発型企業育成センターVEC設立へ

　当時、通産省でベンチャー関連の業務の現場の担当者（通産省機械情
報産業局機械保険課課長補佐）であった佐々木恭之助氏によれば、通産
省の対応は次の通りであった[7]。

★通産省の対応 ― ベンチャービジネス生成研究会提言へ ―

　通産省の産業構造審議会は、1971年5月に、「70年代の通商産業政
策 ― 産業構造審議会中間答申 ―」を公表し、1960年代後半から重化学
工業化の成熟、大量生産から多品種少量生産への移行を指摘し、知識集
約型産業構造のビジョンを提示する。ここから知識集約化の産業振興が
スタートした。

　通産省のベンチャー企業への取り組みは、上記の佃氏の長銀での講
演（1970年5月のボストン大学のベンチャーキャピタルのセミナー報
告）、1971年の「新しい投資財流通のあり方 ―― 知識集約化時代におけ
るハード・ソフトの流通」研究会報告書でのベンチャービジネスの動向

---

[7]　佐々木恭之助「ベンチャー振興政策の実現 ― VEC（財団法人研究開発型企業育
　　成センター）の設立まで」（2005年2月）『黎明期のベンチャービジネス運動』
　　（PVG、2005年6月）参照。

と問題点の整理、1973年版中小企業白書で初のベンチャービジネス・アンケート結果掲載などがあったが、本格的な対応は、1973年半ばに立ち上げた「ベンチャービジネス生成研究会」での議論であった。

同研究会は、委員長：中村秀一郎専修大学教授、副委員長：清成忠男法政大学教授、委員：下條武男氏、青山幸男氏及びVC、金融機関などの代表者で構成された。報告書は1974年6月に中村委員長が記者会見をして公表する。

この研究会では、新しい産業の担い手はベンチャービジネス、知識集約化の先兵、との共通認識を確認するが、具体的政策は手探りで進んだ。日本ベンチャー・ビジネス協会の会合で、ベンチャー経営者から「担保がないので融資を受けるのが難しい」との意見を多く聞き、債務保証政策が浮上する。VCとか店頭市場が未整備なので、国が無担保成功報酬納付方式の債務保証を政策化、そしてさらに、技術移転円滑化、ベンチャー企業家の交流、経営能力向上（経営セミナー）などがプラスされる。その担い手として、ベンチャービジネスセンター（仮称）を提言する。

★1975年度予算編成 ― 研究開発型企業育成センターVEC設立へ ―

1974年夏から1975年度予算編成に入り、ベンチャービジネスセンターは「研究開発型企業育成センター」VECと命名され、会員への債務保証、投資家の斡旋、技術移転、コンサルティング、その他会員サービスを行い、事業・技術評価を行う評価審査会（後に委員長：本田宗一郎氏）を設置することとして整理された。

VECは、民間からも資金を求め、財団法人とした。補助率50％、国補助金3億円なので、民間から3億円集める必要があり、一口30万円で募集した。日本ベンチャー・ビジネス協会の会員ベンチャーからも拠出があった。

かくして、1975年度予算要求も承認・確定し、1975年度がスタートする。1975年6月30日に、VEC設立総会開催、7月1日に設立登記を行った。VEC理事には、中村秀一郎、下條武男の両氏が就任した。日

本ベンチャー・ビジネス協会は、VEC 設立直前の1975年6月6日総会
決議で、自己解散の決議を行う。

⑷ 戦後日本のベンチャー政策のスタート ─ ベンチャー企業の成長支援策として ─

　1970年代初頭の第1次ベンチャーブームを経て、1975年に VEC が設
立され、戦後日本の初のベンチャー政策はベンチャー企業の成長支援策
としてスタートする。現代から見ると、いくつかの特徴・課題があげら
れる。

　第1は、ベンチャー企業の群生を当時の企業論の枠組み（脱・中
小企業、中堅企業論）で位置づける傾向が顕著であったこと。『ベン
チャー・ビジネス』では、ベンチャー・ビジネス＝大企業からスピン
オフしたイノベーターとし、その特性（経営者像、経営、産業分野）、
群生要因（都市型集積の多様性）及び育成政策（金融機関の審査能力、
VC）などが分析・提起される。企業論としてはその通りである。

　第2に、反面で、イノベーターの条件、つまり、発明や新技術を生み
出す仕組みについては追求できなかったこと。米のベンチャー群生要因
（『ベンチャー・ビジネス』の平尾論文）からは VC が強調され、日本の
遅れを強調することになった（実際に遅れていたのであるからその通り
なのであるが）。他方で、研究開発機能面の大学等の遅れは水面下に沈
んでしまった（時期的にみて、東大等大学闘争の負の影響があったのだ
ろうか）。

　第3に、VEC の設立と日本ベンチャー・ビジネス協会の自主解散に
ついての評価を再検討すべきこと。日本ベンチャー・ビジネス協会参加
のベンチャー企業家の声を反映して、VEC は設立されたので、VEC 設
立は〈官民連携の知恵の成果〉と評価できる。だが、なぜ、同協会は自
主解散に追い込まれたのか。飯沼氏は、通産省側から「暗に」自主解散
が求められた[8]、と述べている。筆者から見ると、飯沼氏が上記の「理

---

[8]　飯沼前掲論文参照。

念」で指摘した協会の内部の機能は VEC の機能（国の政策）で充足するとしても、外部の機能（企業家精神の普及、優秀な人材のベンチャーへの確保）の充実は同協会の課題として残ったのではなかろうか。その点が同協会を「社会的運動体」としたのである。その意味では、同協会の自主解散は、「政策」か「社会運動体」かの選択に断を下したことを意味する（「社会運動体」は消滅）。

2　地方の時代と頭脳センター構想 ―〈KSP モデル〉の創生 ―

　1970年代前半の戦後初の〈ベンチャー・ビジネス〉の台頭に対しては、産学連携で、債務保証等の支援センター＝研究開発型企業育成センター VEC を設立して、対応した。この政府の対応は、ベンチャー企業の成長支援策に限定されており、ベンチャー企業を生み出し・成長させる仕組みには全くなっていなかった（研究成果の事業化を推進する大学・研究所の不在、VC の不在等）。すでにベンチャー企業の簇業段階にあった米国との落差は大きかった。

⑴ 長洲神奈川県政の登場 ― 地方の時代と頭脳センター構想 ―

　ベンチャー企業を生み出し・成長させる施策は、地方政治の転機から始まった。1975（昭和50）年４月、神奈川県知事に長洲一二氏（経済学者、横浜国立大学教授）が当選、就任する。

- 「地方の時代」の提唱……長洲知事は、1977年４月の知事月例談話（「地方自治法30周年と『地方の時代』」）で「地方の時代」を提唱し、翌1978年５月の知事月例談話で「頭脳センター構想」を提案する。同年７月に第１回地方の時代シンポジウムが開催され（革新自治体首長と連携・拡大）、以後毎年開催されるとともに、「地方の時代」は大きな時代の流れとなり、全国に普及・拡大する。
　長洲知事は、同談話で「『地方の時代』── それは、政治や行財政

システムを参加型分権制に切りかえるだけでなく、生活様式や価
値観の改革をも含む新しい社会システムの探求でなければならな
い」[9]と定義した。「地方の時代」の流れの拡大により、行財政シス
テムの中央集権体制（委任型集権制）は、約20年後の1995年の地
方分権推進法成立を柱とする地方分権体制実現に結実する。

▪ 頭脳センター構想……長洲知事の「地方の時代」提唱は、1973年
のオイルショックで戦後日本の高度経済成長終焉後の地域経済への
危機感の表明であったが、頭脳センター構想は、経済の現実を直視
した日本・地域経済再生の新しい展望を示すアイデアであった。神
奈川県は日本製造業の心臓部である京浜工業地帯を抱え、オイル
ショック後の地価高騰・経済停滞・環境問題、他方での大企業工場
の海外展開（産業空洞化）、という難題を抱えていた。

　この難題への回答が「頭脳センター構想」であった。経済学者と
しての長洲は、このままでは日本はもたないとの危機感から、成
熟化した経済のこれからの成長・発展を担うのは、天然資源でも
資金でもなく、〈人間の「頭脳」〉であると明示し、「神奈川を日本
の『頭脳センター』に」（月例談話）を提示する。そこでは、「神奈
川を新しい科学技術を創造するモデル地域に」発展させれば、「神
奈川をこれからの日本の『頭脳センター』にしていくことも夢では
ない」[10]と述べ、「頭脳センター構想」を提示する。この談話では、
県立試験研究機関のあり方の見直しも指示し、後の総合産業政策へ

[9]　長洲一二「月例談話」=「地方自治法30周年と『地方の時代』」（1977年4月25
日）『燈燈無盡 ―「地方の時代」をきりひらく ―』（株式会社ぎょうせい、1979
年8月）196頁～参照。

[10]　長洲「月例談話」=「神奈川を日本の『頭脳センター』に」（1978年5月26日）長
洲一二『テクノコンプレックスかながわ』（株式会社ぎょうせい、1991年3月）
338頁～参照。なお、頭脳センター構想からKSP設立までの政策面の経緯につ
いては、馬場昭男・植松了「かながわサイエンスパークの誕生（2001年3月）」
論文が最も詳細に整理している。同論文は、馬場昭男・植松了「補論・かなが
わサイエンスパークの誕生」『知識経済とサイエンスパーク』（久保孝雄・原田誠
司他編、日本評論社、2001年10月）として、ほぼ全文公表されている。

と繋がってゆく。

(2) 頭脳センター構想の政策化

頭脳センター構想は、県産業政策協議会の提言（1980年1月の「神奈川ルネッサンス」提言、1981年4月の「工業の県内適正配置に関する提言」）を受けて、1981年8月に発足した神奈川県産業政策委員会（委員長：中村秀一郎専修大学教授）で事業化が検討され、1982年12月に、「かながわの総合産業政策」提言として公表される。

★かながわの総合産業政策

この産業政策は、3つ（産業、政策、プロジェクト）の総合化の観点から10本の事業化政策を明示した。このうち、次の4プロジェクトが「かながわサイエンスパークKSP」建設の方向を示すものであった（☞で表示)[11]。

- ▪「新しい型の研究開発拠点の建設」→スタート・アップ・ビル、技術開発・デザイン開発複合ビル、中小の研究所・研究開発型企業団地☞かながわサイエンスパークKSP
- ▪「職業人のための教育研修システムの開発」→科学技術アカデミー☞神奈川科学技術アカデミーKAST
- ▪「都市型農林漁業を先導する技術開発の推進」→研究開発共同体制☞試験研究機関再編整備・神奈川高度技術支援財団KTF
- ▪「高度工業化と両立する新しいまちづくりの推進」→まちづくりモデル事業☞かながわサイエンスパークKSP

---

[11] 前掲『テクノコンプレックスかながわ』の89頁の「図表8かながわの総合産業政策・10の重点施策」、及び359頁〜の「神奈川県総合産業政策委員会提言　かながわの総合産業政策（要約）」を参照。

★神奈川県研究開発型企業連絡会議RADOCの提言 ─ サイエンスパーク整備を ─

　1982年2月開催の「頭脳センター構想に関する意見交換会」の席上で上がった、研究開発型企業の連絡協議会設立の多数意見を契機に、1982年10月に、神奈川県研究開発型企業連絡会議 RADOC（Research & Development Oriented Companies）が設立される（約40社参加、議長：株式会社井上ジャパックス研究所社長井上潔）。

　RADOC は、1984年6月に、研究開発型企業全国交流研究大会（委員長：井上潔、約500名参加）を開催し、国、自治体、金融機関、研究開発型企業等に対し次の5項目の提言[12] を行った。この提言を受けて、サイエンスパーク構想の具体化が始まる。

- ▪「研究開発型企業に関する総合的な振興法の早期成立」
- ▪「研究開発型企業団地及び総合的科学技術団地の整備」……研究開発型企業を育成するため、「研究開発ラボ、試験ラボ等の共同施設」を併設した「研究開発型企業団地の整備」を行うこと。また、「首都圏域に総合的科学技術団地（サイエンスパーク）」を設け、この中に、「全国の研究開発型企業を VAN で結ぶ研究開発型企業技術情報センターを整備し、これに企業家精神を育成するための先端技術・経営ビジネススクールを併設」すること。
- ▪「スタート・アップ・ビル（立ち上がり研究開発型企業貸室ビル）の整備」
- ▪「重要技術研究開発費補助金等に研究開発型企業枠の創設」
- ▪「研究開発型企業交流組織の整備」……今回の交流を「一過性のものとせず、継続させる」ために、交流組織を整備すること。

　この提言段階では、「総合的科学技術団地（サイエンスパーク）」の用

---

[12]　株式会社ケイエスピー編『創造へのチャレンジ ─ かながわサイエンスパーク ─』（1989年11月）102頁。

語が提起されるが、その構成要素が並列される状況であった。しかし、ここから、一気に、サイエンスパーク構想の具体化に進む。RADOCは、大会終了後直ちに「スタートアップビル構想研究会」を6月に開始し、翌1985年2月まで述べ8回開催した[13]。ここで、コンセプトや事業化手法等を検討するが、さらに「構想事業化研究グループ」で、土地、建物形状、資金等事業の必要条件の検討が行われる。このメンバーが次の「構想調査研究会」のメンバーに引き継がれる。

(3)「かながわサイエンスパーク構想」調査 ― KSP構想の大枠決定 ―

　飛島建設株式会社（社長：飛島章氏）は、1984年12月に、川崎市高津区の池貝鉄工溝の口工場跡地（約5.5 ha）を取得、マンション等建設を企図していた。1985年1月に、神奈川県は飛島建設に対し、研究開発型企業の育成支援施設建設を打診する。川崎市もその飛島への提示を受け、1985年時点で、メカトロポリス構想のもと、研究開発型企業支援施設整備に動いていた。

　こうした経緯のもと、**1985年5月**、㈱井上ジャパックス研究所（井上社長）と飛島建設㈱（飛島社長）は、民間7社（㈱協和銀行、㈱西洋環境開発、日本合同ファイナンス㈱、日本生命保険相互会社、㈱長期信用銀行、安田信託銀行㈱、㈱横浜銀行）の協力のもと、「**かながわサイエンスパーク（KSP）構想**」（＝**研究開発型企業が生まれ、育ち、交流する「かながわサイエンスパーク」**）企画書を神奈川県、川崎市、通産省に対して提案した。ここに初めて、「かながわサイエンスパーク（KSP）」の命名が登場する。

　この提案を具体化・事業化するため、同1985年7月に、「**かながわサイエンスパーク構想調査研究会**」が立ち上がる（神奈川県と川崎市が財団法人先端加工機械技術振興協会〈理事長・岡崎嘉平太〉に調査委託、1986年3月報告書公表）。調査概要は次の通りである[14]。

---

13)　久保／原田他前掲書『知識経済とサイエンスパーク』80〜81頁参照。

14)　財団法人先端加工機械技術振興協会『かながわサイエンスパーク構想調査報告

★調査体制

　調査研究組織としては、総合部会 ―― 企画推進委員会のもとに、地域環境整備部会と教育技術情報部会を設置。**総合部会**は部会長・中村秀一郎（専修大学教授）のもとに、通産省（棚橋裕治・機械情報産業局次長）、神奈川県（久保孝雄・理事）、川崎市（小松秀照・企画調整局長）、RADOC（井上潔・井上ジャパックス研究所社長）、有識者（今井賢一・一橋大学教授）の6名で構成。**企画推進委員会**は、委員長・井上潔（前出）のもとに、飛島建設（前出）と上記の構想提案民間企業協力7社に、日本開発銀行を加えた10名で構成された。**地域整備環境部会**は部会長・伊藤滋（東京大学教授）以下3名、**教育技術情報部会**は清成忠男（法政大学教授）以下4名で構成された。この他、助言者5名、研究員51名、オブザーバー（県と市の担当者）12名、事務局8名、と多数の関係者が参加した。

★報告書の概要

　報告者の主な概要は、次の通りである。

- ▪ 新しい価値の創造……日本経済は欧米へのキャッチアップを完了し、「新しい価値」を構築できる「場」をつくる時代に入った。
- ▪「実践の場」としてのサイエンスパーク……新しい価値の実践の「場」は広義の「サイエンスパーク」であり、サイエンスパークは、創造的な技術、経営そして人間を産みだす「新産業拠点」として位置づけられる。そこは、創造的な基礎研究を創出し、創造的な人間・起業を創出する「場」である。
- ▪ サイエンスパークの類型……欧米のサイエンスパークは、研究大学（研究機関）中心に〈基礎研究＋応用研究＋開発〉の機能を持つサイエンスパーク、教育大学中心に〈応用研究＋開発〉の機能を持つテクノパークに分かれる。

書』（1986年3月）参照。

- サイエンスパークの機能……日本には、研究大学と呼べる大学は皆無である。サイエンスパークの機能から考える必要がある。その機能は、〈基礎研究の推進体制確立、基礎研究から開発までの一貫した体制確立、ビジネス・インキュベータ機能及び地域産業・生活・文化への貢献〉の４つに集約できる。
- 日本のハイテクパーク……日本のハイテクパークとしては、**「テクノポリス構想」**が代表的なものである。テクノポリス構想は、東京圏等の３大都市圏以外の地方において、地域の大学・研究機関を核として、産学官連携で、先端産業の集積による産業振興を図り、合わせて生活基盤を整備し、地域振興を図ろうとする施策である（1983年４月高度技術工業集積地域開発促進法＝テクノポリス法成立、26地域指定）。
- **「都市型サイエンスパーク」の構築へ**……日本の大学は教育型大学が中心なので、〈技術シーズの植え付け（イノキュレート）機能の確保、企業家育成の仕組み確立、効果的な産学官協力体制の確立、ソフト・システムの確立〉の４点を念頭において、日本におけるサイエンスパークの構築を検討する。日本のサイエンスパークは、「テクノパークとサイエンスパークの中間的なもの」からスタートし、段階的に基礎研究部門を充実していく方策が必要である。そこで、最も重要かつ基本の要素は「情報の創造・集積と発信」である。日本では、「情報の創造・集積と発信」の条件を備えているのは「都市」、とりわけ「東京を中心とした首都圏域」である。そこから、「都市型サイエンスパーク」の構築を提案する（東京圏域は、首都中枢機能に近接、研究開発型企業の集積、人材交流が容易、創造的環境、クオリティ・オブ・ライフ、産業振興等）。

(4) かながわサイエンスパークKSPの建設・スタート ─ 施設、運営主体 ─

上記報告書公表の**1986年３月**に、KSPへの５億円（神奈川県、川崎

市ともに）出資を決定、同年12月には国の民活法特定施設第1号[15]に認定され、同月第3セクターの運営会社である株式会社ケイエスピー（初代社長：岡崎嘉平太）が設立される。翌1987年5月にKSPの竣工式が行われ、**1989年11月かながわサイエンスパーク＝KSP**がオープンする。

　かながわサイエンスパーク＝KSPの施設等概要は、次の通りである。

- 所在地……川崎市高津区坂戸3丁目2-1
- 施設規模……敷地面積約5.5ha、建築面積約1.6ha
- 施設構成……イノベーションセンタービル東棟（インキュベート機能、測定ラボ、研究開発ラボ等）、イノベーションセンタービル西棟（業務、交流、人材育成機能、ホテル棟）、R&Dビジネス・パークビル（研究開発型企業向け賃貸、実験室等）の3棟で構成
- 運営主体……会社名：株式会社ケイエスピー（神奈川県、川崎市。日本開発銀行、民間企業43社出資の第3セクター）、資本金：45億円（うち公的セクター15億円）、主な事業：インキュベート事業、ラボ事業、人材育成事業、交流事業、不動産賃貸事業。

3　〈KSPモデル〉の意義 ― 戦後初の〈発明の事業化〉モデル ―

⑴　〈KSPモデル〉の展開 ― KSP、KAST、KTFの一体展開モデル ―

　かながわサイエンスパークは、どのようなサイエンスパークとして機

---

[15]　民活法＝「民間事業者の能力の活用による特定施設の整備の促進に関する臨時措置法」（1986年5月公布・施行）。民間事業者（3セク、純民間会社）による技術革新、情報化、国際化等の変化に対応する経済社会の基盤の充実に資する各種施設（特定施設）整備に対し、補助金や事業所税減免等助成・支援を行う。「研究開発・企業化基盤施設（リサーチ・コア）」（試験研究・人材育成・交流・インキュベータ等）で、KSPが第1号、他に、つくば研究支援センター、久留米、恵庭などのリサーチパーク、長岡リサーチコア等があげられる。

能したのか。

　かながわサイエンスパークの機能面での特徴は、研究開発成果＝技術シーズ開発支援→試験支援→インキュベーション・起業支援の流れを、研究開発機能（KAST）→測定・試作機能（KTF）→インキュベート機能（KSP）の一体的運用により、ハイテク・ベンチャー育成を推進する、という仕組み＝〈KSPモデル〉にある。

- **株式会社ケイエスピー**……㈱ケイエスピーは、かながわサイエンスパーク（KSP）の中核的事業体である。機能としては、KSPの目玉事業であるインキュベート事業（創造的企業家の発掘と研究開発型企業の育成）を柱に、ラボ事業（研究開発ラボは神奈川科学技術アカデミー KAST、測定実験ラボは神奈川高度技術支援財団 KTFと連携）、人材育成事業（マネジメントスクール、企業家育成、セミナー等）、交流事業（常設展示、情報センター、企業家交流等）、その他関連サービス事業などを担う。また、㈱ケイエスピーは、このサイエンスパーク本来の事業の他に、KSP施設全体の管理・運営も担う。
- **財団法人神奈川科学技術アカデミー KAST**……研究開発ラボ機能を担ったのは、大学院大学として位置づけられた「神奈川科学技術アカデミー KAST」である。財団法人神奈川科学技術アカデミー（KAST）は、1989年7月に設立される。KASTは、研究事業、教育事業（社会人対象にエレクトロニクス等先端分野の専門家養成）、学術交流事業（研究会、講演会等）、研究助成等事業（若手研究者への研究助成）を担う。メインの事業は研究事業である。この事業は、大学・研究機関等の若手（45歳未満）の新進気鋭の研究者を有期限で採用し（非終身雇用）、豊富な研究資金を提供し、先端分野（エレクトロニクス、新素材等）の高水準の研究を期待する事業である。基礎研究の場合は5年で5〜10億円、応用研究の場合は3年で3億円。10研究室を目標とした。
- **財団法人神奈川高度技術支援財団 KTF**……測定実験ラボ機能を

担ったのは、神奈川高度技術支援財団 KTF である。財団法人神奈川高度技術支援財団（KTF）は、1989年8月に設立される。機能としては、高度試験計測サービス（高度計測センター）と技術市場サービス事業の2つを担う。前者は、先端的試験計測機器（ラザフォード後方散乱分析装置等）と専門的技術研究者により、企業の研究開発を支援する。この試験計測に加えて、技術課題に対応した助言・コンサルティング等も行う。後者は、かながわテクノバンク（特許登録等データベース）を活用した技術移転の仲介機能、つまり TLO 機能を担う。

⑵〈KSP モデル〉はなぜ可能になったのか

　この〈KSP モデル〉は、1986年の株式会社ケイエスピー設立段階では全く姿が見えなかった。KSP の施設がオープンする1989年末の直前数カ月前にやっと、KAST と KTF は設立される（前者は1989年7月、後者は同年8月）。なぜ、KAST と KTF の設立は遅れたのか。

　KSP 構想は、上記のように、1978年の頭脳センター構想後、その事業化を目指した産業政策（知識集約型の新しい産業構造の実現）の策定に進み、外部有識者等の参加を得て、1982年にまとめた「かながわ総合産業政策」の中の「スタート・アップ・ビル構想」に始まる。当時は、産業政策は国の業務であったが、神奈川県は自治体が地域産業政策の主体になることを示した。

　他方、KAST と KTF は科学技術政策の分野の政策であり、科学技術政策は産業政策以上に、自治体行政の範疇外の距離感の政策であった。国のレベルでも科学技術基本法ができるのは1990年代に入ってからであった。長洲県政は、1978年に「科学技術懇話会」を設置し、1986年に「神奈川県科学技術政策委員会」を発足させ、翌1987年10月に、「神奈川県科学技術推進のための基本方策について」知事答申をまとめる。この答申に、「県立試験研究機関」の再編・整備と**新しいタイプの知的創造拠点**」として神奈川科学技術アカデミーの設置が盛り込まれる（長洲知事は大学設置基準に基づく大学設立には否定的であり、「新しい

タイプ」とは大学設置基準に当てはまらない大学院大学のイメージ）。これを受け、KASTは新設、KTFは神奈川県工業試験所川崎支所の再編・整備として、新設される。神奈川県は、地域の科学技術政策でも主体となった。

　KSPモデルは、地方自治体が産業政策と科学技術政策を自前で策定し、政策主体となることにより、実現した、のである[16]。ただし、当時、ケイエスピーで事業担当であった神奈川県の馬場昭男氏によれば、「ラボ機能の整備」は「困難かつ厄介な課題」であり、「KASTの新設も不透明」であり、国のプロジェクトや大学のサテライトオフィス誘致などが検討されたが、県トップ＝長洲知事の「三位一体システム（KSPモデル）への強い指示」[17]があり、KASTが「KSP研究ラボ」を担うことが決定したとのことである。KSPモデルは、長洲知事が創った、と言える。研究大学の不存在の現実を念頭に、あえて、「新たなタイプの知的創造拠点」＝新たな研究大学創造を目指したと言える。

　⑶ 〈KSPモデル〉の歴史的位置づけ ―〈理研モデル〉の現代的継承・再生 ―
　日本の〈発明の事業化〉＝研究開発型ベンチャー育成システムの源流は、第Ⅰ部で示した戦前の〈理研モデル〉にある[18]。以下、〈理研モデル〉の現代的再生としての〈KSPモデル〉の特徴を整理する。

第1：両モデルとも、「研究成果と事業化を結びつける」との基本方針
　　は一致している。両モデルともに、「模倣から独創・創造へ」の時
　　代認識のもと、〈理研モデル〉では、「研究と実際（事業）の結合」、
　　〈KSPモデル〉では「知識集約型産業創出」を基本方針としている。

---

[16]　地域の産業政策と科学技術政策については、久保/原田他前掲書61〜67頁参照。

[17]　馬場昭男「『KSPモデル』の創生・展開・再構築」『新産業政策研究かわさき2003』創刊号参照。

[18]　本書の第Ⅰ部、とくに第4章参照。

第2：「研究→試験→起業（研究開発型企業）」という仕組みは、両モデルとも基本的に同じ仕組みである。ただ、「起業」の段階は、現代の〈KSPモデル〉では米型のインキュベータ（企業保育器）になっており、〈理研モデル〉にはまだなく、直接の起業が行われた。

第3：「研究」は、両モデルともに、期限付き研究室制度で推進した。〈理研モデル〉では、当時のトップ研究者（帝国大学教授との兼任可）を主任研究員とする研究室制度で、自由な研究（テーマ、研究員、研究費）を可能にした。研究員は推薦制で研究成果等（研究テーマ・特許収入・事業収入等）で入れ替えが行われた。〈KSPモデル〉（KAST）も公募・推薦制で、有期（5〜3年）の研究室制度を採用したが、〈理研モデル〉と最も異なるのは、若手研究者を中心にした点である。〈理研モデル〉は、トップ研究者を主任研究員としそのもとに若手研究者も参加した。この研究室制度の違いが、研究成果の発出に影響したと思われる（若手研究者の育成は同じだが）。

第4：「試験」は、両モデルともに、最先端試験機器・体制を整備した。〈理研モデル〉では、工作係（後の精密機械部含む）に当時の先端試験機器を整備し、その活用陣容・体制を整備し、新製品開発・販売まで行った。これが理研の事業収入に大きく貢献した。〈KSPモデル〉（KTF）でも、先端（エレクトロニクス等）試験・計測機器を整備し、その活用人材等体制を整備し、研究開発型企業の起業支援を行った（理研の工作係のような新製品開発・販売はなし）。

第5：「資金」調達については、〈理研モデル〉では、中核会社の理化学興業の投資とその後設立の金融会社・富国工業の投融資で、事実上のVCの機能を内包した。〈KSPモデル〉では、後に、投資ファンド設立によるVC機能が付加される。両モデルとも事実上のVC機能を保持した。

第6：両モデルの事業収入面を見ると、大きな違いが目立つ。〈理研モデル〉は、研究論文や特許件数の成果以外に、理研発の企業（研究開発型ベンチャー63社）からの特許収入・事業収入（理研自体の直接の事業収入含む）が理研全体の経費の過半を賄うまでの成果をあげ

た。これに対し、〈KSPモデル〉は、後述のように、研究論文や特許件数の成果はともかく、特許・事業収入面では比較にならない。それは、〈KSPモデル〉が、研究開発型ベンチャーの起業・インキュベーションを目標にしているためである（このモデルの費用は、施設の家賃収入と公的資金・補助金で賄われている）。

　以上から、〈KSPモデル〉は、〈理研モデル〉の現代的継承・再生として、歴史的に位置づけることができよう。

⑷〈KSPモデル〉のリニューアルへ ──〈全国ネットワーク型新KSPモデル〉へ ──

　KSPモデルを構成する3組織はそれぞれ成果を上げたが、転機がやってきた。

　KSPモデルの14年（2003年）を評して、当時KASTの常務理事であった馬場昭男氏（神奈川県庁職員で1995～2000年に株式会社ケイエスピーの専務取締役）は、3組織ともそれぞれ成果を上げているが、「KASTが生み出したベンチャー企業は6社に留まり、成功物語もこれからの課題である。欧米モデル（ユニバーシティ・サイエンスパーク）に従って、KASTを中核とする『かながわサイエンスパーク』に再設計することがKSPモデルの再構築という意味からも大切な政策課題となっている」[19]と指摘した。KASTの研究開発の分野や量の限定性を超えた研究機能の充実・拡大によるベンチャー企業輩出の拡大を意図したものと思われる。

　こうした指摘もあり、KASTは、2005年4月にKTFと統合し、2017年4月には、さらに、県産業技術センターと統合することにより、地方独立行政法人神奈川県立産業技術総合研究所KISTECが設立される。県の工業試験所（場）から県の総合的な産業研究所に変身したのである。〈KSPモデル〉の機能は継続しているものの、明らかに、リニューアル

---

[19]　馬場前掲論文「『KSPモデル』の創生・展開・再構築」

142

の時代に入ったと言える。

　このことは、県レベルで「研究開発→ベンチャー輩出」機能が、「KISTEC→KSP」に変化し、強化されたことを示す。しかし、これが、馬場氏が考えたKSPモデルの「再設計」と言えるだろうか。筆者の調査結果（第Ⅲ部第8章）によれば、株式会社ケイエスピーは、この20年間で、全国レベルの〈ベンチャー総合育成センター〉（インキュベート、投資、ビジネススクール、マッチング事業）に成長・発展した[20]。この成果を踏まえ先取りして言えば、大学（国研）発ベンチャー起業は後述（第7章）のように、年々拡大しており、この大学等との関係を具体化した「再設計」を構想すべきと思われる。ケイエスピーの立場からすれば、KISTECとの連携を図りつつもその研究開発の分野・量の限定性を超えて、全国各地の大学・研究機関等と連携して研究成果の事業化＝ベンチャー企業育成を推進するという、新たな〈全国ネットワーク型新KSPモデル〉への発展が展望されよう。それが、〈KSPモデル〉のリニューアルの方向であり、〈理研モデル〉の現代的新生と見ることもできよう。そのことは、神奈川県、川崎市が全国のベンチャー育成拠点に発展することも意味する。

4　地方産業のハイテク産業化 ― テクノポリス建設から地域プラットフォーム政策へ ―

　「地方の時代」に見られる地域主導の新しい地域づくりへの対応が問われ、国（通産省）は地方産業のハイテク産業化に対応し、テクノポリス構想を打ち出す。国主導の頭脳センター構想の事業化とも言えよう。

---

[20]　原田誠司「川崎エリアにおけるベンチャー集積と地域エコシステム」『新産業政策研究かわさき2018』第18号（2020年5月）

(1) テクノポリス構想と建設[21]

★通産省の頭脳センター構想への対応 ―「テクノポリス」を命名 ―

　通産省（立地公害局）は大平内閣の「田園都市構想」（1978年）の事業化を検討し、ハイテク産業集積促進とまちづくりをイメージしたコンセプトとして「テクノポリス」と命名した。長洲県政の「地方の時代」と「頭脳センター構想」が国（通産省）を動かした、と言えよう。1980年2月に、「テクノポリス '90建設構想研究会」（委員長：石井威望東大教授）（産業研究所に調査委託）を設け、同年6月に報告書をまとめる。なお、1980年3月公表の通産省産業構造審議会「80年代の通商政策ビジョン」にも、「テクノポリス」建設が盛り込まれる。通産省の早業！

　この最初の報告者は、産（電子・機械等先端技術産業集積）、学（工科系大学、研究施設）、住（人間再生）が連携・調和した豊かで美しい資源の地域社会づくり＝まちづくりを打ち出したので、7月公表と同時に、全国の地方自治体から問い合わせが相次いだ。この段階では、全国に1カ所の建設であった。その後、1980年10月に、「テクノポリス '90建設構想委員会」で建設具体策・条件を検討、1981年6月に報告書を公表する。この6月時点には、全国で19地域の基本構想策定調査地域が発表される。同年8月に、「テクノポリス '90建設構想委員会（総合委員会）」（産業、R&D、地域の3分科会）が設置され、1982年3月に報告者が公表される。

★テクノポリスの条件と建設 ― 全国26地域を指定 ―

　ここで、テクノポリスが次のように定義される。テクノポリスは、「地域の文化・伝統と豊かな自然に先端技術産業の活力を導入し、『産』（先端技術産業群）『学』（学術研究機関・試験研究機関）『住』（潤いのある快適な生活環境）が調和した『まちづくり』を実現することにより、産業構造の知識集約化と高付加価値化の目標（創造的技術立国）と21

---

21) この項は、財団法人日本立地センター『テクノポリス・頭脳立地構想推進の歩み』（1999年6月）第1章を参照。

世紀へ向けての地域開発の目標（定住構想）とを同時に達成しようとする戦略である」と。

1983年4月に、高度技術工業集積地域開発促進法（テクノポリス法）が成立、5月に公布される。テクノポリス指定地域は、開発指針（第4条、担当大臣）のもと、開発計画を策定し承認を受ければ、税制等助成措置が受けられる。ポイントは開発計画であるが、指定地域の要件として、過度工業集積地域以外の地域であること（3大都市圏以外）、母都市（20万～30万人規模）の存在、工科系大学の存在、一定の企業集積の存在、高速交通機関の利用の容易さ（3大都市圏との交通容易さ）等を明示し、開発計画（地域設定、工業開発目標、工業用地・道路・住宅等インフラ整備、推進組織）を策定する。テクノポリス構想は、3大都市圏（高度成長期に過密工業集積）以外の地方工業都市圏を、産学官連携によりハイテク工業集積圏へと発展させ、合わせて良好な地域居住環境整備を目指した。テクノポリスには浜松、信濃川（長岡）など26地域が指定された。

テクノポリス政策の基本は地方への工業分散政策であるが、従来と異なるのは、地域主導の産学官連携により新製品開発やベンチャー起業（リサーチ・コア事業）を組み込み、もって、地元工業高度化やハイテク工業誘致を促進しようとした点である。ベンチャー起業は頭脳立地法や民活法のリサーチ・コア事業として一定に拡大するが、主役ではなかった（プラスαの位置づけ）。テクノポリス政策は、〈KSPモデル〉の疑似拡大構想にとどまった、と言えよう。

⑵　地域プラットフォーム政策（新事業創出促進法）

★新事業創出法制定 ― 短期に廃止へ ―

「新事業創出促進法」が1998年12月に成立し、1999年2月に施行され、テクノポリス法（1983年施行）と頭脳立地法（1988年施行）が廃止される。だが、ほぼ同時期の1999年3月に、「中小企業経営革新支援法」（法律第十八号）が公布され、同年1999年12月に、中小企業基本法の抜本改正（「大企業との二重構造格差是正」から「多様で活力ある成

長発展」の基盤）が行われる。その後、この新事業創出促進法も、2005年4月廃止され、上記の「中小企業経営革新支援法」に統合される。同法は、「中小企業新事業活動促進法」（「中小企業の新たな事業活動の促進に関する法律」）に改題、2016年には「中小企業等経営強化法」にさらに改題される。この変化は何を意味するのか。筆者には、大きな政策転換が隠されていると見える。

★新事業創出促進法とは ─ 地域プラットフォーム設立で地域産業活性化 ─

　新事業創出促進法は、テクノポリス法をさらに進めて、創業の促進・支援（第2章）、中小企業の新技術・事業活動支援（第3章）、そして地域産業資源を活用した事業環境の整備（新事業創出支援体制の整備と「高度技術産業集積地域等の活用」、第4章）が盛り込まれる。同法は、都道府県・政令指定都市が新事業創出支援体制＝地域プラットフォームを整備し、創業促進、中小企業の技術・経営革新、そしてハイテク産業集積活用による新事業開発を推進し、地域経済の成長・発展（競争力向上）を図ることを目指した。これは、テクノポリス・頭脳立地のような指定地域を超えた全国各地で、創業の活性化、中小企業の競争力向上、およびテクノポリスを引き継いだハイテク産業集積地域の活性化を目指すものであり、画期的産業振興策であった。

★地方産業ハイテク化から中小企業経営革新に転換

　ところが、数年でこの促進法は廃止され、〈地域の産業振興〉から〈中小企業の経営革新〉に産業振興の柱が転換されてしまう。「中小企業新事業活動促進法」には、創造法の3項目（創業、中小企業技術革新、事業環境整備）は文言上は引き継がれているように読めるが、「高度技術産業集積地域」は「高度技術産学連携地域」と変わり、提出する整備構想には「必要に応じて」記載すればよい扱いとなった。ハイテク産業集積の成長・発展は端においやられ、ついに、2016年の「中小企業等経営強化法」への改題では、「支援体制」は残ったが、「高度技術産学連

携地域」も削除されている。「中小企業経営革新支援法」（法律第十八号）に戻ったのである。

　こう見ると、1990年代からのテクノポリスに端を発したサイエンスパーク・リサーチパーク形成[22]はこうした単一の中小企業政策（ベンチャー企業ももちろん中小企業であるが）に換骨奪胎され、2000年代に展開された国の産業クラスターや知的クラスター政策は、こうした中小企業政策の上に展開された、いわば「砂上の楼閣」であったと言わざるをえない。

---

[22]　筆者は2005年に「日本のサイエンスパークの現状と課題」『新産業政策研究かわさき2005』第3号（2005年3月）（200〜224頁）を公表した。そこで、サイエンスパーク／リサーチパークとは「地域におけるハイテク産業振興を目指した組織的イノベーションの意図的創出システム」として定義した。フルスペックの機能としては、「研究機関R＋入居施設P＋経営等サービスセンターS＋インキュベータI」（以上ハード）＋「技術移転機関（TLO）M＋産学官知識ネットワークN」（以上ソフト）を有する、とした。筆者も関わった国土交通省の調査『効率的整備のためのサイエンスシティ・リサーチパークの評価手法検討調査報告書』（2000年〜2002年度、株式会社価値総合研究所への委託調査）では、2000年代初頭で、日本のリサーチパークは53カ所（テクノポリス法18カ所、民活法・リサーチコア13カ所、頭脳立地法17カ所、地方拠点都市法5カ所）が整備されていた。

第7章　大学発ベンチャー振興政策 ― 大学発ベンチャーから地域エコシステム構築へ ―

　日本の大学発ベンチャー振興政策は、新事業創出促進法成立と同時期の1998年に始まるが、〈発明の事業化〉として本格化するのは、2013年の日本ベンチャー学会等からの提言に応えた第2次安倍内閣からとなる。

1　大学発ベンチャー政策の開始 ― アメリカに遅れること20年 ―

　戦後日本における大学発ベンチャー育成への取り組みは、新事業創出促進法成立と同時期の1998年10月に大学等技術移転促進法（TLO法）が施行され、翌1999年10月の日本版バイ・ドール法（産業活力再生特別措置法、国の研究資金による研究成果の特許権等は大学に帰属）、2000年4月の産業技術力強化法（大学教授の兼業規制緩和）、2004年4月の国立大学法人化を経て、スタートする。この間、新資本・市場政策（1998年ファンド法＝投資事業有限責任組合法、1999年東証マザーズ・2000年日本版ナスダック市場開設）も具体化され、ベンチャーの株式公開制度も設立される。

　アメリカは上記のように、1980年にバイ・ドール法（大学が担う政府研究資金から生ずる知的財産権は大学に帰属）、1982年にはベンチャー企業育成のSBIR制度をスタートさせる。日本は、アメリカに約20年遅れて、技術ベンチャー＝大学発ベンチャー育成を開始する。

　政府（経産省）は2001年に、「大学発ベンチャー1000社計画」を発表し、計画前倒しで、2004年度に目標を達成する。しかし、2005年度をピーク（252社/年）に大学発ベンチャー起業数は減少傾向に陥り、2008年のリーマン・ショックを経て、2010年には起業数は年間47社と

最低を記録する。ここからの回復は、2012年末発足の第2次安倍内閣
まで待たなければならない。

2　地域エコシステム論・政策の提起と政府へのベンチャー簇業の提言

　この苦境を救ったのは、2012年に西澤昭夫教授が提起した「地域エ
コシステム論・政策」と2013年に日本ベンチャー学会等が西澤教授提
起をベースにした政府（第2次安倍政権）への提言＝「三団体緊急提言」
であった。

(1) 地域エコシステム論・政策の提起
　西澤教授は、2012年4月、『ハイテク産業を創る地域エコシステム』
を刊行し、ベンチャー企業（研究開発型ベンチャー）創生による新産業
創造につき、当時のクラスター（産業、知的）論に代えて、地域エコシ
ステム論・政策を提示した[1]。その骨格は次の通りである。

　　▪ アメリカの事例……第2次大戦後の「MIT（マサチューセッツ工

---

[1]　地域エコシステムについては、西澤昭夫・忽那憲治・樋原伸彦・佐分利応貴・
　　若林直樹・金井一頼『ハイテク産業を創る地域エコシステム』（有斐閣、2012年
　　4月）の第1～3章、第9章を参照。さらに、次の論考も参考になる。西澤昭
　　夫他「NTBFsの簇業・成長・集積のためのEco-systemの構築」（経済産業研究所
　　RIETI Discussion Paper Series 10-J-024、2010年3月）、西澤昭夫「NTBFsによるハ
　　イテク産業形成の条件」（経済産業研究所 RIETI Discussion Paper Series 10-P-017、
　　2010年11月）、西澤昭夫「ベンチャー企業支援Eco-system再論」『経営力創成研
　　究』第13巻（東洋大学、2017年3月）。また、西澤昭夫・福嶋路『大学発ベン
　　チャー企業とクラスター戦略 ― 日本はオースティンを作れるか ―』（学文社、
　　2005年4月）で、地域エコシステムのアメリカ版として、オースチンで形成さ
　　れたイノベーション・クラスター論を先端的に提示し、日本のクラスター（産
　　業、知的）論（2001年～）に警告を発したが、大学発ベンチャー輩出が始まっ
　　たばかりの時期でもあったためか、ほとんど受け入れられなかったと思われる。

科大学）― ボストン地域」と「スタンフォード大学 ― シリコンバレー」におけるベンチャー簇業〔そうぎょう〕（湧きいずるように草木が群生するような創業＝多数新規創業）によりハイテク新産業集積が形成された。MIT やスタンフォード大学は、研究大学 Research University（R大学）から企業家大学 Entrepreneurial University（E大学）に発展した（上記第5章参照）。

- ▪ オースチン・モデル……その全米への普及を企図した Cloning Silicon Valley 政策が展開され、イノベーション・クラスターを形成したテキサス州の〈オースチン・モデル〉[2] の成功事例が生まれる。
- ▪ Cloning Silicon Valley 政策……Cloning Silicon Valley 政策は、政府のベンチャー育成政策（マクロ）＝〈技術移転制度改革（1980年バイ・ドール法）＋NTBFs（技術ベンチャー）の自立支援（1982年 SBIR 制度）＋資本市場改革（私募株式市場等ベンチャー資本市場整備）〉を活用して、地域の産学官連携形成（ミクロ）により地域エコシステム形成＝〈技術と人の集積による技術ベンチャーの創業＋二重の創業リスク（技術リスクと事業リスク）の軽減を図る地域産学官連携支援ネットワーク〉を進め、ベンチャーの簇業・新産業集積形成を目指す。

  成功の鍵は、政府のマクロ政策の充実・整備とともに、地域主体・主導で、政府の政策を活用できる地域エコシステムを形成できるミクロ政策を展開できるか否かにかかっている。

⑵ 政府（第2次安倍政権）への「三団体緊急提言」

西澤教授の2012年の地域エコシステム構築の提起をベースにして、2013年7月、スタートしたばかりの政府＝第2次安倍政権に、3団体

---

[2] オースチンについては、西澤・福嶋前掲書を参照。さらに、オースチン研究に専念した成果を詳細にまとめた福嶋路『ハイテク・クラスターの形成とローカル・イニシアティブ ― テキサス州オースティンの奇跡はなぜ起こったのか ―』（東北大学出版会、2013年2月）参照。

が「**三団体緊急提言　21世紀型の新たな成長戦略に向けて　高付加価値型ベンチャー企業の簇業**」[3] を行った。提言した3団体は、公益社団法人日本ニュービジネス協議会連合会（JNB）、一般社団法人日本ベンチャーキャピタル協会（JVCA）、日本ベンチャー学会（JASVE）のベンチャー育成3団体である。

　重要なのは、この提言を作成した「三団体緊急提言委員会」は、委員長を松田修一・早稲田大学名誉教授が務め、西澤教授の提起した〈**簇業＝湧きいずるように草木が群生するような創業**〉という用語を採用しただけでなく、西澤・松田両教授の主張が融合したベンチャー輩出政策が具体化されたものと言えることである。この提言が、安倍政権の後述する政府のベンチャー政策の基本に置かれていると見てよい。

　この提言は、5つの提言を行っているが、大学発ベンチャーとエコシステムに関しては、「Ⅳ．大学改革と挑戦するリーダー人材の育成を」と「Ⅴ．高付加価値型中小・ベンチャー企業の簇業による自律した地域づくりを」で、次のように提起された。

a：「Ⅳ．大学改革と挑戦するリーダー人材の育成を」……ここでは、「大学財政確立」、「起業家教育」、「産学官の国内外連携強化」、「ビジネスプランコンテスト等の制度化」の4点を提言する。とくに、次の2点が重要である。

　▪「大学財政確立」について……**「研究成果に投資する大学の仕組み」**づくりを目指して、「高付加価値型大学発ベンチャー企業の簇業を促す産学官エコシステムの構築」（大学知材の独立・大学発ベンチャー企業への株式投資、**研究成果事業化のエコシステム構築＝産学連携本部とTLO、インキュベータ等施設、研究者・目利き・起業家・専門家〈VC、弁理士、弁護士、会計士〉とのソフトネットワークの確立**）を図る。

[3]　「三団体緊急提言」全文は、日本ベンチャー学会のWebサイトを参照。

▪「起業家教育」について……「文理融合・リーダー育成教育の徹底化」、「文理融合型教育のMOT（技術経営）、MBA（経営管理）教育」の確立、大学教員の「起業家育成能力」の向上等を進め、**大学発ベンチャー企業輩出による「研究 ─ 教育 ─ 財務 ─ 起業」の一体循環エコシステム確立**を目指す。

b：**「Ⅴ．高付加価値型中小・ベンチャー企業の簇業による自律した地域づくりを」**……ここでは、「地域特性を活かした地域一体的改革」、「ベンチャーの入口と出口制度整備」、「若者の地域参入」、「技術者を活かす」（新興ベンチャー主導の新地域プラットフォーム）、「地域に『大学知の活動拠点を』」の5つを提言している。とくに、最後の提起は地域にとって極めて重要である。

▪地域における「大学知の活動拠点」づくり……国内外からの研究者と若者の活動拠点の「場」である大学知を上記4つの活動に組み込み、情報発信とベンチャー創業の拠点を形成する。具体的には、**「地域中核大学を地域プラットフォームに」（地域産学官の総合ネットワーク構築のもとに）**、「ベンチャー特区の集積拠点としての大学」、「地域活性3本柱：地域TLO・地域インキュベーション・地域ファンドの一体運用」、「中小・ベンチャー企業の簇業支援ネットワークのコラボレーション」、「グリーンシート市場等地域市場活性化に必要な規制緩和」などを具体化すべきである。

　要するに、地域中核大学における研究成果の事業化を支え支援する地域エコシステム構築を核として、地域産学官ネットワークを構築し、大学発ベンチャー企業の簇業を実現することにより、大学財政の確立と地域活性化を図る、との企業家大学形成と地域経済再生の方策を提言したのである。政府はもとより、地域の大学や自治体も、この提言を真正面から受け止め、共有し、基本方針の再構築を図る必要がある、と言わなければならない。

3　研究大学、企業家大学および地域エコシステム ― 基本フレーム ―

　ここで、改めて、研究大学、企業家大学および地域エコシステムについての基本フレームを整理しておきたい。

(1) 研究大学とは

　上記のように、アメリカでは、研究大学の進化により企業家大学が生まれた。研究大学 research university については、その明確な定義はないが、概ね、**研究大学＝〈大学院の博士課程を重視し、高度な教育（博士人材育成）と研究を行う大学〉**として共通に認識されている、と言ってよいであろう。

★アメリカの研究大学

　アメリカのカーネギー大学分類では、研究大学＝博士号授与機関とし、最新の2021年時点の調査[4]（2023年版）によれば、**博士号授与大学 Doctoral Universities** は469大学が該当し、全米大学総数3,940大学の約12%にあたる。このうち、「**非常に高度な研究を行う大学 Doctoral Universities: Very high research activity**」（R1）は146大学、「**高度な研究を行う大学 Doctoral Universities: High research activity**」（R2）は133大学にのぼり、残りの190大学は専門・小規模大学とされる。ここから、アメ

---

[4]　カーネギー大学分類 The Carnegie Classification of institutions of Higher Education については、http://carnegieclassifications.acenet.edu を参照されたい。この分類は、カーネギー教育振興財団が1970年に開始し、2005年、2015年に改訂され、2014年からこの分類の管理は、カーネギー財団からインディアナ大学ブルーミントン校の中等後教育研究センター Center for Postsecondary Research に移管された。分類は、博士課程大学群、修士課程大学群、学士課程大学群、2年生大学群、専門大学群、種族大学（先住民）の6分類で行われる。福留東土「米国カーネギー大学分類の分析」『東京大学大学院教育学研究科附属学校教育高度化センター研究紀要 (2)』（2017年3月）も参照されたい。

リカの高度な研究を行う研究大学は280大学（R1+R2）であり、**アメリカの研究大学は約300大学**[5]と見られる。なお、研究大学は博士号授与機関で、2019〜2020年度に20以上の博士号を授与するか2020年度の研究費が500万ドル以上の大学で、次の研究活動指標で評価した大学である。

　＊研究活動指標……科学・工学分野の研究開発費、それ以外の分野の研究開発費、科学・工学分野の研究スタッフ数（ポスドク等博士人材）、STEM等各分野の博士号授与者数の4つ。

★日本の研究大学

　では、日本の研究大学はどうなっているか。明確な定義も分類もないのが現状であるが、この間の大学政策でみると、1990年代の「大学院重点化」政策（予算等を学部から大学院主に変更）、2004年の国立大学法人化を経て、第2次安倍政権発足時の2013年6月の「日本再興戦略」から大学の研究力強化策が開始される。

　日本再興戦略では、「研究大学強化促進事業」と「スーパーグローバル大学」創成が盛られる。前者は2013年度、後者は翌2014年度からそれぞれ開始される。この両政策で、研究大学のイメージと世界の大学ランキングアップが初めて提示される。

　研究大学強化促進事業は、研究支援人材支援事業（URAの配置等）であるが、研究諸指標による支援対象大学指定事業であり、次のように、研究大学指標が明らかにされ、各指標30位以内の19大学が指定された。この研究大学指標による**日本の上位の研究大学は、20大学程度**と言えそうだ[6]。

---

[5]　Wikipedia の List of research universities in the United States では、Doctoral Universities: Very high research activity (R1) 146大学、Doctoral Universities: High research activity (R2) 133大学に、Special Focus-Research Institutions 23大学（単科・専門大学）を加え、計302大学を研究大学としている。

[6]　2000年のカーネギー大学分類を分析した光田好孝は、アメリカの研究大学は博士号授与・多角型149、博士号授与・集約型113で、合計262大学とし、日本の

＊研究大学指標……研究競争力（科研費の研究者当たり採択数＋科研費若手種目の新規採択率＋科研費の研究者当たり配分額＋科研費研究成果公開促進費＋拠点形成事業採択数＋新技術創出事業採択数）＋国際的研究成果創出（トップ10％論文数割合＋国際共著論文割合）＋産学連携（民間企業との共同研究等受入額・伸び率＋技術移転収入・伸び率）

＊指定大学・機関（22機関）……北海道、東北、筑波、東京、東京医科歯科、東京工業、電気通信、名古屋、豊橋技術科学、京都、大阪、神戸、岡山、広島、九州、熊本、奈良先端科学技術大学院、慶應義塾、早稲田の各大学（19大学）。大学共同利用機関法人の自然科学研究機構、情報・システム研究機構、高エネルギー加速器研究機構も指定（3研究機関）。

　なお、研究大学を自認し、研究大学の充実強化を目指す大学組織として、2009年に、**学術研究懇談会＝RU11**がスタートしている。上記19大学のうちから、北海道、東北、筑波、東京、東京工業、名古屋、京都、大阪、九州、慶應義塾、早稲田の11大学が参加している。また、2017年に**研究大学コンソーシアムRUC**が発足し、上記22機関に、千葉、東京農工、新潟、金沢、福井、信州、名古屋工業、山口、徳島、九州工業、東京都立の11大学を加え、33機関が参加している。

★研究大学と世界大学ランキング

　日本再興戦略で提起された「**スーパーグローバル大学創成支援事業**」は、「今後10年間で世界大学ランキングトップ100に10校以上入れる」との成果目標を掲げ、初めて、大学の世界ランキング上昇が政策目標にあがった。スーパーグローバル大学創成支援事業の「タイプA：トップ

研究大学は博士号授与・多角型17、博士号授与・集約型4で、合計21大学である（多角型は4分野以上で博士号授与、集約型は4分野未満）と推計している。光田好孝「日本の大学のカーネギー分類」『大学財務経営研究　(1)』（国立大学財務・経営センター、2004年7月）を参照されたい。

型（世界ランキングトップ100入りを目指す大学）」に採択された大学は、上記研究大学強化促進事業に指定されている北海道、東北、筑波、東京、東京医科歯科、東京工業、名古屋、京都、大阪、広島、九州、慶應義塾、早稲田の13大学である。外国人・外国で学位取得教員の選任、外国人留学生の増加等国際化中心の支援が行われている。

さらに、世界ランキングアップを強く意識した「**指定国立大学法人制度**」が2017年度から国立大学改革（2016〜2021年第3期中期計画）として始まる。この制度は、「世界最高水準の教育研究活動の展開が相当程度見込まれるもの」＝指定国立大学法人とし、規制緩和も含めて支援する。2022年度までに、東北、筑波、東京、東京医科歯科、東京工業、名古屋、京都、大阪、九州、一橋の10法人が指定されている。一橋大学以外は、全て、上記のスーパーグローバル大学対象大学でもある。この指定に当たっては、申請基準に厳しい制限（研究力、社会との連携、国際協働の3領域で国内最高水準の大学）を設け、〈人材育成・獲得（優秀な博士課程学生育成等）、研究力強化（新分野創出等）、国際協働（海外大学との連携等）、社会との連携（産学連携）、ガバナンスの強化（組織・経営強化）、財務基盤の強化（財源確保）〉の6点につき、海外大学のベンチマークを活用して取り組みと目標設定を行い、「世界の有力大学」と伍していく大学創成を目指す、とした。この申請基準には後述の世界ランキングの指標であるトップ10％論文数（論文引用）や国際共著論文数（国際性）等による評価も含まれている。

図表1は、最新2023年の世界大学ランキング[7]（イギリスの高等教育

---

7)　世界大学ランキングについては、綿貫健治『世界大学ランキングと日本の大学』（学文社、2016年1月）を参照。THE World University Rankings の評価項目の内訳は次の通り。「教育力30％」の内訳→世界の教員・研究者による評価＝教育の評判15％＋学生対教員比率4.5％（少人数ほどよい）＋博士授与数（対学士）2.25％＋博士授与数（対教員）6.0％＋外部収入（対教員）2.25％、「研究力30％」の内訳→世界の教員・研究者による評価＝研究レベルの評判18％＋対教員研究収入6.0％＋教員1人当たり論文数6.0％（Scopus の指数）、「論文引用（研究の影響力）30％」→被論文引用数30％（Scopus の指数）、「産業収入2.5％」

図表1　世界大学ランキング（2023年）

ランキング順位	大学名	Overall	Teaching	Research	Citations	industry Income	International Outlook
	評価項目	総合	教育	研究	論文引用	産業収入	国際性
	評価割合	100.0	30.0	30.0	30.0	2.5	7.5
1	オックスフォード大学	96.4	92.3	99.7	99.0	74.9	96.2
2	ハーバード大学	95.2	94.8	99.0	99.3	49.5	80.5
3	ケンブリッジ大学	94.8	90.9	99.5	97.0	54.2	95.8
3	スタンフォード大学	94.8	94.2	96.7	99.8	65.0	79.8
5	マサチューセッツ工科大学	94.2	90.7	93.6	99.8	90.9	89.3
6	カリフォルニア工科大学	94.1	90.9	97.0	97.3	89.8	83.6
7	プリンストン大学	92.4	87.6	95.9	99.1	66.0	86.3
8	カリフォルニア大学バークレー校	92.1	86.4	95.8	99.0	76.8	78.4
9	エール大学	91.4	92.6	92.7	97.0	55.0	70.9
10	インペリアル・カレッジ・ロンドン	90.4	82.8	90.8	98.3	59.8	97.5
11	コロンビア大学	89.4	89.4	87.7	97.1	44.8	79.9
11	スイス連邦工科大学チューリッヒ校	89.4	82.6	95.4	90.7	59.1	97.7
13	シカゴ大学	88.9	86.5	88.8	97.7	56.2	74.2
14	ペンシルバニア大学	88.8	86.0	88.8	97.0	75.8	71.5
15	ジョンズ・ホプキンズ大学	88.3	79.4	91.5	97.0	89.5	75.3
16	精華大学	88.2	90.1	97.4	88.0	100.0	40.3
17	北京大学	88.1	92.5	96.7	80.4	91.8	65.0
18	トロント大学	87.4	77.3	93.3	92.8	65.5	89.7
19	シンガポール国立大学	87.1	76.4	93.0	90.2	87.0	94.0
20	コーネル大学	85.9	80.2	86.1	97.3	40.4	76.9
39	東京大学	75.9	88.1	91.4	55.5	86.7	43.3
68	京都大学	68.0	77.5	79.1	52.3	88.6	40.5

（出所）THE World University Rankings 2023より作成

専門誌タイムズ Times Higher Education ＝ THE 作成）の上位大学を示す。同表の上位20位以内のアメリカの大学はハーバード大学からコーネル大学まで12大学にのぼり、圧倒的存在感（全体の60％）を示す。この12大学は、全て、上記の R1「非常に高度な研究を行う大学」に属している。

　日本の大学は、100位以内は、東京大学（39位）と京都大学（68位）の２大学のみで、100位以内にランクされている他の大学はない。これは、「スーパーグローバル大学創成支援事業」が掲げた約10年後の目標（トップ100に10大学以上）は、全く達成されていないことを示す。
　東京大学は2013年時点では〈総合得点78.3点、27位〉であったが、2023年では〈75.9点、39位〉に、京都大学は〈総合得点66.8点、54位〉から〈68.0点、68位〉に、総合得点はほぼ横ばいなのに、かなり（10位超）順位を下げた。これは、研究力の低下というよりは、評価対象大学数が飛躍的に増加し競合大学が増えたためと見られる。このランキングの世界の評価対象大学は、2013年時点は400大学（うち日本の大学は13校）、2023年には1799大学（日本の大学は117校）へと約4倍に増えている。
　東京大学の得点をトップランク大学（１〜10位）と比べてみると、**教育（教育力）と研究（研究力）は僅差だが、論文引用（研究の影響力）と国際性で大きな差がついている**。ハーバード大学の〈論文引用99.3、国際性80.5〉に対し、東京大学は〈論文引用55.5、国際性43.3〉とかなり低い。20位のコーネル大学との比較でも同じ傾向が見られる。京都大学はこれに加えて、〈研究〉が低い。
　日本の他の大学はどこにランクされているか。図表２によれば、

　→企業からの収入2.5％（共同研究等）、「国際性7.5％」の内訳→留学生比率2.5％＋外国人教員比率2.5％＋国際共同研究比率2.5％（外国研究者との共著論文、Scopus の指数）。＊Scopus の指数は、エルゼビア株式会社の世界最大の引用文献データベース。

図表2　日本の研究大学（研究大学強化促進事業）の世界大学ランキング（2023年）

ランキング順位	大学名	Overall		Teaching	Research	Citations	industry Income	International Outlook
		総合		教育	研究	論文引用	産業収入	国際性
	評価項目	100.0		30.0	30.0	30.0	2.5	7.5
	評価割合							
39	東京大学	75.9		88.1	91.4	55.5	86.7	43.3
68	京都大学	68.0		77.5	79.1	52.3	88.6	40.5
201〜250	東北大学	51.2〜54.3	53.6	59.1	62.3	36.8	94.5	51.1
251〜300	大阪大学	48.9〜51.1	49.7	54.3	60.9	31.8	96.4	42.2
301〜350	名古屋大学	47.0〜48.7	47.8	48.4	54.1	39.7	99.2	35.8
同上	東京工業大学	同上	47.5	49.7	58.2	31.0	80.0	50.0
501〜600	北海道大学	39.3〜42.0	39.7	43.1	40.8	32.2	65.4	44.0
同上	九州大学	同上	42.0	46.0	42.5	34.8	71.0	43.6
同上	東京医科歯科大学	同上	39.9	45.1	29.7	44.0	74.5	31.7
同上	筑波大学	同上	40.4	43.9	37.8	38.5	43.7	43.0
801〜1000	広島大学	29.8〜33.9	29.9	32.5	23.5	29.7	49.6	38.6
同上	慶應義塾大学	同上	34.7	31.8	24.7	44.3	44.9	44.7
同上	神戸大学	同上	32.9	33.3	25.2	38.5	46.7	33.1
1001〜1200	熊本大学	24.4〜29.7	25.8	24.6	18.9	30.4	48.2	32.0
同上	岡山大学	同上	25.0	27.6	20.3	22.4	57.6	33.6
同上	早稲田大学	同上	28.7	29.3	23.8	27.6	41.1	47.0
1201〜1500	電気通信大学	18.4〜24.3	19.0	19.9	21.1	10.5	44.3	32.6
同上	豊橋技術科学大学	同上	20.9	22.6	21.3	11.7	56.6	36.8

（注）＊奈良科学技術大学院大学は未計上

（出所）図表1に同じ

201〜300位に東北大学と大阪大学、301〜350位に名古屋大学と東京工業大学、501〜600位に北海道大学、九州大学、東京医科歯科大学、筑波大学の4大学、801〜1000位に広島大学、慶應義塾大学、神戸大学の3大学、1001〜1200位に早稲田大学がランクされている。**日本のランキング3位・東北大学以下の大学は図表2に明らかなように、東京大学と大きな得点差が見られる。ランキング3位以下の大学が100位以内に入るのには、教育、研究、論文引用、国際性の4指標向上の戦略的取り組みが不可欠**である。

　このランキングの評価指標の評価割合（図表1）は、教育（教育力）、研究（研究力）、論文引用（研究の影響力）が各30％、産業収入（産業界からの収入）2.5％、国際性7.5％で、合計100％となっている[7]。研究指標（研究＋論文引用）が60％を占める「研究大学」のランキングと言える。だが、産業収入（共同研究等）のウエイトを上げて調整すれば、企業家大学等のランキング指標に変わる可能性も十分にある。

★新たな研究大学モデル＝社会貢献大学/企業家大学モデルへ

　福留東土によれば、大学の世界ランキングをめぐる国際競争の激化の傾向（ランキング上位の World Class University ＝ WCU の創出競争）に対し、アメリカでは、こうした傾向を批判しつつ、新たな研究大学モデルへの提起が起こっている[8]。

　ウイリアム・ティアニー（南カリフォルニア大学）は、アメリカの研究大学の強さの根源的な基盤として、〈学問の自由の保証、業績に基づく評価、大学に対する貢献が社会・個人の責任であるとの認識（大学は公共財、大学への寄付の根拠）、自治と共同統治（教員が関与）、質の保証（大学間、大学内部、個人間の相互評価による改善）〉の5点をあげる。

---

[8]　福留東土「研究大学モデルをどう捉えるか ― 米国における研究動向からの示唆 ―」『比較教育学研究』第56号（比較教育研究学会、2018年2月）参照。

　さらに、ジョン・ダグラス（カリフォルニア大学バークレー校）は、国際大学ランキングにおける WCU の指標等は大学の活動の一部でしかないと批判し、「新たな旗艦大学モデル」を提示する。それは、公共サービスを重視し人々の社会経済的上昇と経済発展を支え、自律的な自己改善システムがビルトインされた大学、と定義される。それは、大学の「第3の使命」＝経済的発展への貢献に取り組むことでもある。さらに、マイケル・クローとウイリアム・ダバース（アリゾナ州立大学）は、新たな研究大学モデルとして、「知識の増進とイノベーションの促進を行い、同時に質の高い教育を達成する研究大学」を提示した。

　以上の提起は、上記の大学ランキング指標だけで大学を評価するのではなく、歴史的に形成された研究大学の基盤を見直し（ティアニー）、新たな研究大学を構想すべきこと（ダグラス、クローら）を示している。ティアニーの大学の基盤に目を向ける必要があるとの提起は、傾聴に値する。この5つの視点で日本の大学の基盤を見直す必要があろう（寄付による財政基盤形成はそこから始まる）。また、後者の新しい研究大学モデルの提起は、大学の「第3の使命」としての社会経済的発展への貢献を強調しており、社会貢献大学／企業家大学モデルの構築への発展を示唆する提起である、と言えよう。教育、研究、産業収入、国際性等の指標を見直し、新たな大学評価の進展を期待したい。

⑵ 企業家大学の概念と機能
　次に、第5章で述べた MIT モデルも含めて、研究大学の進化としての企業家大学の概念、機能等について、整理しておきたい。

★企業家大学の概念
　エツコウィッツは、企業家大学 Entrepreneurial University は、「戦略的ビジョン」、「知的財産等研究資源の管理」、「技術移転機能」、「起業文化（企業家的エトス）」の4つの柱に支えられている、と指摘する[9]。

---

[9]　企業家大学全般については、Ａ＝ヘンリー・エツコウィッツ『トリプルヘリッ

- **戦略的ビジョン**……エツコウィッツは、戦略的ビジョンを明確にすべきと指摘し、企業家大学とは、教育（大学の第1の使命）、研究（第2の使命）に加えて、第3の使命として、**「技術移転を通じて経済的および社会的な発展に貢献する」**[10] ことを明確に掲げる大学を指す、とした。つまり、企業家大学とは、技術移転を通して、経済・社会貢献を目指す大学を指す。企業家大学は第2次大戦後に登場し、MITが第1号、スタンフォード大学が第2号であり、1980年代（1980年バイ・ドール法）以降全米に拡大する[11]。

- **知的財産等研究資源の管理**……「研究成果の資産化」＝知的財産権を確立し管理・活用を図る。外部資金（国、企業等）を獲得し、疑似企業型グループ研究（基礎研究）、大学研究センター／サイエンスパークによる産学共同研究を展開するとともに、リエゾン・オフィス（コンサルテーション、研究契約）、TLO（知的財産権確立）などの機能を整備する[12]。なお、産学共同研究は、いわゆる**「モード2」研究**[13]（新たな社会課題解決型研究を指す。後述の「価値創造

クス ― 大学・産業界・政府のイノベーション・システム ―』（三藤利雄他訳、芙蓉書房出版、2009年9月）、B（Aの原著）＝Henry Etzkowitz *"The Triple Helix—University–Industry–Government Innovation in Action—"*（2008年、Routledge社、New York）を参照。この4つの柱は、Aの43頁、Bの27頁を参照。

[10] 上記注9）のAの53頁、Bの35頁。

[11] MITの企業家大学形成の歴史等は、Henry Etzkowitz *"MIT and the Rise of Entrepreneurial Science"*（2002年、Routledge社）、エツコウィッツ著／三藤利雄他訳『トリプルヘリックス』（2009年、芙蓉書房出版）を参照。

[12] 上記注9）のAの52〜59頁、Bの34〜39頁を参照。

[13] 「モード2」研究については、上記9）のAの204〜208頁、Bの140〜144頁を参照。エツコウィッツはここで、モード1（mode1）研究とは、「各専門研究分野 separate disciplines から出てくる課題に基づく研究」、モード2（mode2）とは、「実践的な課題を解決するプロジェクトを異なった専門分野 different disciplines の研究者が共同研究するもう1つの研究方式」であるとする。科学研究は時代を経て変化しており、その観点からすると、「モード1」研究は「科学の自律性を正当化する基盤の上に構築されたイデオロギー」である。これに対し、「モード2」研究は、「科学の確固たる基盤＝科学は実際にどのように役

型研究」や「第２種基礎研究」もこの範疇の研究方式である）と言われる。

- **技術移転機能**……研究成果の活用＝技術移転を既存企業やベンチャー企業に行う。産学連携機能（リエゾン・オフィス）、技術移転機能（TLO）、インキュベータ（大学発ベンチャー起業支援）を整備する[14]。

- **起業文化（企業家的エトス）**……十分に発達した企業家大学に発展するためには、学内に起業文化・風土（企業家活動が大学の正規の研究活動に統合、全学生が起業家教育を受講し、事業計画が書ける、インキュベータが学部施設の一部になる等）[15] が形成される必要がある。

★企業家大学の機能

　以上の企業家大学の概念は、実際にどのような機能として展開されているか。上記のエツコウィッツの提起をより実体的に分析した西尾好司の研究によれば、アメリカの大学の「**研究成果の実用化**」の仕組みの特徴は次の通りである[16]。

　立つか」を説明するものとして登場してきた。モード１→モード２への移行ではなく、あらたな科学分野の登場（バイオインフォマティクス、ナノテクノロジー等）に見るように、モード２を必然にしている、と指摘する。

　なお、「モード２」研究は、マイケル・ギボンズが *The New Production of Knowledge*（1994年）で提起した概念である。ギボンズは、「モード１」研究＝既存の学問分野discipline内での学術的な探求、「モード２」研究＝社会的課題解決を目指し既存の学問分野を超えた超領域的transdisciplinaryな知識生産とした。前者は大学等の専門研究者が担い、後者は環境問題や健康問題等課題解決テーマに関心・関係を有する大学研究者、政府、企業、市民も含めた異種混合、多様な関係者が研究活動に関わる。

[14]　上記注９）と同じ、Aの52～59頁、Bの34～39頁を参照。

[15]　上記注９）のAの58頁、Bの38頁を参照。

[16]　以下の諸特徴は、主として、西尾好司「米国大学における研究成果の実用化メカニズムの検証」『FRI 研究レポート』No. 94（富士通総研経済研究所、2000年

- リエゾンプログラム Industrial Liaison Program：ILP……企業と大学研究者の交流のための会員制プログラム。交流、講演、情報提供、教員のコンサルティング（教員20％ルール）、研究契約・技術ライセンス（別契約）。MIT の場合は、200社参加、年会費約 5 万ドル。
- 産学共同研究……**大学研究センター** University Research Center：URC……産学共同研究拠点としての大学研究センターが全米科学財団 NSF の設立支援・助成（1973年〜）のもと、全米200超の大学に1000以上の URC（複数大学参加含む）が設立され（21世紀初頭）、産学共同の学際的・多領域横断的研究プロジェクトが展開されている。URC には、産学共同研究センター Industry-University Cooperative Research Center：IUCRC をはじめ、産学州共同研究センター、工学研究センター、科学技術研究センター、材料研究科学技術センター等諸類型あり。基礎研究40％、応用研究40％、開発研究20％。サイエンスパークも整備、研究契約オフィスを設置。
- 技術ライセンスプログラム……1980年制定のバイ・ドール法（研究成果・特許等が大学帰属）以後、TLO による技術移転＝ライセンシングが一般化する。学内 TLO 組織が90％、ライセンス・アソシエイツ LA によるマーケティングが中心の業務。
- ベンチャー企業設立……起業家教育、起業家コンテスト（ビジネスプラン）、TLO（特許ライセンス）、起業家と VC（投資家）とのネットワーク（VC は投資だけでなく経営人材も紹介）、大学の投資（基金の運用）、VC・ファンドとの連携、インキュベータ、専門家とのネットワークなど、ベンチャー起業の基本機能である起業家育成、経営支援（資金・経営人材・専門家ネットワーク等）、起業支援施設（インキュベータ）を整備している。

10月）を参照。他に、西尾好司「産学連携拠点としての米国の大学研究センターに関する研究」『研究レポート』No. 339（富士通総研経済研究所、2009年 4 月）、西尾好司「米国の産学連携 ― 研究協力の事例から ―」『研究　技術　計画』Vol. 25、No. 3/4（2012年）も参考になる。

★企業家大学の基本要素（条件）

　以上から、**企業家大学の基本要素（条件）は、戦略的ビジョン（第３の使命）、産学共同研究（モード２型研究、大学研究センター、リエゾン・オフィス、サイエンスパーク等）、研究成果の知的財産化（TLO）、技術移転（ライセンス・アソシエイツ）、ベンチャー創業支援（起業家教育、経営支援、インキュベータ、ベンチャーキャピタルVC、専門家の地域ネットワーク）**として、整理できる。技術移転によるベンチャー創業と地域の専門家・機関等ネットワークによる支援がポイントである。

　⑶　地域ネットワークとエコシステム ― シリコンバレーモデルとは？ ―
　上記のように、米シリコンバレーのハイテク産業集積の競争優位は日本でも1980年代から羨望の的であった。
　アナリー・サクセニアンは、その競争優位の要因を〈**地域ネットワーク型産業システム** Regional network-based industrial systems〉に求め、同じハイテク産業集積のルート128地域（ボストン）の〈**独立企業型産業システム** Independent firm-based systems〉に対する優位性を指摘した[17]。サクセニアンは、企業は社会的・制度的枠組みに組み込まれ企業の戦略等はその枠組みと影響しあっている、との見地から、地域経済・産業集積の仕組みを地域産業システム（企業の内部構造が企業間や地域の組織・文化と歴史的に関係し発展してきた、そのつながり方＝慣行やルール）の概念で把握した。地域の組織には、大学、業界団体、地方行政等官民の諸組織が含まれ、地域文化を形成する。企業含めた地域の諸組織間の地域ネットワークは、横のつながり（人の流動性と情報流通）を媒

[17]　アナリー・サクセニアン『現代の二都物語』（大前研一訳、講談社、1995年1月）、原著 AnnaLee Saxenian "*Regional Advantage*"（ハーバード大学出版、1994年、ペーパーバックス版1996年）参照。註、参考文献なども含めたペーパーバックス版の邦訳『現代の二都物語』（山形浩生・柏木亮二訳、日経BP社、2009年10月）も参照。筆者にとっては、本文の邦訳文は大前訳版の方がしっくりくる。

介に、地域全体が技術や市場の変化に絶えず適応してゆくことを可能にした。つまり、シリコンバレーでは、**地域ネットワークのおかげで「集団としての技術進歩 collective technological advance」**[18]=変化への対応が可能になり、競争優位を確保している、と指摘した。

サクセニアンは、このように、シリコンバレーの強み・成長性の要因を地域ネットワーク型産業システムとして提示した。1990年代後半以降、日本ではこうした認識が広まった。

他方、サクセニアンの友人でもあるマーチン・ケニーらは、サクセニアンの地域ネットワーク論を是としつつも、シリコンバレーの本質的特徴を〈**新企業を生み出す能力 the ability to spawn new firms**〉であると把握し[19]、その能力はエコシステム（生態系）として形成されていると分析する。骨子は次の通りである。

- **エコシステムとは**……シリコンバレーのエコシステムは、新企業創成の観点から、端的に、〈**新企業創成の循環・再生産**〉の仕組み＝**エコシステム**と把握できる、とする。ハイテク分野の多くの企業は「短命 ephemeral」であるが、「シリコンバレーのエコシステムは、継続的なリサイクルの過程によって更新され育成されている the Silicon Vally ecosystem is renewed and nurtured by the continuous recycling process」[20]と把握し、新企業が循環・再生産されている、とする。
- **エコシステムの構成要素**……そして、シリコンバレーのエッセンスは、新企業形成を使命とする機関や制度の集積にあるとし、新企業創成の要素として、〈**大学・研究所、ベンチャー・キャピタル、サー**

---

[18] サクセニアン前掲大前邦訳版32頁、同前掲原著9頁参照。

[19] マーチン・ケニー編著『シリコンバレーは死んだか』（加藤敏春監訳、日本経済評論社、2002年8月）9〜10頁、および同書の原著 Martin Kenney "*Understanding SILICON VALLEY*"（スタンフォード大学出版、2000年）9頁。

[20] ケニー加藤監訳前掲書169頁、および同書の前掲原著 "*Understanding SILICON VALLEY*" 167頁。

ビス・インフラ、多様な専門人材、起業風土・文化〉の５つをあげる[21]。大学・研究所では、起業家・専門人材の養成だけでなく、教授の起業、教授の民間研究所と大学間の流動等の産学連携が恒常化している。VC は、シード時点から IPO まで数回の投資・経営支援を行う。サービス・インフラとしては、製造サービス（試作品開発、部品製造等）、専門広告会社、会計事務所、法律事務所、人材供給会社などが支援する。多様な専門人材も豊富であり、失敗を許容する起業風土・文化も醸成されている。

- エコシステム＝生態系の成立条件……エコシステムが形成される条件としては、〈柔軟なリサイクル（創成 ── 失敗の繰り返し、新企業は失敗企業の人材確保が可能）、企業間の人材流動性（人材・技術者・経営者・研究者の流動性）、情報の流通・拡散、失敗による学習、多様な専門化・相互補完的連携〉があげられる。つまり、シリコンバレーのエコシステムは、構成要素間を結びつける人的（企業間）ネットワークにより支えられている、のである。

　以上から、端的に、シリコンバレーの強みは、〈新企業創成能力〉が地域ネットワーク（人的ネットワーク）により継続的に循環・再生産されるエコシステムが形成されている点にある、と言えよう。これが、サクセニアンとケニーらの調査研究の結論である。

　つまり、シリコンバレーでは、スタンフォード大学等の企業家大学発ベンチャーを柱に地域ネットワークに支えられ新企業＝ベンチャー簇業が可能になっている、のである。

⑷ 地域エコシステム ── 西澤昭夫教授の提起 ──

　西澤昭夫教授は、こうしたケニーらの提起を念頭に、地域エコシステ

---

21) ケニー加藤監訳前掲書の「第５章柔軟なリサイクルとハイテク起業家精神」、および同書の前掲原著 “*Understanding SILICON VALLEY*” の “8 Flexible Recycling and High-technology Entrepreneurship” を参照。

ム論・政策を提起する。

　まず、エコシステムを「ベンチャー企業の簇業・成長・集積に向け、技術シーズを移転する大学、リスク・マネーを供給する特殊な金融仲介、弁護士、会計士、弁理士、コンサルタントなどの『生産者サービス』を供給する専門家集団、多様で優れた人材などが集積するだけでなく、それらがネットワークを通じてベンチャー企業に供給され、その支援効果を持ち、そうした活動を積極的に承認する地域文化を含む概念」[22]と定義する。上記のシリコンバレーのエコシステムとほぼ同じ概念である。要するに、地域エコシステムとは、〈**地域ネットワークを基盤とした大学発ベンチャー等新企業の継続的創成・集積の仕組み**〉である。

　西澤教授は、さらに、次のような**地域エコシステム構築モデル**を提起する。ベンチャー企業の簇業・成長・集積は、**準備期**＝「技術とヒトの集積」（企業家大学）からの技術ベンチャーの創出、**整備期**＝「２つの創業リスク（技術リスクと事業リスク）」を軽減する地域産学官連携ネットワーク形成（インフルエンサーの存在）によるベンチャー企業の簇業・成長、**確立期**＝「成功企業輩出によるベンチャー企業集積＋起業文化形成＋ハイテク新産業形成＋エコシステムの組み込み」、の順に発展すると設定できる[23]、と。そして、この地域主導の地域エコシステム構築のためには、次の**５つの条件**が必要である[24]、と提示する。

　　＊**５つの条件**→〈地域経済の構造改革策の策定〉＋〈地元のＲ（研究）
　　　大学の研究力向上とＥ（企業家）大学への転換を通じた「ヒトと

[22]　西澤昭夫他前掲書（『ハイテク産業を創る地域エコシステム』）序章、６頁。

[23]　日本における地域エコシステムの事例は、西澤昭夫・大滝義博著『大学発バイオベンチャー成功の条件 —「鶴岡の奇蹟」と地域 Eco-system —』（創成社、2014年10月）、西澤昭夫「『鶴岡の奇蹟』と産学連携」大学技術移転協議会報『UNITTE J：ユニット・ジェイ』第10号（2015年6月）を参照。

[24]　西澤昭夫・大滝義博編著『大学発バイオベンチャー成功の条件 —「鶴岡の奇蹟」と地域 Eco-system —』（創成社、2014年10月）参照。

技術の一定の集積」〉＋〈大学発ベンチャー企業の簇業・成長に向けた育成支援組織の整備〉＋〈域外の専門家との協力・連携のネットワーク形成〉＋〈成功企業出現には10年以上が必要なため長期の「ブレない一貫性を持った構築活動」〉

　この５つの条件は、地域の現状を見れば、極めて厳しいが、まさに、地域の産学官連携を形成して、地域エコシステム構築モデルを稼働させる必要がある。

　地域におけるベンチャー企業の簇業を果たすためには、〈ヒトと技術〉、つまり、大学等の研究成果である事業化可能な起業シーズ（発明家）と事業化を担う企業家が不可欠（地域の産学官連携で準備）である（準備期）。次いで、〈２つの創業リスク〉の軽減、つまり、インキュベータ等での技術面での「死の谷」を越え、かつ、VC等からの資金調達で事業面でのリスクを軽減する必要がある（展開期）。そして、「ダーウィンの海」をくぐり抜けて成長しIPO（株式公開）等を果たし、新産業集積に至る（確立期）。ベンチャー企業としては、まずは、展開期を乗り切ることが重要である。

⑸　大学発ベンチャー・エコシステム

　上記から、地域エコシステム形成は、まずは、大学発ベンチャーの輩出、つまり、大学が研究大学から企業家大学に進化しているかどうか、の検討から始まる。大学発ベンチャーが継続的に創成される仕組み＝大学発ベンチャー・エコシステムの形成がまず問われなければならない。

　上記の「三団体緊急提言」では、大学発ベンチャー・エコシステム＝「研究 ── 教育 ── 財務 ── 起業」が一体的に循環するエコシステム、として明示する。その確立に向けて、次の９項目の実現を提示する。〈研究〉＝「１知財の独立性を意識した研究開発意識の向上」＋「２大学独自の知財戦略の明確性」、〈教育〉＝「３起業（リスクテイク）人材教育の徹底」＋「４文理融合のビジネス教育の充実」、〈財務〉＝「５産学連携の真水ベースの財政寄与」＋「６未公開株式投資の導入と活発化」、〈起業〉＝

「7技術評価による現物出資と充実した資本政策」＋「8研究開発の成熟段階での起業タイミング」＋「9大学知財の事業化プロモーター人材の充実」。

　ここから、**大学発ベンチャー・エコシステムは、研究成果の事業化の流れを〈研究＋知財＋起業＋起業教育＋資金・投資→リターン確保〉のフローが循環・再生産する仕組みとして把握することができる。以上から、大学発ベンチャー・エコシステムとは〈大学のネットワークを基盤にして大学の研究成果等を活用し新企業を継続的に創成する大学独自の仕組み〉**と言える。

4　大学発ベンチャー企業の本格創生と地域エコシステム ― 第2次安倍政権から本格展開 ―

　第2次安倍政権（2012年12月成立）は、**「世界で最もイノベーションに適した国」**（2013年2月28日の安倍晋三首相施政方針演説）を目指して、イノベーション政策を開始した。

⑴　イノベーションに対する基本認識と官民イノベーションプログラム

　第2次安倍政権発足時のイノベーションに関する基本認識（2013年3月19日の官民イノベーションプログラム会議での文科省の認識）は、次の3点の極めて厳しい現状認識であった。

> 第1：企業の研究開発は90％が既存技術改良型で新しいビジネスモデルに結びついていない
> 第2：大学発ベンチャー企業は二重の創業リスク（技術と事業）を超えて簇生できていない
> 第3：大学の研究組織は研究室単位の縦割りで、研究者の組織的取り組みが不十分である

企業の研究開発、大学発ベンチャー、大学の研究体制のいずれも新し

い価値創造に結びついておらず、あらためて、大学の研究成果の活用から、「新たな社会的価値の創造の仕組み」を形成する必要がある、とし、**官民イノベーションプログラム（2013年3月）**を具体化する。

　官民イノベーションプログラムは、総額1200億円を国立4大学（東京大学500億円、京都大学350億円、大阪大学200億円、東北大学150億円）に投じて、大学ベンチャーキャピタルVCを設立し、大学発ベンチャー企業等を育成する。その事業スキームは、〈事業化推進型共同研究（5〜10年で事業化）を専門家により選考・評価し（「共同研究推進グループ」による共同研究計画書作成→「共同研究・事業化委員会」による実施共同研究の決定・変更）、各大学独自のVC子会社を設立し、その成果（事業化合弁企業や大学発ベンチャー）に投資を行い、リターンを得る〉という仕組みである。現在、4大学の子会社のVCは稼働し始めている。

⑵ 大学発ベンチャー育成施策の展開 ― 研究大学強化から地域エコシステム構築へ ―

　官民イノベーションプログラム以降、大学発ベンチャー振興事業は、研究大学強化事業（2013年の研究大学強化促進事業〜2017年）と地域エコシステム形成事業（2018年〜統合イノベーション戦略以降）として展開される。西澤提起と「三団体緊急提言」が具体化される段階に到達した、と言える。主な事業は次の通りである。

- **研究大学強化促進事業**……日本再興戦略（2013年6月）で提起され、研究マネジメントの専門人材＝URA（大学リサーチアドミニストレーター）の配置等（年1億〜2億円助成）による研究力向上を目指す事業（2013〜2022年度）。支援対象大学は科研費等研究費取得上位の次の19大学：北海道、東北、筑波、東京、東京医科歯科、東京工業、電気通信、名古屋、豊橋技術科学、京都、奈良先端科学技術大学院、大阪、神戸、岡山、広島、九州、熊本、慶應義塾、早稲田の各大学。URA等研究環境の整備等を支援。

- スーパーグローバル大学創成支援事業……同じく日本再興戦略（2013年6月）で提起され、「今後10年間で世界大学ランキングトップ100に10校以上入れる」を目標にしたスーパーグローバル大学創成支援事業。「タイプＡ：トップ型（世界ランキングトップ100入りを目指す大学）」に採択された大学は、上記研究大学強化促進事業にも指定されている北海道、東北、筑波、東京、東京医科歯科、東京工業、名古屋、京都、大阪、広島、九州、慶應義塾、早稲田の13大学である。外国人・外国で学位取得教員の選任、外国人留学生の増加等国際化中心の支援が行われる。
- 国立大学の３類型改革……３期中期目標期間（2016〜2021年度）における国立大学改革として、各大学の選択を踏まえて、地域貢献型（55大学）、専門分野型（15大学）、世界水準型（16大学）の３類型に運営費交付金の重点支援が始動。**世界水準型（世界トップ大学と伍して卓越した教育研究推進）**は、北海道、東北、筑波、千葉、東京、東京農工、東京工業、一橋、金沢、名古屋、京都、大阪、神戸、岡山、広島、九州の16大学である。
- 指定国立大学法人制度……上記の世界水準型大学を対象に、世界ランキングアップを強く意識した「指定国立大学法人制度」が2017年度から国立大学改革として始まる。この制度は、「世界最高水準の教育研究活動の展開が相当程度見込まれるもの」＝指定国立大学法人とし、運営費交付金に加えて規制緩和も含めて、支援する。選定に当たっては、教育（博士人材育成）、研究力、国際協働の国内最高水準の大学を対象に、世界の有力大学と伍していく大学を目指す事業である。2022年度までに、東北、筑波、東京、東京医科歯科、東京工業、名古屋、京都、大阪、九州、一橋の10法人が指定されている。一橋大学以外は、全て、上記のスーパーグローバル大学対象大学でもある。
- 起業家教育プログラム……EDGE プログラム（2014〜2016年度）、EDGE-NEXT プログラム（2017〜2021年度）。前者＝若手研究者対象（年１億円未満、13大学採択、ベンチャー輩出上位10大学採択）、後者＝学部生含め、複数大学連携コンソーシアム（東北、東京、名古

屋、九州、早稲田の5大学が主幹機関）対象の起業家教育である。

- ベンチャー・エコシステム形成……「ベンチャー・チャレンジ2020」（2016年4月）で、起業率の10年後倍増目標（2015年4.8）を掲げ、ベンチャー・エコシステム形成を目指す。

- 研究開発・VC投資目標……「日本再興戦略2016」（2016年6月）で、①「2025年までに企業から大学・国研等への研究開発投資を3倍増」（2014年度研究費1,151億円）、②「ベンチャー企業へのVC投資額の対GDP比を2022年までに倍増」（2015年0.028％）の目標を設定。

- 共同研究ガイドライン……「日本再興戦略2016」の〈3倍増〉を受け、「産学官連携による共同研究強化のためのガイドライン」（2016年11月、文科省・経産省）を策定。産業界から見た大学改革（大学本部機能、組織的連携、企画・マネジメント機能等の確立）を明示した。

- オープンイノベーション推進……本格的「組織」対「組織」の共同研究＝「オープンイノベーション機構整備事業」（2018〜2022年度、文科省）開始。企業との大型共同研究を推進する。

- 統合イノベーション戦略・科技イノベ活性化法……政府は、2018年7月、統合イノベーション戦略（内閣府）を打ち出し、将来像「大学等を核とする**イノベーション・エコシステム**」の構築方針を明確にする。これに伴い、国立大学は、「運営」から「経営」組織へと転換する。

　2018年12月には、研究開発力強化法改正＝「**科学技術・イノベーション創出の活性化に関する法律**」（2019年1月施行）＝科技・イノベ活性化法で、**大学・国研の産学官連携とベンチャー創出力・成長力の強化（産学官連携体制整備等）**や**地方創生への貢献**などを明記した[25]。「大学や国研が産学官を交えた知識集約型産業の中核となるイ

---

[25]　2018年12月、研究開発力強化法改正＝「科学技術・イノベーション創出の活性化に関する法律」（2019年1月17日施行）の（地方創生）「第34条の7」は、「国及び地方公共団体は、各地域における自然的、経済的及び社会的な特性を最大

ノベーション・エコシステムを全国各地に構築する」基本方向が明確にされる。

　また、同法改正で研究開発法人の研究成果活用支援法人への出資等が可能になったことを受け、理化学研究所は、2019年9月に、戦前理研の理化学興業に相当するベンチャー設立等総合事業会社〈**株式会社理研鼎業**〉を100％子会社として設立した。さらに、産業技術総合研究所も、2023年4月に、同様の研究成果活用支援法人として、〈**株式会社 AIST Solutions（アイスト・ソリューションズ）**〉を設立した[26]。国立研究機関の〈発明の事業化〉体制が整備されつつある。これは、上記第Ⅰ部で詳述した戦前の理研の〈発明の事業化〉を担った理化学興業株式会社の現代的再生と言える。成果を期待したい。

▪ **株式・新株予約権（ストックオプション）の活用**……文科省は、2005年から寄附・ライセンス料の株式での大学への支払いは「可能」と解

限に生かした科学技術・イノベーション創出の活性化及び研究開発の成果による新たな産業の創出を通じて個性豊かで活力に満ちた自立的な地域社会が実現されるよう、産学官連携の促進、地域における研究開発等の推進、新たな事業の創出その他の活動を支援するために必要な施策を講ずるものとする。」と規定する。地域での産学官連携による新産業創出の方向を明示した。

[26]　研究開発法人の出資先法人は、2022年11月の科技・イノベ法改正等により、〈イ・研究開発法人発ベンチャー、ロ・研究開発法人発ベンチャーを支援するベンチャーキャピタル VC 等、ハ・研究開発法人の成果活用を支援する法人〉の3つに分かれ、イへの出資（資金、現物出資）は27法人、ロの VC への出資可能法人は理化学研究所と宇宙航空研究開発機構、ハの成果活用等支援法人への出資可能法人は理化学研究所、宇宙航空研究開発機構、産業技術総合研究所、物質・材料研究機構の4法人となった。また、産総研の2023年4月設立の〈株式会社 AIST Solutions（アイスト・ソリューションズ）〉は、「社会課題解決と産業競争力強化」目的、技術移転、共同研究、ベンチャー創業、技術コンサルティング等を担う。産総研の本部組織は、社会実装本部（理事長直轄）：社会実装、企業連携、事業化推進、産学官契約、スタートアップ推進・技術移転の5部で構成され、スタートアップ推進・技術移転部はスタートアップ企画室（方針、人材育成等）とスタートアップ推進室（事業創出、事業支援）で構成され、ベンチャー輩出支援を担っている。

釈してきたが、2019年1月の上記の科技イノベ活性化法改正で、大学発ベンチャーの支援策として、株式・新株予約権の活用を法制化した。

▪ **イノベーション・エコシステム型産学連携へ**……東京大学未来ビジョン研究センター提言（2020年3月、渡部俊也教授執筆）の〈大学を核とするイノベーション・エコシステム〉提示＝図表3を受けて、「産学官連携による共同研究強化のためのガイドライン【追補版】」（2020年6月、文科省・経産省）を作成した。これにより、大学等、大企業、VC部門（資金・メンター等支援）、ベンチャー企業の4者のネットワーク（産学連携・共同研究）によるイノベーション創出の仕組みが明示・公認された。

図表3　大学を核とするイノベーション・エコシステム

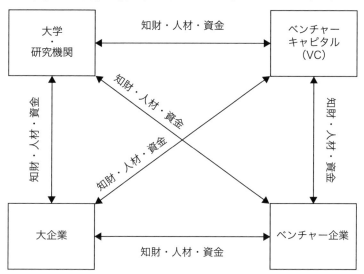

▪ **スタートアップ・エコシステム拠点都市**……統合イノベーション戦略の「イノベーション・エコシステムを全国に構築」方針の先行具体化プロジェクトでは、2020年7月に、スタートアップ・エコシステム拠点都市として、次の8都市圏が選定された。拠点都市：東京圏（東

京都等)、名古屋・浜松圏、関西圏、福岡市の4都市圏、推進拠点都市：札幌圏、仙台市、広島圏、北九州市の4都市圏。

- 日本版SBIR制度の抜本改正……内閣府・中小企業庁の検討会での検討（山口栄一教授が主導）を経て、2021年度から日本版SBIR制度の抜本改正が具体化される。中間とりまとめによれば、目的：イノベーション創出（技術シーズの事業化）、対象：研究開発型スタートアップ等、事業：省庁統一事業＝特定補助金＝日本版SBIR事業、仕組み：省庁課題設定＋多段階支援（フェーズⅠ〜Ⅲ）＋プログラムマネジャーPMの支援・育成等、アメリカのSBIRとほぼ同等の制度に改正される。

(3) 研究大学強化＝企業家大学育成と大学発ベンチャー創業＝簇業

菅政権を引き継いだ岸田政権は、「大学等を核とするイノベーション・エコシステム」の構築方針を引き継ぎ、研究大学の充実・強化と地域での大学発ベンチャーの創業＝簇業を目指している、と見られる。2022〜2023年にかけての「地域中核・特色ある研究大学総合振興パッケージ」、「国際卓越研究大学」の公募、スタートアップ育成5か年計画が矢継ぎ早に事業化に入っている。

- 地域中核・特色ある研究大学総合振興パッケージ……2022年2月に、政府は、「**地域中核・特色ある研究大学総合振興パッケージ**」[27) を明

---

27) 同施策の概要は次の通り。仕組みとしては、「大学自身の取り組み強化」、「繋ぐ仕組みの強化」、「地域社会における大学の活躍の促進」の3要素・施策のパッケージで、地域の中核・特色ある大学支援が目的。「大学自身の取り組み強化」は、強み・特色強化等目指した以下のプロジェクトを展開（2022年度）：〈人材育成・社会実装〉（「地域活性化人材育成事業」14.5億円、「共創の場支援プログラム」14億円、「地方大学・地域産業創生交付金事業」72億円、「産学融合拠点創出事業」2.5億円、「地域の中核大学の産学融合拠点整備」59億円、「地域の中核大学イノベーション創出環境強化事業」10億円等7事業）、〈研究拠点の形成等〉（「世界トップレベル研究拠点プログラム」61億円、「研究大学強化事業」30億円、「創発的研究支援事業」53億円等6事業）、〈基盤的活動支援〉（「国立大学

示した。

　この「研究大学総合振興パッケージ」は、上記の**科技・イノベ活性化法**の実践施策であり、「大学自身の取り組み強化」の各種研究プロジェクト（例えば、「地方大学・地域産業創生交付金事業」72億円、「地域の中核大学の産学融合拠点整備」59億円、「研究大学強化事業」30億円、「創発的研究支援事業」53億円等、金額は2022年度予算）を地域の産学官連携により展開し地域産業振興に繋げようとの画期的施策である。

　この「研究大学総合振興パッケージ」事業は、ある意味で、上記の「三団体緊急提言」の具体化でもあり、各地域の中核大学中心に産学官連携を充実させ、発展的展開を期待したい。それにより、統合イノベーション戦略・科技イノベ活性化法の成果があがり、地域エコシステムの構築へと進むことが期待される。

▪**国際卓越研究大学の選定・育成**……国際卓越研究大学の選定・育成計画に関する法律は2022年5月に成立し、12月に公募が開始され、2023年秋に数大学を選定、2024年度に助成開始という予定である[28]。2023年3月末締切で応募した大学は10大学（東北、筑波、東京、東京工業・東京医科歯科合併の東京科学、名古屋、京都、東北、九州、早稲田、東京理科の10大学）との報道であるが、果たしてどこの大学が選定されるのであろうか（慶應義塾大学は見送り）。

　この事業は、少数の大学に資金（10兆円基金から毎年3000億円）を投じて世界レベルの研究成果をあげ、日本の大学の研究力低下の反転を狙う事業である。公募要項等によれば、国際卓越研究大学＝「国際的に卓越した研究の展開及び経済社会に変化をもたらす研究成果の活用が相当程度見込まれる大学」と定義し、体制強化を図り、「諸外

経営改革促進事業」等補助金）。「繋ぐ仕組みの強化」とは、地域の産学官連携強化、「地域社会における大学の活躍の促進」とは、各省庁連携による地域の大学知活用による新産業創出等取り組みの可視化による支援等を行う。

[28]　国際卓越研究大学事業については、文部科学省のWebサイトを参照されたい。

国のトップレベルの研究大学」が実現している「知的価値創造の好循
環」（多様な財源での研究環境充実が新たな研究人材確保・民間企業
からの投資・寄付を呼び込み研究力を高める）を実現し、「諸外国の
トップレベルの研究大学に伍する研究大学の実現」を図ること、とさ
れる。

　具体的には、政府資金の助成（10兆円基金からの毎年3000億円の
運用益）と大学側の財政努力、研究体制の整備（最先端の研究基盤整
備、若手研究者育成、トップクラス研究者・研究支援人材等の確保、
URA等研究マネジメント人材・技術者等の育成、研究成果活用事業
環境の整備）による研究力の向上、その裏付けとなる年支出成長率
３％を実現するとともに、併せて、目標の助成期間（制度的には最長
25年）終了後も研究力の維持が可能な運用益を生む大学独自基金の
設立を図ろうとする事業[29] である。

　この事業を考案した政府の意図は理解できるにしても、果たして成
果は挙げられるのだろうか。応募基準には厳しい基準（直近５年間
合計 Top10％論文数1000本以上、共同研究実績が５年間平均で年平
均10億円以上等）を設定し、成果についても世界のトップレベル並

---

[29]　総合科学技術・イノベーション会議の世界と伍する研究大学専門調査会第２回
（2021年４月開催）に提出された「資料２世界と伍する研究大学について（資
金関係）」によれば、欧米の研究大学（スタンフォード大学やハーバード大学
等７大学）の資金規模（収入）の実質平均成長率（2005〜2019年）が3.8％で
あるところから、日本の研究大学が世界と伍する大学となるためには、年平均
支出成長率は３％（プラス物価成長率）が最低限必要とされる。また、大学基
金については、同資料によれば、ハーバード大学の2019年度の大学基金規模は
約4.5兆円、基金運用益（2018年度）は約2000億円（大学総収入の約35％）に
のぼる。東京大学の同年のデータは約149億円、約2.5億円（0.13％）にすぎな
い。ちなみに、日本の大学で基金規模が最も大きいのは慶應義塾大学の783億
円、早稲田大学は294億円で、国立大学で最も多い京都大学の197億円をはるか
に上回っている。同資料には、その他、米国大学基金の支出先、寄付金の確保
体制、寄付元等データが明示されている。なかでも、寄付元については、ハー
バード大学などの私立大学は、個人（同窓生、保護者、一般の個人）が過半を
占め、財団、企業等からも大きな寄付がよせられていることがわかる。

みの研究大学の実現（年支出成長率３％、世界大学ランキングのトップ10〜20位程度への上昇等）を掲げる。指定国立大学やスーパーグローバル創設支援大学の事業が目立った成果を上げていないので、大金を投じて、成果を引きだそうとする焦りが感じられる。筆者にはそう感じられる。

　というのは、上記の図表１に明らかなように、日本の大学ランキング１位の東京大学ですら、「論文引用」は55点台で、アメリカのまさに「トップレベルの研究大学」であるハーバード大学やスタンフォード大学、MITなどの99点台とは大きな差がある。また、大学独自基金の意義も理解できるが、アメリカの大学が長い歴史（19世紀から現在までの）を経て形成してきた基本財産等（第５章の７参照）に匹敵する基金を短期（25年でも短期）に実現できるのだろうか。大いに疑問だ。

　筆者は、上記の「国際卓越研究大学」の定義における、「研究」ともう１つの「経済社会に変化をもたらす研究成果の活用」に、注目したい。この「研究成果の活用」については、計画のなかに産学連携拠点や大学発スタートアップの輩出・効果等の記述も事例としてあげられている。ということは、〈研究大学から企業家大学〉へ、つまり「国際卓越研究大学」とは「国際企業家大学」であることを示しているのである。上記の世界大学ランキングの上位大学（第５章で紹介したMITやスタンフォード大学等）は企業家大学であり、その一角にランクされようとの意欲は高く評価できる。その観点に立てば、「国際卓越研究大学」の表現はやめて、「国際企業家大学」と修正し、その意義を改めて明確にすべきである。筆者はそう強く、思う。また、この「国際卓越研究大学」事業の基本方針では、この事業は上記の「地域中核・特色ある研究大学総合振興パッケージ」と一体的に推進して、「多様な研究大学群」を形成していくことが明記されているが、これも「多様な企業家大学群」に修正すべきである。

　それにより、両事業の相乗効果とその効果を高める地域産学官連携の形成により、企業家大学群と大学発ベンチャーの簇業、地域エコシ

ステムの形成に繋げることができる、と考える。こうした方向転換を
期待したい。

- **スタートアップ育成5か年計画**……政府は、2022年11月に「スター
トアップ育成5か年計画」を策定し（「新しい資本主義実現会議」）、
戦後の日本の創業期に次ぐ「第2創業期」の実現に向けスタートし
た[30]。目標を〈5年10倍〉の考え方（これは2022年3月の経団連
の「スタートアップ躍進ビジョン」を受けたもの）に立ち、5年後
（2027年度）に〈スタートアップ投資10兆円〉、将来的に〈ユニコー
ン100社創出、スタートアップ10万社創出〉を目指すとした。

　事業としては、3つの柱（第1の柱：スタートアップ創出に向けた
人材・ネットワークの構築、第2の柱：スタートアップのための資金
供給の強化と出口戦略の多様化、第3の柱：オープンイノベーション
の推進）で進める。なかでも第1の柱は、次のような大学・高専等の
若手起業家育成に焦点をあてる。メンターによる多数の若手人材（起
業家）の発掘・育成（5年目に「未踏事業」による年間300人）、海
外における企業家育成拠点の創設（シリコンバレー等に「出島」）、**1
大学1エグジット運動（5年間に1研究大学につき50社起業し1社
のエグジット）**、高等専門学校における起業家教育の強化、グローバ
ルスタートアップキャンパスの創設、大学における知的財産戦略の展
開等を掲げる。

　なかでも、**1大学1エグジット運動**は、各大学が毎年10社大学発
ベンチャーを起業し、そのうち1社はIPOかM&Aを可能にする実
績をあげることを目指す画期的な提案である、と考える。現在の大学
発ベンチャー輩出ランキングで見ても、この基準をクリアしている大
学はごく少数（近年では、東京、京都、大阪、筑波、慶應義塾、東北
等数大学）との現実を冷厳に見据え、上記の「研究大学総合振興パッ
ケージ」や「国際卓越研究大学」事業をチャンスととらえ、各大学と

30）「スタートアップ育成5か年計画」については、内閣府のWebサイトを参照さ
　　れたい。

地域（自治体等）は連携して、独自の計画と体制を構築する必要がある。大学と地域には、政府のこの提案を画餅に終わらせない決意が問われている。

⑷　大学発ベンチャーの現状

　こうした施策展開を経て、大学発ベンチャーの現在の姿はどうなっているか。調査結果の特徴は次の通りである。

★日本の大学発ベンチャーは約3300社、国研発ベンチャーは約200社

　最新の2021年10月時点の経済産業省の調査によれば、日本の大学発ベンチャー（主として大学の発明＝知的財産権を活用して起業したベンチャー企業）は、3306社であり、毎年約250社が新規起業する（解散等は数十社）。大学別ベンチャー企業数は、東京大学を筆頭に（329社）、京都（242社）、大阪（180社）、筑波（178社）、慶應義塾（175社）、東北（157社）、東京理科（126社）、九州（120社）、名古屋（116社）、東京工業（108社）の各大学までが10位内の大学である。東京理科大学が2020年に10位以内にランクされたので、早稲田大学（100社）が11位となった。

　国立研究開発法人発＝国研発ベンチャーは、2021年度時点で、27法人合計約180社（存続会社）に留まる[31]。主な国研発ベンチャーは、物

---

[31]　2015年4月、独立行政法人のうちの国立研究機関は、研究開発を担う国立法人として「国立研究開発法人」（27機関）に指定。2016年5月、そのうちの3機関＝物質・材料研究機構、理化学研究所（文科省所管）、産業技術総合研究所（経産省所管）が、「特定研究開発法人」（世界トップレベルの研究成果が期待できる法人）に指定される。さらに、2018年12月、研究開発力強化法を改正し、同法を「科学技術・イノベーション創出の活性化に関する法律」に衣替え（2019年1月17日施行）。主な改正点は、大学・研究開発法人の「経営能力の強化」、産学官連携とベンチャー創出力・成長力の強化（産学官連携体制整備、出資可能法人22に拡大、ベンチャー・VC・成果活用法人への出資先拡大）、人材育成（若手研究者、起業家等）、地方創生への貢献など。理化学研究所は同法施行を受けて、2019年9月、100％出資の〈株式会社理研鼎業〉を設立した（「鼎＝て

質・材料研究機構（物材研）12社、理化学研究所（理研）42社、産業技術総合研究所（産総研）100社である。全体としてはまだ少ない。理研は、2019年9月に、研究成果活用支援法人として、株式会社理研鼎業を100%子会社として設立した。戦前の理化学興業と同様の位置づけの事業会社である。産総研も理研と同様の事業法人として、2023年4月、株式会社AIST Solutions（アイスト・ソリューションズ）を設立した。国研発ベンチャーの簇業に繋がることを期待したい。

★大学発ベンチャー調査 ― 現段階の特徴を整理する ―

　筆者は2018年当時の上位10大学（東京理科大学以外の）を対象に調査[32]を行った（2019〜2020年度、日本ベンチャー学会研究プロジェクト採択）。詳細は、第Ⅲ部第8〜9章を参照されたい。その最終の結論を先回りして要約すれば、次の通りである。

　第1に、大学発ベンチャー輩出上位10大学は、全国の大学発ベンチャー総数の50%超を占め、ベンチャー育成の仕組み（推進本部機能→研究→知財管理・活用→起業シーズ開発・VC→起業・VC→起業家教育→VC・ネットワークの7機能）がほぼ形成できている。

　第2に、大学発ベンチャー輩出上位の十数大学は、研究大学から「企業家大学」（「教育＋研究＋社会貢献＝研究成果を活用して経済社会発展

　い」とは、経営、技術、社会貢献の3つ）。産業技術総合研究所も、2023年4月に、同様の研究成果活用支援法人として、〈株式会社AIST Solutions（アイスト・ソリューションズ）〉を設立した。国立研究機関の〈発明の事業化〉（TLO、ベンチャー支援、共同研究促進、技術移転等）の体制整備が本格化しつつある。

[32] 大学発ベンチャー調査研究まとめ（日本ベンチャー学会研究プロジェクトに採択）については、原田誠司「大学発ベンチャー・エコシステムと地域におけるベンチャー簇業」『新産業政策研究かわさき2021』第19号（2021年5月）を参照されたい。また、鶴岡エリアについては、同第19号掲載の原田誠司「『鶴岡の奇蹟』の教訓とは」、同エリアの詳細な分析は、大滝義博・西澤昭夫『大学発バイオベンチャー成功の条件』（創成社、2014年10月）を参照されたい。川崎エリアについては、同第18号掲載の原田誠司「川崎エリアにおけるベンチャー集積と地域エコシステム」を参照。

の原動力となる」大学）に成長・発展している、と言える。但し、ベンチャー育成等による大学への財務上のリターンは乏しく、依然として、大きな課題である（「三団体緊急提言」が提示したエコシステムは未完）。

　第3に、アメリカ（ボストン、シリコンバレー、オースチン等）のように、大学発ベンチャーが地域におけるベンチャー簇業にまで成長・発展している地域＝地域エコシステムができている地域は、未形成である。鶴岡、つくば、川崎エリアでは、大学発ベンチャーの集積ができつつある。なかでも、鶴岡エリアは最も先進的な地域エコシステムを形成しつつある。

　第4に、したがって、日本の地域における新産業創出に向けて、大学発ベンチャー輩出を地域でのイノベーション（ベンチャー簇業と新製品・サービスの拡大）に繋げる地域エコシステムの形成が今後の最重要の課題となる。

⑸ 地域イノベーション・エコシステム構築へ ― 振興政策の到達段階と課題 ―

　第2次安倍政権以降の10年間で、大学発ベンチャー育成から地域イノベーション・エコシステム形成へと大きく舵が切られ、研究大学から企業家大学への移行の方向も模索され始めている。成果と課題を整理しておきたい。

　まず**第1**に、西澤教授が指摘した政府のベンチャー推進マクロ政策（Cloning Silicon Valley 政策）の面からみると、**技術移転制度（TLO）は稼働20年になるが、SBIR 制度は2021年度からやっとアメリカ並みになり**（アメリカに40年遅れ）、私募株式市場はようやく開始か[33]、というのが現状にある。マクロのベンチャー企業振興政策は、これから本格

---

[33]　秦信行「急がれる未上場株式市場の整備」『THE INDEPENDENTS　2020年12月号』（NPO 法人インデペンデンツクラブ）によれば、株式投資型クラウドファンディングが「株主コミュニティ」制度を活用して、2021年に開始するとのこと。

化という段階にあると言わざるを得ない。とくに、SBIR制度は、2022年から始まった「地域中核・特色ある研究大学総合振興パッケージ」と連携し、成果を上げることが期待される。

　第2に、産学連携・共同研究モデルが「大学を核とするイノベーション・エコシステム」として公認され、ようやく、日本の産学連携・共同研究の基本的考え方が共通認識となった。実はこの考え方は、上記の「官民イノベーションプログラム」の事業スキームと同じであり、モデル公認までに10年近くもかかったが、大きな成果であると言えよう。ここから、大学発ベンチャー・エコシステムと地域イノベーション・エコシステムの構築もその道筋を明確にできるようになった。産学共同研究とベンチャー輩出を融合させたこの仕組みは、ベンチャー／イノベーション・エコシステムであり、地域エコシステム構築の基盤になる、と言える。

　第3に、ベンチャー／イノベーション・エコシステムを「エコシステム」として循環・再生産可能な仕組みとするためには、上記（図表1）に関連して指摘された次のような**東京大学の提言**を実現することが重要である。すなわち、米大学のSponsored Researchタイプの共同研究への改革（知の価値づけ、間接経費比率の上昇）、技術研究組合CIP（Collaborative Innovation Partnership）の運用改善、産学連携本部の中核のマネジャーやURAによるエコシステムの開発・管理、地域でのベンチャーを支える経営人材の供給（サーチファンド等）などである。こうした事業を牽引できる大学の経営人材育成（大学支援フォーラムPEAKS）も念頭に置く必要はあると思われる。

　第4に、**研究大学のグレードアップと企業家大学への移行の方向性**が見えてきたこと。「地域中核・特色ある研究大学総合振興パッケージ」と「国際卓越研究大学」（「国際企業家大学」）の事業が連携しその相乗効果により、日本の大学の研究大学のグレードアップと企業家大学への移行の方向性が見えてきたと言えよう。数大学の世界レベルのトップクラス大学への発展を全国での研究大学群・企業家大学群の形成・発展に結びつけることが重要な課題である。そのためには、それを支え支援す

る地域の産学官連携形成（国立研究機関含めて）が大きな課題となる。

第5に、**地域エコシステム形成に本格的に取り組む可能性が出てきた**こと。スタートアップ育成5か年計画を地域でどう具体化するか、が本格的に問われる局面に来たことを強く認識する必要がある。まずは、**1大学1エグジット運動**を軸に、スタートアップ・エコシステム拠点都市圏を始め全国各地域で特色ある産学官連携を立ち上げ、大学発ベンチャーを軸にしたベンチャー／スタートアップ育成を展開する。この事業を柱にして、地域ネットワークを拡大し各地域の特色あるベンチャー創業・簇業の仕組み＝地域エコシステムの構築に発展させる。その他の諸事業も組み込んで、この仕組みの厚みを形成したい。こうした方向が問われている。

最後に、産業政策の位置づけについて。この間、地域の産業政策は2度の転機を経験したが、逆転は不能との政策意識を共有する必要があること、を指摘しておきたい。1度目は、新事業創出促進法と大学等技術移転促進法（TLO法）が1998年の同時期に成立しながら、前者は地域プラットフォーム政策に、後者は大学発ベンチャー政策に分かれ、両者を交わらせて、地域での新事業・産業創出に向かうことができなかった。新事業創出促進法は短期に廃止され、中小企業振興政策に単一化されてしまう。2度目は、2018年以降の統合イノベーション戦略の展開である。TLO法後、大学発ベンチャー育成政策（とくに2013年以降の第2次安倍政権から）が展開され、大学発ベンチャーは継続的に起業し、大学を核にしたイノベーション・エコシステムを全国に構築する政策へ発展した。このことは、約20年前の新事業創出促進法の時代に戻った、というより、大学・国研等の発明を核にした事業化＝ベンチャー起業が地域新産業振興の柱になる時代にようやく到達した、と言ってよいであろう。20年前のような後戻りは許されない。2022年度からの「地域中核・特色ある研究大学総合振興パッケージ」の発展的活用による成果が期待される。

.

第Ⅲ部

大学発ベンチャー・エコシステムと地域におけるベンチャー簇業

第8章　大学発ベンチャー・エコシステムの現状と課題

はじめに ― 調査研究の概要 ―

「大学発ベンチャー・エコシステム形成に関する調査研究」（日本ベンチャー学会の2019～2020年度選定研究プロジェクト）の概要は、次の通りである[1]。

- メンバー……遠山浩（専修大学）、栗井英大（長岡大学）、石黒順子（東洋学園大学）、青木成樹（価値総合研究所）、木村行雄（産業技術総合研究所）、原田誠司（代表）の6名で行った。
- 研究プロジェクト名……「大学発ベンチャー・エコシステム形成に関

---

[1]　この研究プロジェクトの申請は、原田誠司「企業家大学と地域エコシステム ― 大学発ベンチャーの簇業へ ―」『新産業政策研究かわさき2019第17号』（〈公財〉川崎市産業振興財団新産業政策研究所、2019年5月）をベースに行った。この調査研究は、大学発ベンチャーの総合的研究を参考にしつつ、日本における大学発ベンチャーの継続的創業のプロセス・仕組み（エコシステム）とその地域への波及（地域エコシステム）に焦点をあてたものである。大学発ベンチャーの総合的研究としては、次の2研究を参照した。

＊スコット・シェーン『大学発ベンチャー』（金井一頼、渡部孝監訳、中央経済社、2005年10月）、山田仁一郎『大学発ベンチャーの組織化と出口戦略』（中央経済社、2015年3月）。

この研究プロジェクトの全体報告としては、原田誠司「大学発ベンチャー・エコシステムと地域におけるベンチャー簇業」、鶴岡エリアについては、原田誠司「『鶴岡の奇蹟』の教訓とは」、いずれも、『新産業製作所研究年報　新産業政策研究かわさき2021第19号』（〈公財〉川崎市産業振興財団新産業政策研究所、2021年5月）所収。川崎エリアについては、原田誠司「川崎エリアにおけるベンチャー集積と地域エコシステム」『同研究年報 2020第18号』（同上、2020年6月）を参照されたい。

する調査研究」

- 研究プロジェクト期間……2019年5月〜2020年4月
- 研究テーマ……主な研究大学におけるベンチャー・エコシステムとベンチャー集積地域（つくば、川崎、鶴岡）における地域エコシステムの現状と課題の把握、及び政策提言
- 趣旨……本調査研究は、大学発ベンチャーの〈簇業〉（＝湧きいずるように草木が群生するような創業＝多数新規創業）による地域経済活性化の方策を探ろうとするものである。地域エコシステム形成の分析枠組みを明確（西澤、松田両教授、「三団体緊急提言」）にした上で、先進的研究大学10大学におけるベンチャー・エコシステムの把握・分析、技術ベンチャー集積地域（筑波と川崎）における地域エコシステムの把握・分析を行い、大学発ベンチャーを柱とした地域エコシステム形成による〈簇業〉に向けた政策提言をまとめる。
- 調査研究……次の5点の調査研究を行う。
    - 第1：地域エコシステム形成についての分析枠組みの明確化……研究大学から企業家大学への移行や地域エコシステム形成については、『ハイテク産業を創る地域エコシステム』（西澤昭夫他著）、『ベンチャー企業〈第4版〉』（松田修一著）、「三団体緊急提言」（日本ベンチャー学会等3団体）等で提起されている。文献、ヒアリング等で把握・整理する。なお、この点に関しては、本書では第Ⅱ部第7章で整理している。
    - 第2：先進的研究大学におけるベンチャー・エコシステムの把握・分析……日本の研究大学（文科省、約20大学）のうち先進的（産学連携、ベンチャー輩出等）な10大学（東北、東京、東京工業、早稲田、慶應義塾、筑波、名古屋、京都、大阪、九州の各大学）のベンチャー・エコシステムの現状と課題を文献、ヒアリング等で把握、分析する。
    - 第3：技術ベンチャー集積地域における地域エコシステムの把握・分析……東京以外で、技術ベンチャーが輩出・集積している地域として、つくば地域（筑波大学と産業技術総合研究所発

のベンチャーは200社超）、川崎市域（KSP、KBIC や慶應義塾大学・東京大学等ベンチャーが100社超）、鶴岡地域（慶應義塾大学の先端生命科学研究所の設立とベンチャー創業）の３地域をとりあげ、地域ベンチャー・エコシステムの現状と課題を把握・分析する。文献、ヒアリング等で把握する。
第４：大学発ベンチャーを柱とした地域エコシステム形成への提言……以上の３点の把握・分析のとりまとめを行うとともに、①研究大学から企業家大学への移行の課題と大学発ベンチャー・エコシステム形成の条件、②大学発ベンチャーを中心にした地域エコシステム形成と簇業の課題、の２点の政策提言を行う。

1　大学発ベンチャー輩出上位10大学の位置

⑴　大学発ベンチャー企業数

　今回の大学発ベンチャー・エコシステムの調査研究においては、2018年度のベンチャー輩出上位10大学を調査・インタビュー対象とした。まず、10大学（東京、京都、筑波、大阪、東北、九州、早稲田、慶應義塾、名古屋、東京工業の国立・私立大学）の位置を確認しておきたい。

　図表１によれば、10大学の2018年度のベンチャー企業数（活動中の）は1,151社で、調査総合計（全国の大学）2,278社の半数（50.5％）を占める。さらに、2016〜2018年度の２年間のベンチャー輩出企業数を見ると、10大学が277社で、調査総合計432社の過半を越える64.1％にのぼり、日本の大学発ベンチャー起業は、この10大学が牽引していることを端的に示す。

　また、学生・院生数は早稲田大学、大学院生数は東京大学がそれぞれ最も多く、院生比率は東工大が最も高く、大学院生数＞学部学生数になっている。

　技術系ベンチャーの基盤である理系研究者＝「理系教員＋理系博士院

生」は10大学合計で約40,000人、大学別では、東京大学が約8,000人で最も多く、京都大学約5,700人、大阪大学約5,000人、東北大学約4,800人、九州大学約4,100人、筑波大学約3,500人、名古屋大学約3,000人、慶應義塾大学約2,500人、早稲田大学約1,600人と続く。

図表1　ベンチャー輩出上位10大学の概要（学生・教員数：2019年5月時点）

		2018年度ベンチャー企業数	2016〜2018年度増加数	学部学生数	大学院生数	理系博士院生	教員数	理系教員	理系研究者	大学院生比率
		a	b	c	d	e	f	g	e＋g	d／c
1	東京大学	271	44	14,058	13,715	4,222	4,808	3,922	8,144	319.500
2	京都大学	164	61	12,831	9,477	2,966	3,399	2,699	5,665	210.344
3	筑波大学	111	31	9,840	6,685	1,935	1,857	1,533	3,468	317.419
4	大阪大学	106	26	15,285	8,031	2,616	3,261	2,475	5,091	587.885
5	東北大学	104	28	10,814	6,990	2,190	3,127	2,641	4,831	386.214
6	九州大学	90	16	11,647	6,971	2,267	2,378	1,880	4,147	727.938
7	早稲田大学	82	19	40,267	8,431	759	1,882	841	1,600	2,119.316
8	慶應義塾大学	81	24	28,643	4,799	933	2,311	1,580	2,513	1,193.458
9	名古屋大学	76	27	9,628	5,740	1,612	1,658	1,356	2,968	356.593
10	東京工業大学	66	1	4,866	5,511	1,489	1,058	964	2,453	4,866.000
	合計（ア）	1,151	277	157,879	76,350	20,989	25,739	19,891	40,880	569.960
	調査総合計（イ）	2,278	432							
	（ア）／（イ）	0.505	0.641							

（出所）　a、bは経済産業省「平成30年度産業技術調査事業報告書」（2019年2月）、c〜gは、各大学Webサイト掲載データより作成

(2) 事業収入構造＝自主財源（寄付金、特許料等収入、資産運用）

　図表2によれば、2018年度の経常収益（国立大学）・事業収入（私立大学）は、東京大学が最も多く（2,344億円）、最も少ないのは規模が最も小さい東京工業大学（463億円）である。

　また、10大学の財政構造をみると、収入構造は国立大学＝国庫補助、私立大学＝学納金割合が高い。大学の自主財源は、「寄付金」、「特許料等」、「その他」（図表2のⅠ欄）である。寄付金は東京大学が約88億円、慶應義塾大学が約73億円で、特許料収入は、東京大学と大阪大学が10億円弱で多い。

図表2　ベンチャー輩出上位10大学の事業収入構造（2018年度決算）

（単位：億円）

		東京大学	京都大学	筑波大学	大阪大学	東北大学	九州大学	早稲田大学	慶應義塾大学	名古屋大学	東京工業大学
I	a 授業料・入学金等	164.8	137.0	96.0	124.9	108.4	108.1	706.6	566.0	93.2	54.8
	b 運営交付・国庫補助金等	762.7	529.7	354.7	444.0	431.1	405.6	125.0	132.4	311.3	206.7
	c 共同研究・受託研究等	532.0	317.7	76.0	242.4	206.9	129.7	61.7	149.5	149.0	110.0
	d 寄付金	87.9	51.6	24.9	42.5	28.4	29.0	29.9	72.7	26.1	10.3
	e 特許料等	8.4			8.5	1.2		0.3			
	f その他	294.0	172.7	86.1	149.3	216.6	133.9	118.0	96.4	142.3	81.8
	g 附属病院収益/収入	495.0	386.4	332.2	425.2	400.3	483.5	0	585.8	374.8	0
	合計①（a〜gの合計）	2344.8	1595.1	969.9	1435.9	1392.9	1289.8	1041.5	1602.8	1096.7	463.6
	合計②（①−g）	1849.8	1208.7	636.8	1010.7	992.6	806.3	1041.5	1017.0	721.9	463.6
II	a 授業料・入学金等	0.070	0.086	0.099	0.087	0.078	0.084	0.678	0.353	0.085	0.118
	b 運営交付・国庫補助金等	0.325	0.332	0.366	0.309	0.309	0.314	0.120	0.083	0.284	0.446
	c 共同研究・受託研究等	0.227	0.199	0.078	0.169	0.149	0.101	0.059	0.093	0.136	0.237
	d 寄付金	0.037	0.032	0.026	0.030	0.020	0.022	0.029	0.045	0.024	0.022
	e 特許料等	0.004	0.000	0.000	0.006	0.001	0.000	0.000	0.000	0.000	0.000
	f その他	0.125	0.108	0.089	0.104	0.156	0.104	0.113	0.060	0.130	0.176
	g 附属病院収益/収入	0.211	0.242	0.343	0.296	0.287	0.375	0.000	0.365	0.342	0.000
	合計①（a〜gの合計）	1.000	1.000	1.000	1.000	1.000	1.000	1.000	1.000	1.000	1.000
	合計②（①−g）	0.789	0.758	0.657	0.704	0.713	0.625	1.000	0.635	0.658	1.000
III	a 授業料・入学金等	0.089	0.113	0.151	0.124	0.109	0.134	0.678	0.557	0.129	0.118
	b 運営交付・国庫補助金等	0.412	0.438	0.557	0.439	0.434	0.503	0.120	0.130	0.431	0.446
	c 共同研究・受託研究等	0.288	0.263	0.119	0.240	0.208	0.161	0.059	0.147	0.206	0.237
	d 寄付金	0.048	0.043	0.039	0.042	0.029	0.036	0.029	0.071	0.036	0.022
	e 特許料等	0.005	0.000	0.000	0.008	0.001	0.000	0.000	0.000	0.000	0.000
	f その他	0.159	0.143	0.135	0.148	0.218	0.166	0.113	0.095	0.197	0.176
	g 附属病院収益/収入	0.268	0.320	0.522	0.421	0.403	0.600	0.000	0.576	0.519	0.000
	合計①（a〜gの合計）	1.268	1.320	1.523	1.421	1.403	1.600	1.000	1.576	1.519	1.000
	合計②（①−g）	1.000	1.000	1.000	1.000	1.000	1.000	1.000	1.000	1.000	1.000
IV	特許収入額（億円）	11.1	6.2	0.35	3.9	1.0	1.2	0.29	0.26	3.1	2.2

（注）国立大学は経常収益データ、私立大学は事業収入データ（損益計算書ベース）

（出所）Ⅰ〜Ⅲ欄は各大学の2018年度決算書より作成、Ⅳ欄は文科省「平成30年度大学等における産学連携等実施状況について」より作成。

研究大学 Research University から企業家大学 Entrepreneurial University に成長・発展するためには、〈寄付金・特許料・ベンチャー投資リターン等収入→基金拡大→資産運用→毎年の配当金等収入〉という資金循環づくり（アメリカの主要大学は確立）が不可欠である。授業料や公的補助金依存度を低下させる自主財源確保が重要になる[2]。大学発ベンチャー・エコシステム形成の成果はこの点に表れる。

2　大学発ベンチャー輩出上位10大学のベンチャー・エコシステム ― 現状と特徴 ―

⑴ 10大学の産学連携・ベンチャー輩出支援の展開

10大学の産学連携本部等の担当者にインタビューを行った。図表3は、各大学の主な支援事業を一覧に整理したものである。

この一覧は、第7章3の⑸「大学発ベンチャー・エコシステム」で整理した観点から、「研究から起業」までの産学連携・ベンチャー輩出支援事業を大学発ベンチャー・エコシステムの主要機能と想定し、10大学へのインタビュー結果等を、**7つの機能（フェーズ）=〈A産学連携推進→B研究→C知財管理・活用→D起業シーズ開発・VC→E起業・VC→F起業家教育→GVC・ネットワーク〉**として整理したものである。以下、各機能（フェーズ）の現状と特徴を10大学へのインタビュー・資料等により、まとめる。

---

[2]　国立大学の資産運用については、国立大学法人法（2003年）第35条で独立行政法人通則法（1999年）第47条が準用され、寄付等余裕金（基金含む）の運用は、元本保証の安全資産（銀行預金、国債、地方債等の金融商品）にのみ認められている（株式は除く）。2019年4月から、規制緩和で、国立大学法人法第34条の3で、寄付金等自己収入（基金含む）の元本非保証の金融商品（信託等）への運用が可能になった（株式は除く）。

図表3　ベンチャー輩出上位10大学の産学連携・ベンチャー輩出支援の展開

	A 産学連携推進	B 研究	C 知財管理・活用	D 起業シーズ開発・VC	E 起業・VC	F 起業家教育	G VC・ネットワーク
早稲田大学	1999年産学研究推進センター/2019年リサーチイノベーションセンター	研究プロジェクト/2013年研究大学強化促進事業	1999年産学官研究推進センター★/2019年リサーチイノベーションセンター・知財研究連携支援部門に継承	1998年ウエルインベストメント株式会社	2001年インキュベーションセンター（インキュベータ）	2014年EDGEプログラム/2017年EDGE-NEXTプログラム・主幹	アライアンス/先端起業家・専門家とのネットワーク
東京大学	2004年産学連携本部/2016年産学協創推進本部	研究プロジェクト/2013年研究大学強化促進事業	1998年(株)先端科学技術インキュベーションセンター★/2004年東京大学TLOに名称変更	2004年(株)東京大学エッジキャピタル/2016年協創プラットフォーム開発(株)	2007年東京大学アントレプレナープラザ（インキュベータ）等	2005年アントレプレナー道場/2014年EDGEプログラム/2017年EDGE-NEXTプログラム・主幹	アライアンス/先端起業家・学内とのネットワーク
慶應義塾大学	2019年イノベーション推進本部	地学連携・研究プロジェクト/2013年研究大学強化促進事業	1998年知的資産センター★/2019年研究連携推進本部に継承	2015年知的資産センター・イノベーティブK2	藤沢・川崎・鶴岡市と連携してインキュベーター整備	2014年EDGEプログラム	アライアンス/メンター三田会・専門家とのネットワーク
京都大学	2007年産官学連携本部	研究プロジェクト/2013年研究大学強化促進事業	1998年関西ティー・エル・オー(株)TLO京都に名称変更	2007年京大認定ファンド/2014年京都キャピタル(株)	2004年京大桂ベンチャープラザ（中小機構）/2015年学内インキュベータ（国際イノベーション棟）	2007年イノベーション・マネジメント・サイエンス研究部門/2014年EDGEプログラム/2017年EDGE-NEXTプログラム・協働	アライアンス/先端起業家・専門家とのネットワーク
大阪大学	2008年産学連携推進本部/2017年産学共創本部/2019年産学共創・渉外本部	研究プロジェクト/2013年研究大学強化促進事業	イノベーション戦略部門/知財戦略室	2014年大阪大学ベンチャーキャピタル(株)◆	2004年彩都バイオインキュベータ（中小機構）/2010年大阪大学産業科学研究所インキュベーション棟	2014年EDGEプログラム/2017年Innovator's Club	アライアンス/理工学振興会・専門家とのネットワーク
東京工業大学	2003年産学連携推進本部/2017年研究・産学連携本部	研究プロジェクト/2013年研究大学強化促進事業	1998年財団理工学振興会★/2017年研究・産学連携本部に継承	2016年(株)みらい創造機構と連携ファンド	2010年東工大横浜ベンチャープラザ（中小機構）/2010年コワーキングスペース（大岡山）	2014年EDGEプログラム	アライアンス/理工学振興会・専門家とのネットワーク
東北大学	2003年産学連携推進本部・知的財産本部/2006年産学連携推進本部	研究プロジェクト/1998年未来科学技術共同研究センター・NICHe/2013年研究大学強化促進事業	1998年(株)東北テクノアーチ★	2003年東北イノベーションキャピタル(株)/2015年東北大学ベンチャーパートナーズ(株)◆	2007年東北大学連携ビジネスインキュベータ（中小機構）	2017年EDGE-NEXTプログラム・主幹	アライアンス/先端起業家・専門家とのネットワーク
九州大学	1998年産学連携推進機構/2015年産学・社会連携推進本部	研究プロジェクト/2013年研究大学強化促進事業	2000年(株)産学連携機構九州★	連携VC：2015年OBファンド/2016年福岡銀行FFGファンド	2008年福岡市産学連携交流センター（福岡市）と連携	2010年ロバート・ファン／アントレプレナーシップ・センター/2014年EDGEプログラム/2017年EDGE-NEXTプログラム・主幹	アライアンス/先端起業家・専門家とのネットワーク
筑波大学	2014年国際産学連携本部	研究プロジェクト/2013年研究大学強化促進事業	2004年知的財産ポリシー策定/2014年国際産学連携本部産学連携企画課	主要VCと連携	1988年つくば研究支援センター（インキュベータ）と連携/学内研究室活用等	2014年TCC開始/2017年EDGE-NEXTプログラム/協働/2019年5階層別プログラム	アライアンス/先端起業家・専門家とのネットワーク
名古屋大学	2013年学術研究・産学官連携推進本部	研究プロジェクト/2013年研究大学強化促進事業	2000年(公財)科学技術交流財団	2015年名古屋大学・東海地区大学広域ベンチャーファンド	2005年名古屋大学インキュベーション施設	2015年Togariプロジェクト/2017年EDGE-NEXTプログラム・主幹	アライアンス/先端起業家・専門家とのネットワーク

(注)　C欄の★印＝承認TLO、D欄の◆印＝大学系VC、F欄の主幹＝主幹機関、協働＝協働機関を指す

(出所)　各大学ヒアリング・資料等により作成

(2) 産学連携推進（図表３のA）―「産学連携のマネジメント」―

　10大学の産学連携活動の司令塔の役割は、「産学連携本部」（通称）が担っている。各大学の本部は、研究推進（方針、外部資金確保等）、知財管理・活用、ベンチャー起業、同投資、起業家教育、メンター・ネットワークの６つの活動を調整、推進している。上記（第７章の３(2)企業家大学の概念と機能）の産学連携・リエゾン機能を担う。東京大学はいち早く、産学連携本部、TLO＝東京大学 TLO、VC＝東京大学エッジキャピタル UTEC の３者が同じ施設に入居し連携する体制を確立した。以後、他大学においても、こうした Under One Roof（本部、TLO、VC 同居）での緊密な連携による事業推進が志向される。

　10大学は研究大学として、研究マネジメント人材＝URA（University Research Administrator）（文科省「研究大学強化促進事業」に採択）の活用が進み、専門職位制度化を進める大学もあるが、本部マネジャー人材の育成・確保の仕組みは形成途上と言わざるを得ない。

(3) 研究（図表３のB）―「研究の事業化」―

　知財やベンチャー起業の起点となる「研究」機能では、「研究の事業化」（外部研究資金確保による研究活動の自立展開）が、研究大学共通の課題である。

a　外部資金確保とモード２型研究……図表４（10大学の共同研究・受託研究件数、受入額等）によれば、2018年度の10大学の共同・受託研究合計は約18,000件、受入額約1,820億円、間接経費約300億円で、件数は全国計の約30％だが、他は約58％、約64％と圧倒的割合を占める。受入額は受託研究中心の国等（国と独立行政法人等）が約70％で、民間企業は約20％と少ない。民間企業との共同研究は少なく、間接経費も少ない。大学別では、東京大学が最も多い。

　民間企業との共同研究では、東京大学は、価値創造型研究（東大版「モード２」研究）として、2004年６月から〈Proprius21〉プログラム（中・長期のシーズ・ニーズマッチング共同研究）を開始した（現

図表4　共同研究・受託研究合計の大学別相手先別件数、受入額、間接経費（2018年度）

（金額単位：百万円）

		共同研究・受託研究件数合計				共同研究・受託研究受入額合計				共同・受託研究の間接経費合計			
		民間企業	他団体	合計	内・国等	民間企業	他団体	合計	内・国等	民間企業	他団体	合計	内・国等
I	東北大学	1,251	886	2,137	688	4,249	14,594	18,844	13,678	418	2,404	2,823	2,305
	筑波大学	507	457	964	289	1,808	5,002	6,811	4,401	241	818	1,059	766
	東京大学	1,946	2,073	4,019	1,600	7,672	38,393	46,065	35,607	1,119	6,531	7,651	6,178
	東京工業大学	788	429	1,217	305	2,817	7,924	10,742	7,392	620	1,341	1,961	1,252
	名古屋大学	744	646	1,390	408	3,265	10,850	14,116	9,183	554	1,853	2,412	1,618
	京都大学	1,196	1,095	2,291	711	5,170	24,383	29,553	21,786	493	4,083	4,576	3,731
	大阪大学	1,407	975	2,382	741	7,895	94	24,043	14,999	1,068	2,987	4,055	2,840
	九州大学	853	874	1,727	546	2,481	10,223	12,704	8,782	438	1,626	2,064	1,447
	慶應義塾大学	899	612	1,511	440	3,949	9,183	13,133	8,605	606	1,778	2,384	1,692
	早稲田大学	713	403	1,116	196	1,827	4,194	6,022	3,519	310	737	1,047	643
	小計（a）	10,304	8,450	18,754	5,924	41,139	140,989	182,037	127,958	5,871	24,167	30,039	22,477
	総合計（b）	35,235	25,054	60,289	12,628	81,926	233,367	315,294	200,133	8,760	38,541	47,302	34,443
	（a）/（b）	0.2924	0.3373	0.3111	0.4691	0.5021	0.6042	0.5774	0.6394	0.6702	0.6270	0.6350	0.6526
II	東北大学	1.4120	1.0000	2.4120	0.7765	0.2911	1.0000	1.2912	0.9372	0.1739	1	1.1743	0.9588
	筑波大学	1.1094	1.0000	2.1094	0.6324	0.3615	1.0000	1.3617	0.8798	0.2946	1	1.2946	0.9364
	東京大学	0.9387	1.0000	1.9387	0.7718	0.1998	1.0000	1.1998	0.9274	0.1713	1	1.1715	0.946
	東京工業大学	1.8368	1.0000	2.8368	0.7110	0.3555	1.0000	1.3556	0.9329	0.4623	1	1.4623	0.9336
	名古屋大学	1.1517	1.0000	2.1517	0.6316	0.3009	1.0000	1.3010	0.8464	0.299	1	1.3017	0.8732
	京都大学	1.0922	1.0000	2.0922	0.6493	0.2120	1.0000	1.2120	0.8935	0.1207	1	1.1207	0.9138
	大阪大学	1.4431	1.0000	2.4431	0.7600	83.9894	1.0000	255.7766	159.5638	0.3575	1	1.3575	0.9508
	九州大学	0.9760	1.0000	1.9760	0.6247	0.2427	1.0000	1.2427	0.8590	0.2694	1	1.2694	0.8899
	慶應義塾大学	1.4690	1.0000	2.4690	0.7190	0.4300	1.0000	1.4301	0.9371	0.3408	1	1.3408	0.9516
	早稲田大学	1.7692	1.0000	2.7692	0.4864	0.4356	1.0000	1.4359	0.8391	0.4206	1	1.4206	0.8725
	小計（a）	1.2194	1.0000	2.2194	0.7011	0.2918	1.0000	1.2911	0.9076	0.2429	1	1.2430	0.9301
	総合計（b）	1.4064	1.0000	2.4064	0.5040	0.3511	1.0000	1.3511	0.8576	0.2273	1	1.2273	0.8937

(注)「内・国等」は「他団体」の内数で、国・独立行政法人の合計を指す。

(出所) 文部科学省「平成30年度産学連携等実施状況について」より作成

在は、Proorius21 plus）。

b　事例：東北大学未来科学技術共同研究センター NICHe……NICHe
は、世界標準の研究センターとして設立される（1998年）。先端的・
独創的な開発研究を参加研究者の研究専念（権利）と目標管理（義
務）のもと、３〜５年の大型研究プロジェクトを支援する、研究開発
「自立モデル」である。20年間（1998〜2018年度）で、75の研究プロ
ジェクト、研究資金・年間総額約25億円（各プロジェクトは年間約
１〜２億円）、ベンチャー35社起業、400人の研究者を擁する独立採
算の研究所に成長した。その要因は、企画・事業推進力（16名の開
発企画部）、５年先を見据えたテーマとリーダー研究者の選定による。
「モード２」研究で、研究の事業化を達成している。

(4) 知財管理・活用（図表３のＣ）―「研究成果の資産化・事業化」―
　知的財産権管理・活用（図表３のＣ）は、「研究成果の資産化・事業
化」＝〈知財ライセンス→ベンチャー起業〉に繋がる。ベンチャー起業も
ここから始まる。

a　特許出願・保有件数・国内特許収入の現状……図表５によれば、10
大学の特許出願件数は約4,800件、実施許諾等件数は約4,000件弱で、
双方とも全大学の約40％を占める（2018年度）。知財収入額は、10大
学合計約30億円で、全大学の約67％を占め、圧倒的割合を占める。
大学別の収入額は、東京大学が総額約11億円で最も多く、私立大学
の特許収入は極めて少ない。
　また、共有特許の割合をみると、10大学の出願件数は約67％と多
いが、国内特許収入では約26％と非常に少ない。単独特許でないと
収入増につながらないことを示す。また、実施許諾特許収入の内訳で
はランニングロイヤリティ収入が約45％にのぼる。単独特許とラン
ニングロイヤリティが特許収入増の中心であることが明らかになって
いる。

b　事例：東京大学 TLO……東京大学の特許収入額は群を抜いて多い。

図表5　特許等知的財産権の出願、許諾および収入額 (2018年度)

(金額単位：千円)

大学	特許出願件数 国内外特許	特許出願件数 うち共有特許	実施許諾・譲渡件数	国内外知財収入額 知財収入・契約別－総契約別－合計 イ	国内外知財収入額 国内－収入額－契約別－計 ロ	国内外知財収入額 外国・PCT・EPC収入額－契約別－計 ハ	国内収入額の内訳 実施許諾(29年度以前に契約) ニ	国内収入額の内訳 実施許諾(30年度に契約) ホ	国内収入額の内訳 譲渡 ヘ	国内収入額のうち共有特許収入額
東北大学	461	286	265	99,257	86,485	12,772	50,249	8,570	27,666	26,826
筑波大学	188	98	133	34,992	23,652	11,340	15,951	2,112	5,589	19,051
東京大学	858	589	1,506	1,107,467	938,007	169,460	786,327	134,139	17,541	174,725
東京工業大学	462	332	301	220,507	66,314	154,093	53,733	2,408	10,173	54,683
名古屋大学	453	283	305	309,421	122,802	186,619	21,333	88,187	13,282	101,186
京都大学	640	421	596	617,243	590,599	26,644	474,405	67,952	48,242	98,447
大阪大学	902	663	411	392,559	140,266	252,293	95,483	36,806	7,977	34,893
九州大学	397	255	140	117,672	40,987	76,685	7,905	19,571	13,511	14,235
慶應義塾大学	333	201	53	26,257	14,315	11,942	8,099	108	6,108	3,973
早稲田大学	147	111	168	28,527	20,349	8,178	3,340	1,037	15,972	11,178
小計 (a)	4,841	3,239	3,878	2,953,802	2,043,776	910,026	1,516,825	360,890	166,061	539,197
総合計 (b)	11,913	7,922	9,316	4,411,131	3,226,680	1,184,451	2,061,040	776,891	388,741	1,174,664
(a)/(b)	0.0304	0.0343	0.0433	0.0097	0.0100	0.0090	0.0022	0.0029	0.0962	0.0207
小計 (a)	1.000	0.669		1.000	0.692	0.308	0.742	0.177	0.081	0.264
総合計 (b)	1.000	0.665		1.000	0.731	0.269	0.639	0.241	0.120	0.364

(注) イ＝ロ＋ハ、ロ＝ニ＋ホ＋ヘ

(出所) 文科省「平成30年度産学連携等状況について」より作成

ライセンス数は、単独特許73件、共同特許267件だが、収入は単独特許9.98億円、共同特許2.5億円、その他0.73億円、計13.21億円で、単独特許が圧倒的に多い。成果の要因は、単独特許申請・活用に注力し、特許ヒアリングからライセンスまでの一気通貫体制（ライセンシング・アソシエイツLAによる）の体制で、マーケティング（特許の用途）の観点の徹底を図っている点にある。

⑸ プレ・インキュベーション（図表3のD）―「魔の川」越え＝起業準備―

　研究成果＝知的財産権を活用した（特許ライセンス）大学発ベンチャーの起業プロセスは、まず、「魔の川」の関門を越えなくてはならない。

a　プレ・インキュベーション・プロセス……〈相談／発明届・研究プロジェクト計画→ビジネス・アイデア（起業シーズ開発）→概念実証（PoC）・「魔の川」越え〉のプロセス（＝PoC/ギャップファンド・プロセス）が各大学の共通のプロセスになっている。どの大学でも、起業相談はどの段階でも可となっている。

　　＊概念実証 Proof of Concept ＝ PoC……新アイデア・技術等の試作。実証実験とほぼ同義。「魔の川」とは、研究 Research から開発 Development に進む際の関門を指す。

b　事例：筑波大学 ― ビジネス・アイデア＝起業シーズ開発 ―……知財（特許）をどのようなビジネスに結びつけるかが最大の課題であり、ビジネス・アイデア＝起業シーズ開発が重要になる。筑波大学は、毎年200件のつくば地区のテック系シーズの開発を目標に、産学連携推進、共同研究実用化、つくば産学連携強化等4公募事業で推進している。2018年度は、採択者40人・件はベンチャー起業等へ、未採択者90人・件は起業家教育等で再チャレンジへ、という実績であった。

c　事例：大阪大学 ― VCへのプレゼンで評価 ―……大阪大学は、「起業シーズ育成グラント」事業を展開し、技術実用性検証＝PoCを支援する助成金を支給する（ギャップファンド・プログラム、最長1年、最大500万円等）。起業シーズは、毎月1回開催の連携ベンチャーキャピタル連絡会（VC20社）で、プレゼン（毎回2件）、評価を受ける。VC20社は大手VCで構成される。同グラントは、2017年度以降19件（1社起業）の実績であった。

(6) **インキュベーション（図表3のE）―「死の谷」越え＝起業 ―**
「魔の川」を越えて、〈ビジネスプラン→起業（経営チーム・資金等）→インキュベータ活用・「死の谷」越え→成長・「ダーウィンの海」〉のインキュベーション・プロセスに進む。

a　起業に求められる要素・条件……大学発ベンチャー調査[3]によれば、大学発ベンチャーの起業成功の条件としては、PoC時点から起業初期（単年度黒字）＝「死の谷」越えには最低約7年かかるが、PoC時点での資金＝「エンジェル・VCからの出資」、起業初期での経営人材＝「CEOが企業の経営層」が最も重要である。他に、経営チーム、アライアンス（大学や大企業と）、販路開拓、インキュベーション施設等も重要である。

b　事例：大阪大学と京都大学 ― 起業支援プログラム ―……起業初期までに、ビジネスプラン策定、資金調達、経営チーム構築、インキュベータ等入居と販路開拓等が主な作業となる。大阪大学と京都大学のプログラムが特徴的である。

　▪大阪大学→「起業プロジェクト育成グラント」プログラム……VC

---

[3]　経済産業省「平成30年度産業技術調査事業調査報告書」（2019年2月）を参照。シリコンバレーの連続起業家で「ペイパル・マフィア」を率いたピーター・ティールは、起業時の「最も重要な最初の決断」は経営チームの構築＝共同創業者選びと断言する。同氏著『ZERO to ONE』（NHK出版、2014年9月）、149〜169頁を参照。

からの投資を受けるまでの期間における事業性検証＝ビジネスプラン作成支援制度。最長2年・最大4,000万円/年の資金助成。採択件数は2017年度から11件（3件起業）。

- ■ 京都大学→「インキュベーションプログラム」……研究者と起業家によるVCからの資金調達を目指すプロジェクト支援制度。最長3年間、最大3,000万円助成。採択件数（2014年〜）は、6回、合計28件。

c　事例：経営チームの構築……起業初期の経営条件のなかで最も重要なのは〈経営チーム〉の構築である。上記調査によれば、経営陣のうち、COOとCFOは民間企業の経営経験者、CTOは研究者、CEOは創業研究者と民間企業経営経験者がほぼ半数とのことである。

　各大学ともに経営チーム構築には苦労している。創業研究者＝CEOのケース（筑波大学発ベンチャー・サイバーダインのCEOは同大の山海嘉之教授）はともかく、外部経営人材＝CEOのケース（例えば、東大発ベンチャーのペプチドリームのCEOは外部スカウトの窪田規一氏）は、VCの紹介が重要になる。窪田氏をスカウトした東京大学エッジキャピタルUTEC、マーケット志向で「450人の経営人材データベース」を整備した株式会社ウエルインベストメント[4]、さらに京都大学イノベーションキャピタル株式会社＝京都iCAPが進めるEntrepreneur Candidate Club＝ECC-iCAP（会員制の京大研究者とビジネスパーソンの出会いの場）による経営人材確保など、VCとの連携が重要になる。

d　事例：客員起業家制度……産業技術総合研究所＝産総研は、日本で唯一、Entrepreneur in Residence＝EIR客員起業家制度を導入している。2002年度から、産総研発ベンチャー育成事業を〈スタートアップ開発戦略タスクフォース〉＝TF制度で展開する。TFは産総研の研究者と短期雇用の外部経営人材＝スタートアップ・アドバイザーSA

---

[4]　瀧口匡「ウエルインベストメント株式会社」『THE INDEPENDENTS　2020年4月号』（NPO法人インデペンデンツクラブ）を参照。

が組んで、２年かけて、ベンチャー創業を目指す制度である。この間、ベンチャー企業を累計147社輩出している。

e　インキュベーション施設の整備……大学発ベンチャーが起業準備・起業後、１～５年間入居して、「死の谷」を越えようとするインキュベータは、大学独自、中小機構連携、地域連携で整備されている。独自では、東京大学が最も多く（４カ所79室）、中小機構と連携したインキュベータ（東北大学、京都大学等）にはインキュベーションマネジャー IM による経営支援が行われている。

(7)　起業家教育（図表３のＦ）─アントレプレナーシップ教育─

　10大学の起業家教育は、2005年度開始の東京大学の「アントレプレナー道場」以来、各大学で展開され、文科省の EDGE、EDGE-NEXT プログラムにも採択された。特徴ある取り組みをいくつか紹介する。

a　起業家教育の位置づけ……政府は起業率の「倍増」を掲げ、EDGEプログラムや EDGE-NEXT プログラムにも対応し、10大学も起業家教育を展開している。

　GEM 調査の日本チームの責任者を務める高橋徳行氏（武蔵大学教授）は、GEM データを駆使して、「起業態度」（知識・能力・経験指数）の水準が高まれば「総合起業活動指数 TEA ＝起業率」の水準はどこの地域でも高まることを実証し、起業家教育の根拠を明示した[5]。

---

[5]　高橋徳行「起業態度と起業活動」『VENTURE REVIEW』No. 21（日本ベンチャー学会、2013年３月）を参照。GEM 調査＝ Global Entrepreneurship Monitor 調査は1997年に起業家教育トップのバブソン大学のバイグレイブ教授らにより発案され、1999年に第１回が日本含む10カ国で始まった。GEM モデルの概要、経緯等については、W．バイグレイブ、A．ザカラキス『アントレプレナーシップ』（高橋徳行・田代泰久・鈴木正明訳、日経 BP 社、2009年４月）の第１章、『日本ベンチャー学会20年史』（2017年９月）の第２章を参照されたい。また、起業率＝総合起業活動指数 Total Early-Stage Entrepreneurial Activity ＝ TEA

また、GEM 調査を発案したバブソン大学のバイグレイブ教授は「起業家教育で起業家を育成できる」と断言し[6]、東京大学でアントレプレナー道場を展開してきた各務茂夫氏（東京大学教授）は、起業のスキル教育だけではなく、「問題設定（発見）能力」や「問題解決能力」を持った学生の発掘・育成が重要であると指摘し、水泳のように、一度習ったら忘れない「アントレプレナーシップ教育＝水泳」論を主張する[7]。

b　事例①：東京大学 ― 学生から卒業生まで起業家に ―……東京大学は、最も早く、2005年度から、起業家教育プログラム＝アントレプレナー道場を開始する。EDGE、EDGE-NEXT プログラムにも採択された。

　アントレプレナー道場は、社会課題を解決する新たな価値創造に向けたマインドセットと基礎知識を学ぶ場とし、学生・院生・ポスドクを対象に毎年開講し、2005年から2018年の第14期までに、受講者3,000名超（毎年約300名）、起業家100名超を輩出した。第15期（2019年）の道場は、アントレプレナーシップⅠ（入門編・先輩起業家講演、4～5月、水曜・6限・2時間・7回開講）、Ⅱ（基礎編・ゲスト講師、6～7月、同前）、Ⅲ（応用編・ビジネスアイデア議論・発表、9～11月、同前）、**チャレンジ**（ビジネスプランコンテスト、メンター指導、5～8月、表彰）のカリキュラムで開講した。

　また、工学系大学院研究科、工学部（3、4年生）、教養学部（1、2年生）など全学に上記講座を拡大するとともに、本郷テックガレージ（起業志望学生支援）、さらに、FoundX（卒業生起業家予備群支援）にも取り組んでいる。

は、TEA＝(起業準備中の起業家＋起業した起業家数)/成人人口×100％で算出する。

[6]　W．バイグレイブ他『アントレプレナーシップ』の序文を参照。

[7]　各務茂夫「日本のアントレプレナーシップ教育の軌跡と今後」『研究　技術　計画』Vol. 33, No. 2, 2018（研究・イノベーション学会）を参照。

c　事例②：九州大学 ─ 全国唯一の起業家教育推進センター ─……九州大学は、2010年に、ロバート・ファン／アントレプレナーシップ・センター QREC を設立（卒業生のロバート・ファン博士の寄付が契機）し、全国唯一の大学における専門の起業家教育推進センターとして、体系的な起業家教育プログラムを展開し、EDGE、EDGE-NEXT プログラムにも採択されている。

　起業家教育プログラムは、理系学生・研究者が多い（約2万人の80％が理系）ので、〈理系学生・研究者向けのアントレプレナー教育〉のカリキュラムを構築した。Motivation 気づき【基礎】、Knowledge/Tool 実現方法【応用】、Integration 実現【実践】（ビジネスプラン）の3段階（32科目）に、Student Initiative 学生の創造活動（ビジネスプラン仕上げとコンテスト挑戦等）が加わる。クラブ活動「**起業部**」から学生ベンチャーも起業し、全国的に有名になった。

　もう1つの特徴は、リベラルアーツを学ぶ「基幹教育院」の〈アクティブ・ラーナー〉（「未知の問題や状況にも果敢に挑戦するスピリットと行動力を備えた人」）を目指す教育の一環として、位置付けられていること。全学生が受講可能な時間割（水曜日の4限〈14:50〜〉・5限〈16:40〜〉、火曜日の1限〈8:40〜〉）が組まれている。

d　事例③：早稲田大学 ─ 起業インターンと博士キャリア開発プログラム……早稲田大学は、EDGE プログラム終了後、2017年度に、その発展型プログラムを**グローバルエデュケーションセンター（GEC）**のビジネス・クリエーションコース（リベラルアーツ教育の実践型教育プログラムのなかのコース）として、全学学部生・院生向け正規授業科目とした。ビジネス・クリエーションコース（図表6）では、StageⅠ：意識醸成（起業等の基礎知識）→ StageⅡ：アイデア創造（デザイン思考等）→ StageⅢ：ビジネスモデル仮説検証エッセンシャル・コース（リーンスタートアップ等でビジネスモデル検証）→ StageⅣ：ビジネスモデル仮説検証プレミアム・コース（ビジネスプラン実現性徹底検証）→ StageⅤ：起業のプログラムを提供する。修了要件は、図表6から8単位修得（Stage 1 〜 Stage 3 から各2単位

図表6　早稲田大学ビジネス・クリエーションコース2020年度科目・時間割

学部配当年次	科目名 *( )内=単位数	学部	大学院	春学期 4〜9月	春クォーター 4〜6月	夏クォーター 7〜9月	秋学期 10〜3月	秋クォーター 10〜12月	冬クォーター 1〜3月
Stage1：意識醸成 1年以上	起業家養成講座(2)	○		火5			火5		
	ビジネス・プロフェッション(1)	○	○		火4	火4		火4	火4
	起業特論A・トップリーダーマネジメント(1)	○	○			金6			
	起業特論B・企業内新事業開発(1)	○	○				火6		
	データビジネスクリエーション(1)	○	○					火6	
	Advanced Cource on Entrepreneurship(1)	○	○						火6
	イノベーション人材・コーチング研修(1)	○	○				水6		
2年以上	起業の技術(2)	○	○			金4・5			
	実践・起業インターン1(2)	○	○					金4	
3年以上	実践・起業インターン2(2)	○	○		金4				
Stage2：アイデア創造 1年以上	イノベーション創出思考法1(1)	○	○		土3・6			土3・6	
	イノベーション創出思考法2(1)	○	○		土3・6			土3・6	
	ビジネスアイデア創出法(1)	○	○					火1	
	データビジネスクリエーション(2)	○	○						月6・7
	デザインシンキング(2)	○	○	土1-5					
2年以上	ビジネスアイデア・デザイン(2)	○	○			金4・5			
3年以上	ビジネスモデル・デザイン(2)	○	○	火5					
Stage3：ビジネスモデル仮説検証 1年以上	ビジネスモデル仮説検証(エッセンシャルズ)(2)	○	○	集中			集中		
Stage4：ビジネスモデル仮説検証 1年以上	ビジネスモデル仮説検証(プレミアム)(4)	○	○				集中		
産学連携講座 1年以上	イノベーション概論(1)	○	○				木6	木6	
	イノベーションとテクノロジー基礎(1)	○	○		水6				
	イノベーションとテクノロジー実践(1)	○	○					水6	
	CSRマネジメント実践(2)	○	○				集中		
	AIビジネスクリエーション(1)	○	○		月6・7			月6・7	
	人工知能とビジネスモデル創出(1)	○			火6	火6			
	博士実践特論A：イノベーションリーダーシップ(2)		○	集中・土					
	博士実践特論B：産業イノベーションとキャリアデザイン(1)		○						火5
	博士実践特論S：ロジカルコミュニケーション(2)		○			火4・5			
	ビジネスコミュニケーション基礎		○				集中		
	ビジネスコミュニケーション上級		○				集中		

＋その他産学連携科目等から２単位）が必要。EDGE-NEXT プログラムでは、主幹機関に採択されている。

　また、起業インターンと博士人材向けキャリア開発カリキュラムは注目される。2018年に、博士院生がロボットベンチャー株式会社 Genics（次世代型全自動歯ブラシ開発）を起業した。

e　**事例④：名古屋大学**……名古屋大学は広域大学連携で起業家教育プログラム＝ Tongali プロジェクトを展開している。2015年10月に、「名古屋大学・東海地区大学広域ベンチャーファンド」創設を契機に、Tongali プロジェクト＝東海地区５大学による起業家育成プロジェクトが開始される。EDGE-NEXT プログラムにも採択される。

　　＊ Tongali：Tokai Network for Global Leading Innovation
　　＊東海地区国立５大学（東海地区産学連携大学コンソーシアム）：
　　　名古屋大学、豊橋技術科学大学、名古屋工業大学、岐阜大学、三重大学

　このプログラムは、**２年間で起業に至るプログラム**である。具体的には、〈５月 Tongali シンポジウム（スタート）→６〜８月 Tongali スクールⅠ→９〜10月 Tongali スクールⅡ→11月アイデアピッチコンテスト→12〜３月 Tongali スクールⅢ→５月ビジネスプラン・コンテスト予選→６月ビジネスプラン・コンテスト本選→６〜２月リーンローンチ・パッド＋メンター支援→２月 Demo Day〉の流れで、〈６〜３月英語ピッチ研修＋海外研修（SXSW）〉もある。

f　**事例⑤：慶應義塾大学（SFC）**……慶應義塾大学湘南藤沢キャンパス SFC では、総合政策学部と環境情報学部のカリキュラムを融合させ、学部教育として、「問題発見、問題解決」の教育・カリキュラムを展開している。学生が主体的に〈卒業プロジェクト〉（卒論や作品）を目標に〈研究会〉での研究活動を、基盤科目（語学、データ解析等手法）と先端科目（専門知識）を活用・選択して進む。研究会では、教員が関わる企業との共同研究等実践的な研究に参加できる。大学院も設置されているが、この学部の問題発見・解決カリキュラムから、

ベンチャー起業は約150社にのぼると見られる。特別な起業家教育なしに、ベンチャー起業を可能にする学部カリキュラムとして、非常に注目される。

⑻ 資金調達とネットワーク（図表3のG）
　資金調達とネットワークづくりは起業の成功にとって、不可欠である（図表3のG）。

a　起業時の資金調達とハンズオン支援……大学発ベンチャー調査[8]によれば、2018年度時点で、大学発ベンチャー起業時の重要な体制構築は、経営チームの構築、人材獲得ルート（経営、研究開発、営業、財務の4分野の人材の獲得方法）、そして第3に、投資とハンズオン支援があげられている。投資面では、VCの出資時期はPoC前後が約70％で起業前が圧倒的に多い。経営面では、ビジネスプランや資本政策への助言、経営人材紹介、経営陣への参加および出口戦略への助言等ハンズオン支援の評価は非常に高い（約80〜90％）。
　10大学のVC対応は、「官民イノベーションプログラム」でVCを設立した4大学（東北、東京、京都、大阪の4国立大学）、民間と連携してVCやファンドを立ち上げた5大学（慶應義塾、名古屋、東京工業、早稲田、九州の各大学）及びVCとの個別連携の筑波大学、に分かれる。

b　事例：東京大学 ― UTEC ―……株式会社東京大学エッジキャピタルUTECは、2004年4月に東京大学直轄のベンチャーキャピタルVCとして設立された。通産省でファンド法（1998年）の考案・策定にあたった郷治友孝氏が通産省を退職し設立に参加、後にCEOに就任し、初めての大学直轄VCの先駆となった。
　UTECは、東京大学の「技術移転関連事業者」として東大発ベンチャー等に投資・支援し、この間、総額約543億円の4つのファンド

---

8)　前掲「平成30年度産業技術調査事業調査報告書」（2019年2月）を参照。

を組成、108件に投資、上場11件、M&A11件の Exit を果たした（保有中60件）。ベンチャーキャピタリスト10人、パートナー５人の体制で運営する。ベンチャーパートナー VP 制度による専門家派遣によるハンズオン支援も行う（知財・会計・上場支援等専門家ネットワーク形成）。東大発ベンチャーのペプチドリームの CEO に外部から窪田規一氏をスカウトした（発明者は菅裕明教授で社外取締役）UTEC 社長の郷治友孝氏は、〈スタートアップの成功は「優れたチーム」による、「餅は餅屋」で、研究者は超一流の研究成果を、経営者は優れたマネジメントを〉と指摘した。

　UTEC は、ベンチャーキャピタリストの目利きとハンズオン経営支援で高評価を得た。

c　事例：大学の VC 子会社……「官民イノベーションプログラム」による４国立大学の VC 子会社は次のように始動している。大阪大学ベンチャーキャピタル株式会社 **OUVC**（2014年12月設立、ファンドは2015年７月に、総額125.1億、運用期間15年）、京都大学イノベーションキャピタル株式会社＝**京都 iCAP**（2014年12月設立、ファンドは2016年１月に、総額160億円、運用期間15年）、東北大学ベンチャーパートナーズ株式会社 **THVP**（2015年２月設立、ファンドは2015年８月に、総額96.8億円、運用期間15年）、東京大学協創プラットフォーム開発株式会社 **IPC**（2016年１月設立、ファンドは2016年12月に、総額250億円、運用期間15年）。IPC は、UTEC に次ぐ２社目の東京大学 VC であり、民間ファンドを補強する〈ファンド・オブ・ファンド Fund of Fund〉として位置付けられる。私立大学では、慶應義塾大学が VC 子会社として、株式会社慶應イノベーション・イニシアティブ **KII**（2015年12月設立、ファンドは2016年に第１号45億円、2020年に第２号65億円組成）を設立している。

　アメリカにない日本独自の大学子会社の VC が成果をあげられるか、注目される。

d　事例：他大学の VC との連携……民間の VC との主な連携状況は次の通りであるが、VC の目利きとハンズオン経営支援に成果を上げら

れるか否かが鍵となる。

- ▪ **東京工業大学**……東工大は、2016年に、VCの㈱みらい創造機構と包括協定を締結、同年、ファンド組成（40億円）を行う。
- ▪ **名古屋大学**……**名古屋大学は**、起業後のアーリー、ミドル段階の成長資金提供を行うファンドを組成した。2015年10月に、東海5大学（名古屋大学、岐阜大学、豊橋技術科学大学、名古屋工業大学、三重大学）と日本ベンチャーキャピタル株式会社で、5大学に由来するベンチャー企業に投資を行う「名古屋大学・東海地区大学広域ベンチャーファンド」を設立した。1号ファンドは25億円（2016年3月）、2号ファンドはBeyond Next Ventures株式会社（独立系アクセラレーター）との間で20億円（2019年2月）で組成した。
- ▪ **九州大学**……QBキャピタル合同会社（2014年に九州大学との関係深い坂本剛、本藤孝氏が設立、同社はSTARTの事業プロモーター）が2015年に、九州地域の大学発ベンチャー支援ファンド「QBファンド」（約31億円）の運営を開始した。また、福岡銀行の子会社のVCとして株式会社FFGベンチャービジネスパートナーズがFFGファンド（50億円、2016年5月設立）を組成し、九州地域の大学発ベンチャーに投資している。
- ▪ **早稲田大学**……早稲田大学は2018年10月、Beyond Next Ventures㈱BNVとウエルインベストメント㈱WERUのVC2社と同大発ベンチャーへの投資ファンド契約（約20億円）を結んだ。WERUは、早稲田大学アントレプレヌール研究会を基盤に1998年に設立（運用約240億円、上場約20社の実績）。

e **ネットワーク形成**……上記の大学発ベンチャー起業・成長までの7機能（フェーズ）において、各界専門家・機関との人的・組織的ネットワーク形成は、エコシステム形成のキーポイントになっている。ネットワーク形成の諸ポイントを整理する。

- **起業家教育の起業家等ネットワーク**……東京大学の「アントレプレナー道場」は、先輩起業家・諸専門家を講師陣に加え、受講者等とのネットワークを形成し、大学における起業風土・文化形成に大きな役割を果たした。他大学の起業家教育でも拡大し、まずは先輩起業家とのネットワーク形成が重要である。

- **ライセンス・アソシエイト**……大学等の知財管理・技術移転の活性化を担う一般社団法人大学技術移転協議会 UNITT（2000年設立）[9] は、技術移転専門家＝ライセンス・アソシエイト育成の研修を 2006 年から実施し、2018 年までの受講者は合計491人（120機関）にのぼり、多くの大学が参加している。研修プログラムは、東大 TLO 開発の 2 日間の技術移転模擬体験コースの実務者研修（20名以下の少人数対象に基礎・応用編、講師は山本貴史氏など）である。さらなる受講者拡大が望まれる。また、いわゆる RTTP（国際登録技術移転プロフェッショナル）取得者は日本では19人とまだ少ない。今後は拡大が必要である。

- **専門家とのネットワーク**……相談・指導可能なメンター等の専門家とのネットワーク形成がその次に重要である。**TX アントレプレナーパートナーズ TEP**（エンジェル投資家による技術系ベンチャー支援の一般社団法人、2009年設立、代表理事：連続起業家の國土晋吾氏）は、エンジェル会員（26名）、サポート会員（諸専門家、約50人）、コーポレート会員（企業 9 社・組織）で構成され、エンジェル投資、ハンズオン支援、メンタリング（ベンチャー企業の課題解決）、ビジネスプラン・コンテストの 4 つの活動を行っている。

- **銀行等諸機関との連携**……東京工業大学は、2019年に、横浜銀行との地域活性化協定（知財マッチング会開催）、NEDO との連

---

9)　日本の大学の知財・技術移転の最新状況については、『大学技術移転サーベイ 大学知的財産年報2019年版』（〈一社〉大学技術移転協議会、飛鳥井出版、2020年 6 月）を参照。

携協定（ビジネスコンテストの開催等）、さらに、Beyond Next Ventures㈱BNV との相互協力協定の締結（アクセラレーションプログラム、経営人材マッチング等）など、外部専門企業との連携を拡大した。こうした、外部機関活用も有用である。

- メンター三田会（慶應義塾大学SFC）……〈メンター三田会〉は、慶應義塾大学の卒業生の企業経営トップ等ビジネス専門家を中心に、2004年7月に結成されたボランティア組織である。主な活動は、メンター（SFC、理工学大学院への講師派遣、ビジネスプランコンテストへの審査員派遣、事業計画ブラッシュアップ等）、奨学金支給、エンジェル投資、起業関連講演会等の開催などである。各大学でこうしたメンター組織の形成が望まれる。

- 他流試合……学生・若手研究者の起業促進に向けて、各大学の学内ビジネスプラン・ピッチ／コンテストが開催され、TOKYO STARTUP GATEWAY（TSG、東京都）、キャンパスベンチャー・グランプリ CVG（日刊工業新聞）、SXSW（アメリカ）等への応募も多い。地域、全国そして海外のビジネスプラン・コンテストへのチャレンジ＝他流試合をより積極化させ、他者評価によるビジネスプランのブラッシュアップやネットワークづくりを促進する。学内の起業文化・風土醸成にも大いに貢献する。

- NEDO/JST との連携……NEDO、科学技術振興機構は、START, SCORE プログラムで、多くの大学発ベンチャーを育成している（前者で53社、後者で11社起業）。事業プロモーターによる支援・指導は効果をあげている。さらに、NEDO 新エネルギー・産業技術総合開発機構は、「技術とマネーの結節点」のハブとして、「研究開発型スタートアップ支援事業」を展開する。TCP（若手研究者等対象の伴走型事業計画構築）→NEP（メンター・カタライザー支援による PoC 実施）→STS（シード期の VC 投資後の事業化ハンズオン支援）→PCA（数年後の事業化推進支援）の技術ベンチャー起業支援プログラムである。多くの大学発ベンチャーを生んでいる。また、13大学との連携協定を結び（2019年度まで）、ピッチイベント

支援やカタライザー派遣、支援人材育成（SSA 高度専門支援人材
育成プログラム）で成果をあげている。

3　大学発ベンチャー・エコシステム形成・強化に向けて

　以上の現状を踏まえて、大学発ベンチャー・エコシステムの形成・強
化のポイントは、以下の通り、〈8つの機能強化・充実とリターンの確
保〉として整理できる。

　第1に、産学連携本部の司令塔機能を抜本的に強化すること。研究か
らベンチャー起業まで支援できる各種専門人材の確保（「産学連携専門
職」の制度化）が重要である。

　第2に、研究企画機能の強化による研究テーマと研究チーム（「モー
ド2」研究）の確保に注力する必要がある。スムーズに「研究の事業
化」を実現するためには、この研究企画力強化に重点をおく必要があ
る。

　第3に、知財部門人材（ライセンス・アソシエイト）の抜本的強化に
よる知財収入の飛躍的拡大を実現する必要がある。

　第4に、起業シーズ開発の仕組みを確立（「魔の川」越え、PoC）す
ること。この「魔の川」越えが起業の道を拓くか否かのポイントであ
る。VC の支援も含めて強化する必要がある。

　第5に、相性の良い強力な経営チームを構築し、「死の谷」を乗り切
る体制・戦略を打ち立てること。多様な経営人材確保策（VC、客員起
業家制度、ビジネススクール、起業家教育等活用）を開発する必要があ
る。

　第6に、インキュベーションの充実を図ること。インキュベータに
入り、「死の谷」を越える商品、販路を見つけ出し、自立できる経営戦
略・体制を構築しなければならない。

　第7に、VC 機能と専門家・メンター等のネットワークの充実・拡大
（NEDO/JST 連携含め）を通して、地域・全国に資金調達とハンズオ
ン支援機能を確立すること。経営資源の少ない地方では、東京とのネッ

トワークづくりが重要となる。

　第8に、起業家教育の抜本的強化・充実により、起業家を育成するとともに、大学内に起業文化・風土づくりを促進すること。アントレプレナーシップ教育（起業家教育）センターの設立（テキスト、教授法開発）、学部生から博士院生・若手研究者までの起業家教育プログラム、コンテスト応募、他流試合、国際試合（SXSW参加等）、学生起業家活動奨励（九大「起業部」、東大「本郷テックガレージ」、阪大「Innovators' Club」、早大「起業インターン」、東北大「スタートアップガレージ」など）。

　さらに、〈寄付金・特許料・ベンチャー投資リターン等収入→基金拡大→資産運用→毎年の配当金等収入〉という**自主財源形成**（「研究成果に投資する大学の仕組みづくり」の成果）による大学財政への貢献に直結する必要がある。まず、外部研究資金確保、知的財産権収入の拡大から寄付の拡大に進み、大学発ベンチャー投資リターン確保にも取り組む必要がある。エコシステムはここまで進んで、完成の域に達する。

第9章　事例研究 ― 東京大学、東北大学、鶴岡エリア、つくばエリア、川崎エリア ―

　上記の調査研究のなかから特徴あるエコシステムを形成、あるいは形成途上の事例を5つ紹介する。大学発ベンチャー・エコシステムをほぼ確立した東京大学と東北大学、地域ベンチャー / イノベーション・エコシステム形成途上の鶴岡、つくばおよび川崎の3エリアである。

1　東京大学 ― 企業家大学と大学発ベンチャー・エコシステムの確立 ―

⑴ 産学連携の位置づけ

　東京大学の産学連携への取り組みの特徴は、まず第1に、素早く、産学連携の根拠の明確化と全学合意・推進の体制を整えたことである。1998年5月の大学等技術移転促進法（TLO法）成立（8月施行）から2004年4月の国立大学法人化までの約6年間に、産学連携の体制を確立した。具体的には、2001年4月の佐々木毅東大総長（第27代）の2つの指示＝「産学連携を大学の第3の使命として明確にすること」および「全学的な規則・ルール形成」に、石川正俊教授（情報理工学研究科）中心のワーキンググループの調査研究作業で、応えた。2003年3月までに、**価値創造型研究**（課題解決型研究）＝東大版「モード2」研究が産学連携の根拠であること、産学連携推進の全学的制度・組織（知的財産、利益相反ポリシー、産学連携本部等）の全学合意をはかり、東京大学憲章の制定（社会貢献明示）にもつなげた[1]。

---

[1]　東京大学の産学連携体制立ち上げは、2001年4月〜2006年3月まで主導した初代産学連携本部長の石川正俊教授（情報理工学研究科）へのインタビュー（2020年11月）により、次の資料をいただいた。

⑵ 3者産学連携体制構築

　第2に、法人化と同時に、産学連携の3者連携体制を構築できたこと（既存組織再編ではなく新設を原則に連携諸組織を設立）。2004年4月の法人化と同時に、産学連携本部（本部長：石川正俊教授）、株式会社東京大学TLO、株式会社東京大学エッジキャピタルUTECが新設の産学連携プラザ（早期の産学連携取り組み開始で2001年度文科省補助事業に採択され建設）に入居し、東京大学産学連携の3者連携体制がスタートする。具体的には、産学連携機能を「共同研究、知的財産、事業化推進」の3本柱で構成し、産学連携本部組織は対応して、産学連携研究推進部（共同研究の新展開）、知的財産部（知的財産の管理と活用）、事業推進部（起業支援・実用化支援）の3部とした。3部は三位一体で運営し、知財財産部とTLO、事業化推進部とUTECは〈大学は管理、外部は運用〉の原則で機能分担して連携する方式とした。なお、2016年度から産学連携本部が産学協創推進本部に、2020年度から産学連携

＊産学連携第1次中間報告「社会連携推進委員会産学連携推進ワーキンググループ中間報告（案）」（2001年10月2日）/産学連携第2次中間報告「社会連携推進委員会産学連携推進ワーキンググループ第2次中間報告（案）」（2002年1月5日）/産学連携最終報告「社会連携推進委員会産学連携推進ワーキンググループ最終報告（案）」（2003年3月）＊
石川教授は、これら報告で、「知的生産の双対構造」（大学の知的生産＝科学研究は「真理の探究」と「社会における新たな知の創造」の2つの柱＝双対構造の時代に入った）における後者が、社会課題に超領域的に取り組む研究＝価値創造型研究（東大版「モード2」研究と石川教授は表現）であり、そこに産学連携の根拠があること、を明らかにした。「価値創造型研究」の用語については、石川正俊「産学連携の未来」『産官学連携ジャーナル』2005年5月号（科学技術振興機構、2005年5月）を参照されたい。なお、大学の「第3の使命」＝社会貢献の規定は、2007年6月の学校教育法改正で、明示された。
また、東大の産学連携の初期については、石川正俊「第11章　法人化後の国立大学における産学連携ポリシー」『MOTテキストシリーズ　産学連携と技術経営』（西村吉雄/塚本芳明編、丸善、2005年12月）、中井浩一『大学「法人化」以後』（中公新書クラレ、2008年8月）の「第3章　東大の産学連携」、各務茂夫「第2章　大学発ベンチャーとイノベーション」『イノベーションシステムとしての大学と人材』（渡部俊也編、白桃書房、2011年9月）を参照されたい。

研究推進部が産学イノベーション部に、事業化推進部がスタートアップ推進部に、それぞれ名称変更された。

(3) 外部専門人材の積極登用・連携

　第3に、この3者連携体制はうまく機能し、成果を上げたこと。なぜか。2点、指摘できる。1つは、外部の専門人材の積極登用を行って体制が構築できたこと。3者連携体制を担う TLO 社長の山本貴史氏、UTEC 社長の郷治友孝氏、産学連携本部事業化推進部長の各務茂夫氏、現・産学協創推進本部長の渡部俊也氏（当初は先端研）は、立ち上げ初期に、大学外からスカウトされた専門人材である（当時の大学内部の産学連携関係教授は石川教授のみ）。この傾向は、その後現時点まで継承され、体制の強化が行われている[2]。

　もう1つは、立ち上げ時の総責任者であった石川正俊教授が呼びかけた「産学連携の共同研究」の成果である。22の民間大企業（野村證券、日立等）から毎年約30名（常勤10名）の各分野の専門人材が参加し、知的財産ポリシーから VC（UTEC）の立ち上げ等産学連携の実践的仕組みを構築した[3]。この約3年間（2002～2006年）の共同研究により、他に類を見ない実践的かつ体系的な産学連携の体系が実現した。これが、長期継続の秘密と言える。

---

[2]　山本貴史氏はリクルート社で知財事業責任者であったが、2000年7月、東大 TLO 社長に就任した。郷治友孝氏は1998年制定の投資事業有限責任組合法（ベンチャーファンド法）の制定責任者であり、UTEC 設立に経産省を辞職して参加し後に社長に就任する。各務茂夫氏は、氏へのインタビューによれば、東大薬学部在籍中の2002年時点から石川正俊教授が主導する産学連携推進室のアドバイザーとして関わり、産学連携本部設立時の2004年5月に、薬学部長、薬学部木村廣道教授及び産業再生機構 COO の冨山和彦氏（各務氏とはボストンコンサルティンググループ時代の同僚）の3名の推薦を得て、産学連携本部の教授職（非教育研究組織の教授職ポストはない）の事業推進部長に就任したとのこと。

[3]　中井前掲書『大学「法人化」以後』の第3章を参照。

⑷ トータルな産学連携事業

　第4に、上記の調査研究の結果を簡潔にまとめ、産学連携事業の全体像（考え方と事業）を次のように、対外的にも明示したこと。産学連携の「基本姿勢8か条」＝知的基盤としての産学連携、知的生産の双対構造、新しい価値の創造（社会のニーズに積極的に関与し大学の研究成果に基づく「新しい価値構造の創出」を目指す）、総合性・先導性を持った産学連携、新しい産学連携モデルの開発（発案→知財→実用化・起業のモデル）、積極的な知的財産戦略、共同研究の改革（共同研究の新しい形）、積極的な情報発信、「7つの事業」＝プラザ事業：産学交流の場の提供（Proprius21、東京大学産学連携協議会等）、モデル化事業：産学連携・起業・実用化モデルの開発、サポート事業：制度的・法的実務環境の管理・運営、マネジメント事業：知的財産権の管理・運営、ガード事業：研究成果・秘密情報の保護、コンサルテーション事業：産学連携相談窓口の設置、ネクスト事業：産学連携推進啓発プログラム、を明示した[4]。

⑸ 主な事業展開

　第5に、上記3本柱の主な事業展開を整理する。概要は次の通りである。

- 共同研究……「価値創造型産学共同研究」[5]（東大版「モード2」研究）の創出を目指して、2004年6月から、民間企業との共同研究新スキーム〈Proprius21〉プログラム[6]（中・長期共同研究プログラ

---

[4]　この「基本姿勢8か条」と「7つの事業」は、東京大学産学協創推進本部のWebサイトの「2005年度産学連携本部事業報告書」の冒頭を参照。

[5]　「価値創造型産学共同研究」は前掲上記注4）の「2005年度産学連携本部事業報告書」を参照。

[6]　〈Proprius21〉プログラムは前掲上記注4）の「2005年度産学連携本部事業報告書」を参照。

ム）を開始した。産学連携プログラムオフィサーのコーディネートによる、企業ニーズと大学の研究シーズ（研究シーズ・データベース活用）の最適マッチングを実現した研究計画を策定するプログラムである。2005年当時の松下電器「生活支援ロボット」開発のプロジェクトでは、学内公募で3テーマに絞り込み産学合意、総額1億円超の共同研究を開始した。

　さらに、大企業との大型共同研究協定も、2016年6月日立製作所、同年9月NEC、2018年12月ダイキン工業（10年100億円）、2019年11月TSMC、同年12月ソフトバンク（10年200億円）、同年12月IBMと締結している。これは、「大学を核とするイノベーション・エコシステム」（第Ⅱ部第7章4のイノベーション・エコシステム型産学連携を参照）の実践でもある[7]。

- **知財管理・活用**……東京大学の知財の活用は株式会社東京大学TLOが担う。東京大学の特許収入額は群を抜いて多い。ライセンス数は、単独特許73件、共同特許267件だが、収入は単独特許9.98億円、共同特許2.5億円、その他0.73億円、計13.21億円（2018年度）で、単独特許が圧倒的に多い。成果を上げている要因は、収入の多い単独特許申請・活用を中心に、ライセンス専門職（ライセンス・アソシエイツLA）による発明届・特許申請時のヒアリングからライセンスまでを、マーケティング（特許の用途）の観点から一気通貫で徹底して支援する体制を構築していることによる[8]。

- **事業化・起業支援**……東京大学のベンチャー育成は、発明届・特許

---

[7]　五神真第30代東大総長（任期：2015年4月〜2021年3月）は、「運営から経営へ」を掲げ、産学連携本部長に渡部俊也教授を任命し積極的に推進している。

[8]　東京大学TLOのWebサイト参照。山本貴史「産学連携による技術移転の現状と課題」『新産業政策研究かわさき2010・第8号』（〈公財〉川崎市産業振興財団新産業政策研究所、2010年6月）、山本貴史「産学連携とイノベーションの展望」『新産業政策研究かわさき2011・第9号』（同前掲、2011年6月）を参照。渡部俊也『イノベーションシステムとしての大学と人材』（白桃書房、2011年9月）も参考になる。

申請可否時のヒアリングや学生・研究者（最近は卒業生も）の起業志望者（ビジネスコンテスト含む）への総合起業相談（窓口対応）→ギャップファンド審査→起業者への資金・経営支援の流れで進む。

　この過程で大きな役割を果たすベンチャーキャピタル VC ＝株式会社東京大学エッジキャピタル UTEC が、2004年4月に設立される。東京大学の「技術移転関連事業者」として東大発ベンチャー等に投資・支援し、この間、総額約543億円の4つのファンドを組成、108件に投資、上場11件、M&A11件の Exit を果たした（保有中60件）。ベンチャーキャピタリスト10人、パートナー5人の体制[9]で運営し、ベンチャーパートナー VP 制度による専門家派遣のハンズオン支援も行う（知財・会計・上場支援等専門家ネットワーク）。UTEC は、東大発ベンチャー起業時相談・指導を行うベンチャーキャピタリストの目利きとハンズオン経営支援で成果をあげた。米国の大学から、大学 VC 設立の理由を聞かれたとのこと。

　2つ目の VC として、東京大学協創プラットフォーム開発株式会社 IPC も稼働している（2016年1月設立、ファンドは2016年12月に、総額250億円、運用期間15年）。IPC は、民間ファンドを補強する〈ファンド・オブ・ファンド Fund of Fund〉として位置付けられる。

　さらに、2016年11月から、**「東大・経団連ベンチャー協創会議」**をスタートさせ、「死の谷」を越える連携支援、ベンチャー成長支援、起業家教育等「大企業・大学・ベンチャー企業の連携によるイノベーション創出」の成功事例創出の連携を産学連携で追求する。

---

[9]　「Japan's Midas List（『日本で最も影響力のあるベンチャー投資家 BEST 10』）2020」に、UTEC のベンチャーキャピタリストの山本哲也氏（第1位）、坂本教晃氏（第6位）、郷治友孝氏（第7位）が入賞した（『Forbes JAPAN』2020年1月号掲載）。山本氏は、2018年12月に東証マザーズに上場した自律制御システム研究所（国内唯一の上場ドローン専業メーカー）等への投資によるキャピタルゲインが約107億円で断トツの1位となった。

第3回会議・総会（2019年2月）から、北海道、東北、東京工業、名古屋、京都、大阪、九州の各大学、産総研が参加した。この連携会議は今後、拡大に向かうと見られる。

- インキュベータの整備……もう1つの起業支援であるインキュベータ（ベンチャーの「死の谷」越え支援施設）が産学連携プラザ内に設置され、2005年12月からベンチャーの入居が始まる。その後、大学独自の施設として拡大整備され、現在、全国最大規模を誇る（当初のプラザ内使用は廃止）。具体的には、アントレプレナープラザ（本郷、30個室）、アントレプレナーラボ（本郷南研究棟内、32個室、12共用バイオ実験室ベンチ、37共用デスク）、駒場研究棟インキュベーションルーム（3個室）、柏Ⅱアントレプレナーハブ（14個室）、合計で、個室79、総利用可能施設128（個室に共用デスク・実験ベンチ含めて）にのぼる。毎年30社の新規起業があり、ほぼ満室状態とのこと。なお、インキュベータ入居ベンチャー企業等への経営・法務等支援は、「東大メンターズ」等の専門家ネットワークを活用して行われている。

- 起業家教育と起業文化……東京大学の起業家教育＝アントレプレナー道場は、2005年4月にスタートする[10]。推進者の各務茂夫氏（事業推進部長）の「アントレプレナーシップ教育＝水泳」論をベースに、全学に拡大開講され、大きな成果をあげてきた（受講者毎年約200名・総計3,000名超、起業家100名超輩出）。東京大学関

---

[10] 氏へのインタビューによれば、各務茂夫氏は2004年5月に産学連携本部に参加した後の主な業務は産学連携のルールづくり（知的財産ポリシー、ベンチャーへのライセンスガイドブック等）や起業支援事業（インキュベータ整備、起業セミナー等）に取り組むが、2005年1月に、UTECの郷治友孝氏などと相談し、東大にはビジネススクールがないので（ビジネススクールにはアントレプレナーシップ教育プログラムあり）、アントレプレナー道場を開講することにした。講師陣は各務氏が中心となり白石敬仁氏（当時は特任助教授、現在KSP）も加わって、同年5月から開始し、約200名の受講者が集まった（小宮山宏総長も賛同）とのこと。

連ベンチャーは、政府調査では270社程度で全国1位を維持する。東大関係者には、370社超と約100社多く認識され、上場17社、時価総額約1兆円と見積もられている。

　さらに、本郷テックガレージ（起業志望学生支援）やFoundX（卒業生起業家予備群支援）も企業寄付をバックに取り組む。前者は、学生の独自アイデアによる起業支援、後者は卒業生対象のプログラムであり、注目される[11]。

　こうした起業家教育の拡大と起業家の輩出は、先輩起業家・諸専門家と受講者等とのネットワークを形成し、大学における起業風土・文化形成に大きな役割を果たした[12]。

⑹ 本郷ベンチャーバレーの形成

　第6は、本郷ベンチャーバレーの形成が進んでいることである。東京大学が立地する本郷エリア（東京都文京区本郷・湯島地域）には100社超の東京大学発ベンチャーが集積していると言われる。東大発ベンチャー216社（Web検索で抽出）のうちの93社へのヒアリング調査によ

---

[11] アントレプレナー道場等を主導する長谷川克也氏（特任教授）は、パナソニック時代（技術者）に10年超シリコンバレーでVC等の事業経験を有し、最近『スタートアップ入門』（東京大学出版会、2019年4月）を刊行した。2020年4月には、各務茂夫氏（副本部長）後任のスタートアップ推進部長に就任した。さらに多彩な起業家育成事業展開は、ディレクターの菅原岳人氏（日本IBMコンサルタント経験）、馬田隆明氏（日本マイクロソフト経験）などの専門人材に依っている。馬田氏は『逆説のスタートアップ思考』（中公新書クラレ、2017年3月）を刊行。長谷川氏と菅原氏は2009年、馬田氏は2016年に、産学連携本部に加わった。

[12] 東大の先輩起業家（株式会社ACCESS創業者）であり、エンジェル投資家やメンター活動で長年支援している鎌田富久氏の著書『テクノロジー・スタートアップが未来を創る　テック起業家をめざせ』（東京大学出版会、2017年12月）は、東大のSCHAFTやAxelspaceなどハイテクベンチャーの支援の活動を活写している。

れば、本郷エリアへの東大発ベンチャーの集積要因は次のように言える[13]。

　起業インフラと諸人材資源への〈近接性〉の２つがポイントである。前者は、都心部（大手町等）へのアクセスが良いことに加え、インキュベータ（起業支援）とVC（投資とハンズオン支援）の存在による起業家やメンター等専門家（エンジェル、先輩起業家）が集積しアクセスが容易であること、後者は、東大の研究者の助言（技術等）が受けやすい、学生（特に技術系学生、アントレプレナー道場受講者）の雇用（アルバイト等含め）がしやすい、さらに、大学同窓の信頼感もあげられる、という。インキュベータ、UTEC、アントレプレナー道場など長期の継続的起業支援事業の成果が、本郷ベンチャーバレーとして表現された、と言えよう。

(7) 小括

　東京大学は、大学等技術移転促進法（TLO法、1998年５月）から国立大学法人化（2004年４月）までの６年間に、産学連携活動の体制整備を行う。産学連携活動の開始にあたって、大学の「第３の使命」としてのビジョンを明確にし、かつ全学で取り組むことを明確にした上で、産学連携の基本機能を整備した。この産学連携の基本機能は、研究（価値創造型産学共同研究）── 知的財産権（技術移転）── 事業化・ベンチャー創出（インキュベータ・資金等整備）の３つの大学発ベンチャー創出の３者連携体制（産学連携本部・起業家教育、TLO、VC）を一カ所に集中して（Under One Roof）整備された。その際重要なのは、民間の知恵を活用（共同研究）して連携体制構想を作成し、かつ、連携体制を支える専門人材を大学外部から積極的に登用し、機能の充実を図った

---

[13]　吉岡（小林）徹・丸山裕貴・平井祐理・渡部俊也「『本郷バレー』はなぜ生まれたか」『一橋ビジネスレビュー2020年SPR.（67巻４号）』（東洋経済新報社、2020年４月２日）を参照。東京大学未来ビジョン研究センター（センター長：渡部俊也教授）の調査研究成果である。

こと、つまり、大学外の経営資源を有効に活用した柔軟性を発揮できたことである。

　これにより、東京大学は、上記（第Ⅱ部第7章の3）の要素を備えた企業家大学（ビジョン・位置づけ、「モード2」研究、技術移転、ベンチャー育成、起業文化等）に発展した、と言える。但し、VCを備えているのでアメリカの大学以上とも言えるかもしれない（もちろん、日本では民間のVC投資が十分ではないので整備したのであるが）。この東京大学の3者連携体制は、日本の大学の産学連携のモデルとして、位置づけられる。他大学も、Under One Roofでの機能整備を目指すことになる。

　東京大学はこの体制整備により大学発ベンチャー・エコシステムを確立し、本郷ベンチャーバレー形成＝地域における大学発ベンチャー簇業に進みつつある。今後は、大学財政へのさらなる貢献を目指した「運営から経営へ」（五神真総長）[14]の成果が期待される。

2　東北大学 ― 研究センター軸に大学発ベンチャー・エコシステム形成 ―

(1) 研究開発センターの設立

　東北大学の産学連携の取り組みは、大学等技術移転促進法（TLO法）の成立（1998年5月、同法施行が8月）より早く、研究開発センター＝東北大学**未来科学技術共同研究センターNICHe**を設立（1998年4月）したところから始まる。同年（1998年）11月には、TLO＝株式会社東北テクノアーチ（東北地域国立大学等TLO）を設立し、2002年にはNICHeの起業支援施設＝ハッチェリースクエア完成を経て、2003年に、VC＝東北イノベーションキャピタル株式会社（東北VC）と産学連携推進組織＝東北大学研究推進・知的財産本部が設置に至る（2005

---

[14] 「特集・東大の力　日本を救えるか」『日経ビジネス』第2044号（日経BP、2020年6月8日）を参照。

年にリエゾン機能を NICHe から吸収）。2007年に、中小機構と連携し、インキュベータ＝東北大学連携ビジネスインキュベータ T-Biz が建設される。2015年には、東北大学ベンチャーパートナーズ（「官民イノベーションプログラム」による）が設立され、大学全体の産学連携推進組織も「東北大学産学連携機構」として再編された。

　東北大学は東京大学と同様、TLO と大学 VC を早期に設立し大学発ベンチャー育成の体制を整備したが、研究開発センターをまず設立し、それを軸に他の産学連携機能を整備した点に特徴がある。

⑵ NICHeニッチェの意義

　NICHe はなぜ先行設立できたのか。関係者へのインタビュー（長谷川史彦センター長、西澤昭夫教授など）によれば、当時の文部省は国立大学への共同研究センター設立を進めていたが、東北大学は、民間企業での経験・知見（VC のジャフコ時代のアメリカ・ボストン等での調査等＝ MIT のリンカーン研究所発ベンチャーのミニコンピュータメーカー DEC の大成功）に基づく西澤昭夫教授（1997年4月経済学部教授就任）の研究開発センター設立提案を受けて、共同研究センターを NICHe として設立した。

　組織名称の日本語表記は、「未来科学技術共同研究センター」だが、英文表記では、〈New Industry Creation Hatchery Center ＝ NICHe〉、つまり、大学の研究シーズの事業化＝新産業創造・孵化センターであった。Hatchery ハッチェリー＝孵化＝発明から市場性機能確保（試作品開発）がうまく行かなければ、Incubator インキュベータ（＝保育器）に入っても成長できない、との考え方に立っていた[15]。それゆえ、2002年には早くも、Hatchery Square ハッチェリースクエア（未来情報産業研究館）を設立する。NICHe もハッチェリースクエアも青葉山の大学構内に設置されているが、利益相反マネジメントにより厳重に出退管理されてい

---

[15]　西澤昭夫「Hatchery Square と NICHe の新たな課題」『NICHe news volume 3』（東北大学未来科学技術共同センター、2002年7月刊）を参照。

る[16]。

⑶ NICHeの仕組み

　NICHe のミッションは、「国際標準を目指した産学連携システムのモデル作り」であり、東北大学の先端的研究成果を新産業分野の創出に結びつけることである。後述のように、研究センターの「自立モデル」として実績を上げているが、その仕組みの基本は、「権利と義務の明確化」である。

　これは研究者が研究専念できる環境（制度、スペース）を整備するかわりに（権利）、研究者は外部資金（当初は約1億円）で体制を整え数年の研究で「優れた実績と成果」を上げる（義務）、という仕組みである。「権利」は、研究専念（教育、管理運営からの解放＝授業、教授会・委員会等不参加）、専用研究スペース（NICHe 本館等、専用研究スペース15,500㎡超）、柔軟な教職員人事制度（専任教員、特任教員、研究者等）、関連事務サービス提供の4点。「義務」は、研究資金の自己調達（当初1プロジェクト外部資金1億円の大規模産学共同研究）、プロジェクト有期限（3〜5年）、優れた実績と成果（学内審査、外部評価）の3点である。コンプライアンスの徹底も図る（資金、利益相反、安全保障）。

　重要なのは、大規模研究プロジェクトを確保して「優れた実績と成果」を出すためには、研究チームのリーダー（エース級研究者）とテー

---

16) 西澤昭夫「大学発ベンチャー企業における利益相反マネジメント」（『整形・災害外科』第60巻第2号、2017年）を参照されたい。以下のように指摘する。米大学は1980年代に研究大学（Research 大学＝R大学）から企業家大学（Entrepreneurial 大学＝E大学）に移行（第2次大学革命）する。E大学は、メインキャンパスとは異なる産学連携の拠点＝リサーチパークを持つ。研究開発センター、TLO、インキュベータ等ベンチャー輩出等の営利の部門を持つ。メインキャンパスとリサーチパークを峻別することが利益相反の基本。東北大学のハッチェリースクエア（未来情報産業研究館）は厳密な情報管理下にある。日本では、この点（R大学からE大学への移行）の認識が弱く、依然として、研究者の利益相反に矮小化している。

マ（５年先を見たテーマ）（＝モード２型研究）選びである。これは、運営委員会（学部・研究科を超えた理系研究者等で構成）や開発企画部（特任教授等専門人材16名）で、検討している。開発企画部はシーズ・ニーズマッチングやベンチャー起業支援の中核機能を担う。

⑷ NICHeの実績・成果 ─ 20年間に、年間約25億円、75研究プロジェクト ─

　NICHe 設立からこの20年間に、２つの研究プロジェクトの進め方の変化があった。

　まず、2004年度から「産学連携促進研究プロジェクト制度」を新設し、兼務教員のプロジェクト・リーダーの受け入れをスタートさせた。エース級研究者の移籍（研究科から NICHe へ）困難の壁を越える措置である。エース級研究者・教授＝兼務リーダーとし、若手研究者参加の研究チームで研究プロジェクトを展開する（若手研究者の育成にもなる）。さらに、2008年度から、新人事制度を導入し、特定有期雇用で正教員の採用を可能にした。外部資金による正教員＝プロジェクト・リーダーの採用制度である。これは、実質的に、定年（65歳）を迎えた名誉教授の採用と研究専念制度、東北大学のブランドを創る研究プロジェクトである。

　こうした制度改革の結果、NICHe 定数研究者（15名）、兼務教員、名誉教授がリーダーのプロジェクトの割合は、３：３：３、つまり、概ね３分の１ずつになっている。但し、獲得外部資金の額は大きく異なる。名誉教授のプロジェクトが平均１〜２億円、兼務教員が約１億円、定員枠教員（NICHe 専任教員）が約5,000万円である。

　こうした研究プロジェクトの進化により、定数15人の研究集団（NICHe）が現在400人の規模に成長し、累計75の研究プロジェクトを、年間約25億円の外部研究費を確保して、継続することが可能になった。その結果、NICHe は、経済的にほぼ自立し、研究の事業化ができている（学内交付金はほぼ全て間接経費に充当）、と評価できる。

⑸ NICHe発ベンチャーの輩出 ― 東北大学発ベンチャー35社輩出 ―

　75の研究プロジェクトで、ベンチャー35社を起業した。研究プロジェクトのメンバーの起業の判断は、プロジェクトのリーダーが行う。プロジェクトの大半は、3〜5年のうちに、ベンチャー起業を目指す、と計画のなかに入っている。中間評価の段階で起業し、そのための資金、アクセラレータ等もNICHeの方で用意する。外部のVCとかメンターなどとの連携ネットワークを活用して支援する。NICHe本館に隣接するインキュベータT-Bizには多くのNICHe発ベンチャーが入居している。今後は、成長支援が重要になる。東北マイクロテック、マテリアル・コンセプト、ボールウェーブなど有望なベンチャーが輩出している。

⑹ 東北大学産学連携機構 ― 主な事業展開 ―

　東北大学全体の産学連携は産学連携機構が担っている。2015年度にスタートした同機構は、研究開発組織と中核組織から構成され、前者はNICHeを始めとする8つの研究開発センター、後者は企画室のもとに、知的財産部、総合連携推進部、地域イノベーション推進部、事業イノベーションセンター、イノベーション戦略推進センターの5部門の業務を担っている。

　当機構は、概ね、次のような活動を行っている。研究シーズの紹介（研究シーズ集の刊行）→技術面での相談（技術相談）→産学連携の実施（教員等による学術指導、共同研究、受託研究）→共同研究講座・部門の設置（企業と本学が共同で学内に講座等研究部門設置）→ビジョン共創型パートナーシップ（協力が可能な分野での企業等と本学との組織的連携によるビジョンの実現を目指す共同研究）→研究成果・発明の社会還元（知的財産・特許のライセンス）→研究成果を活用した新産業創出（研究成果の事業化、大学発ベンチャー起業支援）。

　ベンチャー起業支援については、THVP等VCの投資充実等による東北大学発ベンチャーの「2030年度末までに100社創出」（「東北大学ビジョン2030」）を目指して、起業家教育プログラム＝EARTH on EDGE

による起業家育成、ビジネスプランコンテスト開催、事業性検証支援（ビジネス・インキュベーション・プログラム BIP）、「東北大学スタートアップガレージ TUSG」による起業文化醸成等体系的な支援を展開する。

⑺ 小括

　東北大学は、大学等技術移転促進法成立（1998年5月）前から、産学連携の体制整備を開始した。東京大学とは異なり、「国際標準の産学連携システム」づくりを目指して、研究開発センター＝未来科学技術共同研究センター NICHe を1998年4月に設立する。「国際標準」とはアメリカでベンチャー輩出を先導した MIT などの事例を参考にした産学連携の仕組みを指す。

　NICHe のシステムは、エース級研究者（学部から NICHe に移籍、教育から解放され研究専念）が大型研究資金（億円単位の産学共同研究）を確保し、研究プロジェクトチーム（若手研究員等雇用）での数年の研究で成果を出す（ベンチャー企業創生等）という仕組みである。研究テーマや参加研究者は NICHe の運営・専門組織で検討する。この研究システムは、戦前の理研の主任研究員制度の現代版と言えるかもしれない。

　NICHe はこの20年間に大きな成果をあげた。年間約25億円の外部研究資金を確保し、75の研究プロジェクトを展開し、ベンチャー企業35社を輩出した。NICHe の組織も、学内定数15人の組織が現在400人の規模に成長した。そして、経済的にほぼ自立し、研究の事業化に成功している。この点も、戦前の理研に近似する。

　NICHe は、「モード2」研究の事業化を柱に大学発ベンチャー・エコシステムを確立したと言えるが、現在はさらに、東北大学全学に及ぶエコシステム形成へと前進しつつある、と言える。

3 鶴岡エリア ― バイオ研究・産業拠点と地域エコシステム形成 ―

「鶴岡の奇蹟」[17] と呼ばれる山形県鶴岡市におけるバイオ研究・産業拠点形成事業＝ IAB プロジェクトは、大きな成果をあげる。その要因として、〈4つの幸運〉＝〈セレンディピティ〉[18] の連鎖の効果を指摘することができる。

(1) 鶴岡市の大学研究所誘致

山形県鶴岡市におけるバイオ研究・産業拠点形成事業は、鶴岡市（庄内開発協議会、山形県）の大学誘致に始まる。庄内開発協議会（会長：鶴岡市長・富塚陽一氏）は、1998年2月、「酒田市に学部、鶴岡市に大学院」との結論を出す。危機感を持った鶴岡市はアドバイザー役であった慶應義塾大学に相談して、同大学の研究センター誘致に踏み切る（2001年開設予定）。

富塚市長はなぜ、研究センター誘致を要望したのか。当時、庄内地域農業の優位性の基盤である山形大学農学部＝研究・教育の拠点の移転問題が生起しており、その代替機能を求めたためである[19]。1999年3月締結の3者協定（慶應義塾、山形県、庄内地域14市町村）では、鶴岡市側は同大学附属研究センターの施設提供と研究活動支援による産業振興等を図るとされた。

慶應義塾はどうして協定締結に応じられたのか。研究所進出の大学な

---

[17] 西澤昭夫／大滝義博編著『大学発バイオベンチャー成功の条件 ―「鶴岡の奇蹟」と地域 Eco-system ―』（創成社、2014年10月）を参照。

[18] セレンディピティ serendipity とは、ある目的を追求中に目的とは別に得られた想定外の新しい成果（掘り出しもの）を指す。イギリスの小説家ホレス・ウォルポールが1754年に使用した造語。外山滋比古『思考の整理学』（ちくま文庫）を参照。〈セレンディピティの連鎖〉の表現は、西澤昭夫氏のアドバイスによる。

[19] 西澤他前掲書『ハイテク産業を創る地域エコシステム』の289頁を参照。

ど当時はなかった（現在もないが）。慶應義塾大学は当時、オフキャンパス戦略＝「先端研究教育連携スクエア」設立を開始しており（慶應義塾大学は1999年2月に川崎市と提携、2000年7月に先端的研究開発拠点研究室＝「K²〈ケイスクエア〉タウンキャンパス」を新川崎地区に開設。大規模研究プロジェクトの15研究室が入室）、鶴岡でも可能と判断した。鶴岡市にとっては誘致相手が慶應義塾であったことが、第1の〈幸運〉であったと言えよう。

⑵　最先端生命科学系の新研究所設立

　しかし、慶應義塾の側は、どのような研究所にするか、二転三転する。1999年3月の3者協定時の「環境科学研究センター」構想は想定した有名国立大学の研究者に拒否され、続く学内研究室の進出（川崎方式）も頓挫する。いずれも、山形県鶴岡市という遠方の地方赴任が忌避されたためである。

　当時の検討メンバーで研究所構想を依頼された最年少の冨田勝氏（SFC、環境情報学部）は、若手研究者を対象に、「オンリー・ワンで世界トップを目指す最先端研究」＝「ITとバイオサイエンスの融合を図るシステム・バイオロジー」の研究を目指し、かつ、新たな研究所像（ゆとりある研究環境、自由な研究テーマ、研究室を廃止しプロジェクト制採用、柔軟な予算制度等、脱/超・日本的研究所）を提示することにより、若手研究者が活躍できる研究所を提案する。慶應義塾首脳部や山形県知事もこの提案を了承する。冨田氏は、研究テーマと研究活動のハード・ソフト両面で脱/超・日本的研究所の実現を目指したのである。これにより、メタボローム解析技術の民間企業研究者の曽我明義氏の設立時からの参加も実現する。研究所長は当然、冨田勝氏が引き受けることになる。

　このバイオ系の新研究所構想が実現し、2001年4月に、慶應義塾大学先端生命科学研究所 Institute for Advanced Biosciences ＝ IAB が開設される。冨田教授の新研究所構想の実現は、第2の〈幸運〉であった。ここに、地学連携の IAB プロジェクトがスタートする。

⑶ 外部専門家の戦略的支援とバイオベンチャーの早期起業

2003年7月、IAB設立わずか2年で、IAB発バイオベンチャー第1号ヒューマン・メタボローム・テクノロジーズ株式会社＝HMTが創業し、その後もバイオベンチャー起業が続き、6社になる。

HMTは、なぜ早期に起業できたのか。端的に、外部専門家の献身的支援による。つまり、IABの客員教授（日経バイオ編集長）の宮田満氏が、メタボローム解析技術の新技術を活かすベンチャー創業が不可欠と考え、旧知のベンチャーキャピタリストVCの株式会社バイオフロンティアパートナーズBFPの大滝義博社長を冨田所長に紹介する。

大滝氏は、鶴岡でのバイオ産業発展の方向性（2002年11月の市主催研究会で、バイオ産業の世界拠点形成、バイオベンチャー起業とレンタルラボ＝インキュベータ整備等）を提示するとともに、自ら、バイオベンチャー第1号HMT社の社長に就任する。曽我明義氏がすでにメタボローム解析技術・装置の特許を取得し（2002年8月、CE-MS装置）、自ら手作りの試作装置でメタボローム解析の各種データを集積・蓄積しており、すぐ事業化可能と判断したためである。また、3段階の事業戦略（大手食品会社等との共同研究→メタボローム解析装置の製造→創薬の臨床研究データの解析・提供）も明示し、創業期を乗り切り、2008年1月に退任する。

もう1つ重要なのは、大滝氏と冨田所長、宮田氏の3人による**「鶴岡バイオ戦略懇談会」**（2004年1月から2013年まで16回開催）が指導的機能を果たしたことである。この懇談会は、上記の大滝氏の提起の具体化事業全般（レンタルラボとサイエンスパーク構想、メタボローム産業の形成、広報、高校生サマーバイオカレッジ等）を市等に提言した。東京との人材等ネットワーク形成にも尽力した。この懇談会は、まさに、IABプロジェクト立ち上げのヘッドコーターの役割を果たしたのである。こうした外部専門家の支援は、第3の〈幸運〉と言うほかない。

⑷ 鶴岡市・山形県の地域・産業活性化への執念

3者協定は、第1期（2001年度〜2005年度）から第5期（2019年

度～2023年度）まで5期20年超の長期にわたる（第2期から、世界的バイオ研究拠点形成と地域活性化が明文化される）。鶴岡市・山形県の財政支援（研究所人件費含む）は、第1～4期総額約170億円（市・約69億円、県・約101億円）にのぼる（市・県各3.5億円/年と市・県の基金からの1.4億円）。従来の工場誘致等短期の支援を超えた長期の協定と財政支援の継続は、第1期の成果（HMT社起業や鶴岡サイエンスパーク稼働等）の発展による地域・産業活性化を企図した市・県側の「背水の支援」であったと言えよう。

　なぜ、長期かつ多額のIABプロジェクト支援が可能になったのか。端的に、富塚鶴岡市長がトップとしてプロジェクトを長期（1998～2009年の10年超）に主導し、後継の榎本政規市長（2009～2017年の8年）も富塚路線を継承し、「地域の主導性とブレない一貫性」[20] をもって、IABプロジェクトを推進できたためと言える。その意味で、富塚市長はIABプロジェクトのインフルエンサー Influencer[21] の役割を担った。これが、第4の〈幸運〉である。

(5) 成果 ― 地域エコシステム形成による新しい地方イノベーションモデル ―

IABプロジェクトの成果を見ておきたい。

- ■ **世界的バイオ先端研究拠点**……IABの冨田勝所長は、2005年に欧米の研究者とともに国際メタボローム学会（本部・ボストン）を設

---

[20]　西澤/大滝前掲書『大学発バイオベンチャー成功の条件』157頁。

[21]　富塚陽一市長は、ボストン・MITのコンプトン学長、シリコンバレー・スタンフォード大学のターマン教授、オースチン・テキサス大学のコズメッキーに代表されるインフルエンサーであり、「地域エコシステムの構築には、リーダーシップを発揮するInfluencerが出現するという、地域におけるセレンディピティ（serendipity）も必要だったともいえる」。この点は、西澤昭夫他前掲書『ハイテク産業を創る地域エコシステム』の81～82頁、西澤/大滝前掲書『大学発バイオベンチャー成功の条件』の158～162頁を参照。

立し、同国際会議も鶴岡市で開催し、鶴岡を世界的なバイオ研究拠点とした（2017年に同学会「終身名誉フェロー」を冨田氏受賞）。冨田氏は、IAB＝アカデミックベンチャーと位置づけ、基盤研究（遺伝子、核酸・RNA、タンパク質、代謝物質、バイオインフォマティックス研究等）と応用研究（健康・医療、環境・エネルギー、農業・食品）を約200名の研究員・技術者・院生で推進し、700件超の学術論文（英文）を国際専門誌で発表するとともに、50セットものメタボローム解析装置を装備し、教育・共同研究に活用している。IABは、バイオのモード2型研究の拠点に発展した。

- **バイオベンチャー6社起業**……HMT社創業後、Spiber株式会社（スパイバー、2007年）、株式会社MOLCURE（モルキュア、2013年）、株式会社サリバテック（2015年）、株式会社メタジェン（2015年）、株式会社メトセラ（2016年）の5社が創業、2013年12月HMTが東証マザーズに上場する。10年で、バイオベンチャー6社、上場企業1社（山形県内初）の成果をあげる。

- **鶴岡サイエンスパーク**……IABは、センター棟（鶴岡公園南部地区）とバイオラボ棟（北部地区）の2地区でオープンする。鶴岡サイエンスパーク（21.5 ha）は、国の助成制度を活用して、IABバイオラボ棟、先端研究産業センター（2005年から整備開始、インキュベータ、合計62室、満室で2020年にレンタルラボ20室追加）、スパイバー社の本社・試作研究棟（小島プレスと共同）、宿泊施設「ショウナイ・ホテル・スイデンテラス」と子育て支援施設「キッズドーム・シライ」（民間企業整備）が整備され、IAB発バイオベンチャー、西川計測等バイオ関連企業に加えて、理化学研究所植物科学研究センターや国立がん研究センターのがんメタボロミクス研究室等研究機関が入居する（2020年時点）。550人が働くメタボローム研究のメッカ＝世界的バイオ研究開発拠点＝日本初の本格的サイエンスパークとして発展している[22]。

---

22) 鶴岡サイエンスパークの経済波及効果は、山形銀行『サイエンスパークのさら

- **全県バイオクラスター形成 ── やまがたブランド新商品開発 ──**……
山形県は2009年からメタボローム解析技術を活用した新商品開発（IABと県内企業の共同研究による新商品開発事業）を開始し、2011年度に「山形県バイオクラスター形成推進会議」を設置し、バイオクラスター形成に乗り出す。IABの技術と企業のニーズのマッチング＝共同研究を担う産学官連携コーディネーター（4名）を配置し新商品開発を推進する。2012～2018年度に合計59件の共同研究を実施し、県産米「つや姫」、生ハム、マッシュルーム等やまがたブランドの食品が商品化している。さらに、スパイバー社の「人工合成クモ糸」を活用した合成クモ糸繊維の産業化に向けた「山形県合成クモ糸繊維関連産業集積会議」もスタートした（2014年度）。

- **健康づくり等地域活性化**……さらに、メタボローム解析技術を活用した、地域貢献・活性化の活動も展開されている。「健康づくり活動」（「鶴岡みらい健康調査」等）、「高校生対象の教育プログラム」（地元・全国の高校生向けバイオ系教育プログラム）、「高校生研究助手プログラム」、「特別研究生制度」（将来、博士を目指す高校生対象）、「高校生バイオサミット in 鶴岡」（全国の高校生が夏休みに鶴岡でバイオの自由研究の成果発表等）、その他セミナーや学会、国際会議の開催を展開している。

なお、多大な成果を上げた冨田勝所長は2023年3月末に退任、同年

なる発展に向けて ── 鶴岡市委託事業　慶應義塾連携協定地域経済波及効果分析等業務・調査結果概要 ──』（2019年3月29日）（鶴岡市Webサイトに掲載）を参照。波及効果は、約500人の雇用増、交流人口（鶴岡市への訪問者数）も年間3,000人規模で増加傾向、研究者は270人（うち市内常住者130人）で就業者に占める研究者の割合は0.2%で東北地域都市では第3位等。経済面では、サイエンスパークの集積企業等が鶴岡市経済にもたらす経済波及効果は、年間30.77億円にのぼる。うち、ベンチャー企業が22.6億円にのぼり、税収効果も、8,400万円と推計。

4月同大学環境情報学部・荒川和晴教授が新所長に就任した。

(6) 小括

鶴岡エリアにおけるバイオ研究・産業拠点形成事業＝慶應義塾大学先端生命科学研究所 IAB プロジェクトは、〈4つの幸運〉＝〈セレンディピティの連鎖〉により大きな成果をあげた。

オフキャンパス戦略を始動していた慶應義塾大学研究所を誘致・新設できたこと（地域への研究所立地の大学はない）、最先端のシステム・バイオ研究を自由に展開する新研究所構想を具体化できたこと（脱/超・日本的研究所）、外部専門家の支援により技術移転・ベンチャー企業創生が可能になったこと、地域側（鶴岡市・山形県）の長期の財政等支援が継続したことの〈4つの幸運〉である。

IAB プロジェクトは、世界的バイオ先端研究拠点の形成、バイオベンチャー6社の創業、鶴岡サイエンスパークの建設、山形県全県バイオクラスター形成への拡大、健康づくり等地域活性化など大きな成果を上げている。

こうした成果を上げた事業を推進した鶴岡の地域エコシステムは、「技術とヒトの一定の集積」＝「準備期」から、インフルエンサー主導による地学（産学官）連携支援（鶴岡市・山形県）によりベンチャー輩出＝「発展期」へと発展し、成功企業の輩出によるベンチャー簇業＝「確立期」へと進みつつある[23]と、西澤昭夫氏は評価する。

私見では、さらなるベンチャー簇業（確立期）に向けては、IAB の研

---

[23] 西澤昭夫氏は、NTBFs 簇業・成長・集積の地域エコシステム構築モデルとしての3段階移行モデルを提示する。「準備期」（企業家大学などにおける技術とヒトの一定の集積）＝必要条件→「整備期」（Influencer の創発による支援組織との結合による簇業と成長の支援活動の展開）＝十分条件→成功企業の出現を経て「確立期」（NTBFs の集積、地域エコシステムの承認と地域への組み込み、地域文化、新産業集積）。西澤昭夫他前掲書『ハイテク産業を創る地域エコシステム』の50〜58頁、西澤/大滝前掲書『大学発バイオベンチャー成功の条件』の第5章（151頁以降）を参照。

究体制の継続・発展、一層の集積によるバイオ研究・産業拠点化、研究資金等の継続確保の3点が必要になる。この鶴岡エリアでの成功事例は、地方においても、環境条件をそろえることができれば、ハイテク・ベンチャー創生も可能であることを示す。

4　つくばエリア ― テック系ベンチャー拠点と地域エコシステムの形成 ―

⑴ つくばエリアのベンチャー起業は200社超

筑波研究学園都市＝つくば地域には、筑波大学、産業技術総合研究所（産総研）、農研機構、JAXA 等29の国等の研究・教育機関、約200の民間の研究機関・企業が集積し、約20,000人の研究者が活動し、200社超のベンチャー企業を生んでいる。つくばエリアは、大規模なテック系シードの宝庫である[24]。

筑波大学発ベンチャーは、2018年度に140社に達し、経産省調査では111社で、東大、京大に次いで、全国3位であった。上場企業1社（CYBERDYNE 株式会社）、資金調達額は2015年度以降の累計約77億円、ベンチャーの主な事業分野はバイオ系、システム開発系、食品・スポーツ系などである。他方、産総研は、技術シーズを有する研究者と外部経営人材＝スタートアップ・アドバイザー SA が「スタートアップ開発戦略タスクフォース」＝ TF を立ち上げ、ベンチャー創業を推進している。産総研発ベンチャーは、2019年度時点で累計147社（うち IPO 1社）、主な技術領域は生命工学、情報・人間工学、エレクトロニクス・

---

[24] つくばエリアにおけるベンチャー支援制度は、木村行雄「産総研におけるベンチャー育成システム」『新産業政策研究かわさき2010第8号』（〈公財〉川崎市産業振興財団新産業政策研究所、2010年6月）、木村行雄「日本における大学発ベンチャーに関するベンチャー支援面からの考察」『新産業政策研究かわさき2017第15号』（同前研究所、2017年5月）、木村行雄「〈つくば〉における技術ベンチャー起業支援の仕組みと成果・課題」『新産業政策研究かわさき2019第17号』（同前研究所、2019年5月）を参照。

製造などである²⁵⁾。

(2) 筑波大学の産学連携とベンチャー育成

　筑波大学は、国際産学連携本部（2014年度設立）で全学の産学連携事業を一括して運営する。10の系（学部）（情報系、バイオ系等）、研究センター（16拠点等）、7開発研究センター（2015年発足、外部資金の5年超プロジェクト）の、共同研究、知的財産、技術移転、ベンチャー、起業家教育を担う。組織面では、民間企業出身の研究者・技術者を中心に、共同研究・技術移転マネジャー（15名）を擁する。承認TLOと大学ベンチャーキャピタルは設立していない。

　筑波大学のベンチャー育成支援は、資金・場所の提供支援とアントレプレナーシップ教育の2つの柱で推進する。前者は、ベンチャー創業の「起業シーズ発掘」と製品化・共同研究の「シーズ開発」の2つを目標にして4つの公募事業を展開する。「産学連携推進プロジェクト」（2004年～、教員・学生の提案に資金と場所を提供、30の部屋を無料貸与、2018年度：40件応募で10件採択）、「共同研究実用化ブースト事業」（2017年～、若手教員・研究者の学内の系連携共同研究提案プロジェクト、集まった系の数×100万円の研究費供与、2018年度：40件応募で10件採択）、「つくば産学連携強化プロジェクト」、「TIA連携プログラム探索事業『かけはし』」。採択提案は、ベンチャー起業や製品開発に進み、非採択提案は起業家教育等他の訓練等を受け、再チャレンジに回る。

---

25)　つくばエリアにおけるベンチャー企業については、木村行雄『つくば発ベンチャー企業とイノベーション』（ココデ出版、2012年3月）、木村行雄「つくば発ベンチャー企業の戦略と展開」『新産業政策研究かわさき2013第11号』（同前研究所、2013年5月）、木村行雄「産総研技術移転ベンチャー・筑波大発ベンチャーに関する最近の状況からの考察」『調査情報2018年3月号 No. 47』（筑波総研株式会社、2018年3月）を参照。

⑶ 産総研の研究とベンチャー育成

　産総研は、研究員約2,300人（うち、任期付き約300人、他に、企業、大学等の派遣研究員が約5,000人、テクニカルスタッフ約1,500人）で、幅広い研究領域（環境系、材料系、エレクトロニクス系、情報系、生命工学系、計量標準系、地質系）で、大企業との受託・共同研究・技術移転を担う。いわゆる事業化志向の「第2種基礎研究」（吉川弘之理事長）[26]を展開する。

　産総研の研究成果を活用したベンチャー育成（「産総研の技術移転の社会実装」）は、吉川弘之理事長時代の2002年に始まり、現在、「スタートアップ開発戦略タスクフォースTF」制度が担う。TF制度は、技術シーズを有する研究者（公募で選考）と外部経営人材＝スタートアップ・アドバイザーSA（いわゆる客員起業家制度＝Entrepreneur in Residence EIR。産総研が公募で経営能力評価し雇用）がTFを立ち上げ、2年間でベンチャー創業を目指す仕組みである（産総研がビジネス化までの研究開発資金提供）。創業後は、SA＝CEO、研究者＝CTOとなる（研究者はCEOにはなれない）。また、知財の独占実施権許諾や施設利用等の支援を受けることができる。研究者自身が起業するケース（非TF）も多い。現在活動中の産総研発ベンチャー100社（2019年時点）は、TF発37社＋非TF発63社であり、TF発ベンチャーは40%弱を占める。

⑷ つくばエリアでの起業シーズの大規模発掘

　筑波大学は、産総研等国研と連携して、公募による年間約200件の起

---

[26]　産業技術総合研究所（2001年設立）の初代理事長の吉川弘之氏が提起した概念で、「複数の領域の知識（第1種基礎研究）を統合して社会的価値を実現する研究」を指す。吉川弘之「発刊に寄せて　第2種基礎研究の原著論文誌」（『Synthesiology〈構成学〉』創刊号、産業技術総合研究所、2008年1月刊）、小林直人他著「学術誌『Synthesiology（シンセシオロジー）』のこれまでとこれから　イノベーション創出のための構成型研究をめざして」（『情報管理』2013 vol. 55 No. 10）を参照。

業シーズ発掘を行っている。上記の大学の研究者・学生対象の「産学連携推進プロジェクト」と「共同研究実用化ブースト事業」以外に、「つくば産学連携強化プロジェクト」（2015年〜）を展開し、筑波大学と産総研等国立研究機関の合同起業シーズプロジェクトに資金を提供する。2018年度の応募目標＝70件／年、応募実績＝50件／年、採択20件／年であった。また、産総研は、TIA連携プログラム探索事業「かけはし」（2016年〜、応募目標＝70件／年）も実施している。

⑸　つくばエリアでの起業家教育プログラム

　筑波大学は、**5層の起業家教育プログラム**で、年間約300名の起業家育成を目指す。学群（部）１年次に「次世代起業家養成講座」（入門編）、学群（部）生（１〜４年次）に「TCC Basic」（起業意識醸成とビジネスプラン作成、基礎編）と「経営・知財知識講座」（理論編）、学群（部）生と大学院生に「TCC Advanced」（外部講師指導による実戦的ビジネスプラン作成・投資家の前でプレゼン、実践編）の４層のプログラムに、2017年度から、EDGE-NEXTプログラムが加わった。

　EDGE-NEXTプログラム（主幹機関＝東京大学）は、つくばエリアの学生の研究者・起業志望者（40名）を対象にした起業家教育プログラムであり、実践的なビジネスプラン作成を行う。９人の起業家・専門家の講師・メンターが、集合研修→顧客調査→メンタリング→ビジネスプラン修正を４回繰り返し、最終案をプレゼンする。2017年度は、参加者56人・22チーム、うち筑波大学39人、国立研究機関13人で、地域連携で展開し、２社起業した。

⑹　つくばエリアのベンチャー・エコシステム

　筑波大学は2018年度に、次のベンチャー・エコシステムのフロー＝仕組みを提示した。

〈ａベンチャー育成〉→〈ｂ会社設立〉（上場・成長）→〈ｃ共同研究＋ｄ寄付＋ｅストックオプション〉→〈ｆ資金運用〉→〈ｇ人材育成投資〉→〈ａベンチャー育成〉

　大学は教育研究活動や起業家教育によりベンチャーを育成（ａ）する。ベンチャー企業は会社を設立（ｂ）成長し、新産業の創出や経済活性化に貢献する。そのなかで、ベンチャー企業は、大学との共同研究（ｃ）、大学への寄付（ｄ）、大学への利益還元＝ストックオプション（ｅ）の資金を得て、その資金運用（ｆ）で、大学の人材育成投資（ｇ）が可能になり、大学の教育・研究や起業家教育の充実に貢献する。

　2018年度には、実際、（ｃ）は「大学発ベンチャーとの大型の共同研究」が、ピクシーダストテクノロジーズ㈱と TNAX Biopharma㈱との間で成立した。（ｄ）は「大学発ベンチャーからの寄付」が、ストリームテクノロジ㈱とソフトイーサ㈱等から、あった。（ｅ）は「大学発ベンチャーのストックオプション保有」が、ピクシーダストテクノロジーズ㈱と TNAX Biopharma㈱で成立した。（ｇ）は「大学発ベンチャー社長による後進の教育」が、フラー㈱渋谷社長、ソフトイーサ㈱登社長他で実現した。ベンチャー・エコシステム実現に向けた規制緩和（大学構内での会社登記、ストックオプション規定等）も進み、エコシステム形成を促進している。

　こうした大学発ベンチャー・エコシステム形成の明確な提示は全国初の試みであり、一層の深化、つくばエリアへの拡大が期待される。

⑺ つくば市スタートアップ戦略

　筑波大学や産総研等国研が立地するつくば市は、2018年12月に、つくば市の大学・研究機関発技術ベンチャー育成に焦点を当てた〈**つくば市スタートアップ戦略**〉（2019〜2022年度）を発表する（元フラー共同創業者の高瀬章充氏が2018年４月につくば市スタートアップ推進監に就任、戦略策定主導）。同戦略のベンチャー育成の概要は次の通り。

　　▪ヴィジョン ……STAND BY STARTUP（スタートアップに寄り添う「スタンドバイ・スタートアップ」）、DEPLOYMENT CITY TSUKUBA（科学技術が社会実装されるまち「ディプロイシティつくば」）の２つを明示した。

- **創業初期の支援**……ベンチャー創業初期の「潜在的起業希望期～創業期」と「創業期～事業化期」の2つの時期に重点的支援策を行う。
- **主要施策**……つくば市産業振興センターのリニューアル（交流、コワーキング等）、研究機材ハッカソン・シェアリングの実施（技術ベンチャーの実験等の環境整備）、つくば版 SBIR の実施、スタートアップ向け社会実装トライアル支援（つくば市「つくば Society 5.0 社会実装トライアル支援事業」）の4本。

⑻ 小括

つくばエリアは、筑波研究学園都市として研究機能が大量に立地・集積した地域（大学・研究機関等約200、研究者約20,000人）である。

このなかで、筑波大学は、資金・場所の提供支援と起業家教育の2本柱でベンチャー創生を推進し、産総研は「モード2研究」（第2種基礎研究）を基盤に「スタートアップ・タスクフォース制度」でベンチャー創生を推進してきた。その結果、筑波大学と産業技術総合研究所（産総研）は各約100社、合わせて約200社のベンチャー企業を輩出している。

さらに、つくばエリアでの共同事業が強力に展開しつつある。筑波大学と産総研等国立研究機関合同の起業シーズプロジェクト、研究者・学生対象の起業家教育プログラム（EDGE-NEXT プログラム）、さらに、筑波大学のベンチャー・エコシステムの推進等である。これに、近年、つくば市が〈つくば市スタートアップ戦略〉（2019～2022年）を策定し、参加している。これにより、従来に増して、技術ベンチャー育成の地（つくば市、茨城県含め）・学（筑波大学等）・研（産総研等国研）の連携が明確になった、と言える。政府の「スタートアップ・エコシステム拠点都市」にも東京圏の都市として選定され、つくば地域は本格的な地域エコシステム形成の時期に入ったと言えよう。その内実形成を目指して、独自の〈つくば版地域エコシステム〉形成に進むことが望まれる。

5　川崎エリア ─ 大都市型ベンチャー集積と地域エコシステム形成 ─

⑴　川崎市におけるベンチャー新集積の形成

　川崎市は、かつての京浜工業地帯の中心都市であったが、グローバル経済化にともない、多くの大企業の生産機能（工場跡地）は研究開発機能（民間企業研究所）とベンチャー企業の新集積地へと転換した[27]。

　川崎市の工場跡地の再開発整備等で、新たな研究開発機能やベンチャー企業の新しい集積がこの30年間に、溝の口地区（KSP）、新川崎地区（新川崎・創造のもり計画）、臨海部殿町地区（国際戦略総合特区のキングスカイフロント地区）の３地区に形成された。

　溝の口地区には、株式会社ケイエスピー（KSP）が1986年に設立され、翌1987年にインキュベーション事業（「民活法」認定第１号リサーチ・コア）を開始し、現在はわが国最大のインキュベータに成長した。新川崎地区は、「新川崎・創造のもり計画」（1999年）の下で、川崎市と慶應義塾の連携協定に基づく慶應義塾大学先端研究教育連携スクエア「K²キャンパス」（新川崎第１期事業）が2000年に開設される。かわさき新産業創造センターKBIC（本館）（2003年、第２期事業）、NANOBIC（2012年、第３期事業）、AIRBIC（2019年、第３期事業）が引き続き建設され、敷地全体の整備が完了する。さらに、多摩川を挟んで羽田空港に隣接する臨海部の殿町地区は国際戦略総合特区（キングスカイフロント地区）の指定を受け、ナノ医療イノベーションセンターiCONMが開設される（2015年）。大学・民間企業研究所、ベンチャー企業、インキュベータ等多様な研究開発、ベンチャー企業の新集積が形

---

[27] 川崎市の産業構造の生産機能から研究開発機能への転換については、原田誠司「第１部　いま、元気な企業とは？　その元気要因を探る」『川崎元気企業』（〈公財〉川崎市産業振興財団編、日本評論社、1998年４月）、また、最近のイノベーション都市の状況については、原田誠司「第１部　川崎市経済・産業と国際イノベーション都市・川崎の新展開」『新・川崎元気企業』（〈公財〉川崎市産業振興財団編、神奈川新聞社、2013年８月）を参照。

成された[28]。

⑵ 溝の口地区の新集積：KSPの事業展開 ―〈ベンチャー総合育成セ
ンター〉に発展 ―

かながわサイエンスパークKSPは、設立以来30年超の歴史を歩んできたが、当初の計画を大きく超えて、成長、発展した（KSPの敷地面積は池貝鉄工工場跡地約5.5 ha）。

KSPは、5年毎に、〈インキュベート事業〉→〈ビジネススクール事業〉→〈投資事業（投資ファンド）〉→〈マッチング事業（オープンイノベーション）〉へと事業領域を拡大し、今や、**〈ベンチャー総合育成センター〉**へと発展した、と言える。

インキュベート事業では（1987年〜）、入居・支援合わせて114社の経営支援を、9名のインキュベーションマネジャーIMがハンズオンで支援する（2018年度）。アーリーの企業がほぼ半数を占める。近年は、大学発ベンチャー（京大、阪大等）も増えている。ビジネススクール事業（1992年〜）は、〈実践的なビジネスプラン作成指導〉を柱に、実務家中心の講師陣で、約6カ月の講座（個別ワーク含む）を開講してきた。修了生総数（第1期〜27期）は600名強、うち31社が起業、そのうち17社が研究者発ベンチャーである。さらに、ファンド事業（1997年〜）は、1〜5号の「KSP投資事業組合」を組成し、総ファンド規模54.1億円、総投資先143社、総投資累計41.3億円、総分配金50.5億円（1〜3号ファンド分、上場企業12社）で、良好な実績をあげている。KSPは、インキュベータとVCの機能を兼ね備えたスタートアップの支援センターに成長・発展した。マッチング事業（2002年〜）も、ベンチャー・シーズと大企業ニーズのマッチングを大手企業新事業担当1,000名と全国の中小企業支援の180機関と連携関係を構築し推進して

---

[28] 本研究プロジェクトの川崎エリアの詳細は、原田誠司「川崎エリアにおけるベンチャー集積と地域エコシステム」『新産業政策研究かわさき2020第18号』（〈公財〉川崎市産業振興財団新産業政策研究所、2020年6月）を参照。

いる。

⑶ 新川崎地区の新集積：創造のもり整備 ― K²キャンパス、かわさき新産業創造センター ―

　新川崎地区は、〈創造のもり〉として川崎市が整備した（新川崎地区は JR 横須賀線新川崎駅周辺の新鶴見操車場跡地約33 ha、創造のもり地区＝D地区は約８ ha）。最初に立地・入居したのは、慶應義塾大学先端研究教育連携スクエアの **K²（ケイ・スクエア）キャンパス**である。鉄骨造２階建の研究棟４棟（厚生棟１棟）に、15の慶應義塾大学の先端大規模研究プロジェクト・研究室が入居し、**慶應義塾発ベンチャー６社**（モーションリブ株式会社等）を輩出している。2016年には、殿町キングスカイフロント地区に、殿町先端研究教育連携スクエア（殿町タウンキャンパス）も開設した。

　新川崎・創造のもり地区には、川崎市建設のかわさき新産業創造センターの３施設＝ **KBIC 本館**、**NANOBIC**、**AIRBIC** が整備されている。入居用貸室は、KBIC 本館39室、NANOBIC20室・クリーンルーム CR４室、AIRBIC41室、合計100室（CR４室）である。入居状況は、ベンチャー企業26社（49室、CR１棟）、大学研究室12室等（慶應義塾大学７室、東京大学１室、４大学プロジェクト４室・CR２棟）。

　これら３施設の運営は、2018年度から川崎市の指定管理を受けた４者共同事業体（川崎市産業振興財団、バイオ・サイト・キャピタル、Incufirm、三井物産フォーサイト）が担う。採算ラインの入居率80%（現状60%）と〈技術系ベンチャーの聖地・新川崎〉、〈上場企業の輩出〉、〈新川崎モデル〉を目指して、IM３名とコーディネーター４名で取り組んでいる。

⑷ 殿町キングスカイフロント地区の新集積 ― ナノ医療イノベーションセンター iCONM ―

　殿町キングスカイフロント地区（いすゞ自動車工場跡地約40 ha、対岸が羽田空港の多摩川臨海部）の中心施設として、2015年４月に、ナ

ノ医療イノベーションセンター iCONM が開設される（〈公財〉川崎市産業振興財団所管）。iCONM は、ハード（2013年3月）、ソフト（203年10月）とも文部科学省事業の助成を受けて整備、展開している。ソフト（研究費）は、文科省の COI プログラムに採択された「スマートライフケア社会への変革を先導するものづくりオープンイノベーション拠点」＝ Center of Open Innovation Network for Smart Health ＝ COINS 事業（2013～2021年度の9年間に、数億円/年助成の研究開発）である。

　研究テーマは、〈難治性がんなどの治療を可能にする**「体内病院」**システムの構築〉である。片岡一則先生（東京大学特任教授、現 iCONM センター長/研究統括）と木村廣道先生（東京大学客員教授、現 iCONM プロジェクト統括）を中心に、6つの「体内病院」機能開発（サブテーマ）（〈撃つ〉、〈超える〉、〈防ぐ〉、〈診る〉、〈治す〉、〈体内病院〉）を、研究員29名、研究支援員担当9名、客員研究員33名、研修生（大学院生等）32名、合計約103名で、推進している。

　3年間ごとの中間評価では、第2ステージ（2016～2018年度）はS＋の最高評価であり、知的財産権＝特許出願49件（うち8件がベンチャー企業等へのライセンス）、学術論文227本、高被引用論文（1％）割合7.0％（アメリカの MIT は5.3％）、各種受賞111件、さらに、バイオベンチャー3社起業（**株式会社ブレイゾン・セラピューティクス、アキュルナ株式会社、株式会社 iXstream**）など、大きな成果を上げている。また、同地区のライフイノベーションセンター LIC（神奈川県設置）には、30社弱のバイオベンチャー企業・研究所等が入居しており、iCONM と合わせて、東京圏のバイオベンチャー集積拠点が形成されつつある。

　COINS プロジェクトは2021年度で終了するが、COINS の目標＝「2045年に体内病院実現」の達成目指して、研究所のマネジメント体制の継続・継承、新たな研究資金の確保、研究開発システムの維持・充実が不可欠である（私見では、プロジェクトの重要性を評価すれば、国・公立のナノ医療の研究所や大学院大学の新設も選択肢と考える）。

⑸ 小括

　川崎市は、高度経済成長を牽引した京浜工業地帯の中心地域であったが、1980年代以降、グローバル経済化にともなう生産機能の海外移転等により出現した多くの工場跡地の再生が問われることになった。大手企業の工場の研究開発機能への転換を背景に、川崎エリアの工場跡地は研究開発機能集積とベンチャー企業群創生に活用する施策が展開される。

　溝の口地区でのかながわサイエンスパーク KSP 建設（研究成果のインキュベーションを担う KSP モデル）、新川崎地区での慶應義塾大学研究所誘致（慶應義塾のオフキャンパス＝K^2キャンパス）とかわさき新産業創造センター（インキュベータ）の整備、殿町キングスカイフロント地区でのナノ医療イノベーションセンター iCONM 等（研究所とインキュベータ）の整備などが進んだ。

　川崎市がこの30年間で達成した先端研究開発機能・プロジェクトとベンチャー企業の新集積は、複数大学の研究プロジェクト（慶應義塾大学、東京大学、東京工業大学、早稲田大学）と100名超の研究者、情報からバイオまでの約100社のベンチャー企業、インキュベータ（インキュベーション・マネジャー IM）、ベンチャーキャピタル VC（４社）、経営等専門家などが多様に集積する〈研究・起業コンプレックス〉を形成している、と言えそうだ。

　このコンプレックスを大都市型の新産業拠点（新川崎ブランド）にいかに発展させるか。〈ベンチャー総合育成センター〉に成長した KSP のノウハウを活用して、集積したベンチャーの成長（数社の IPO 実現）を進めるとともに、集積した大学の研究機能の高度化の促進（市による SDGs 等解決研究プロジェクト＝「モード２」研究の提供による）を推進し、コンプレックスのグレードアップを目指す。これは、知恵を絞った新たな実験である。

第Ⅳ部

〈独創＝発明の事業化〉のエコシステム創生へ

第10章　〈独創＝発明の事業化〉の競争の時代とベンチャー簇業

　理化学研究所＝理研が設立されてから、1世紀を超えた。この100年超の時間軸で、ベンチャー企業簇業の将来に向けて何を見るか、何を確認すべきか。最後に、整理しておきたい。

1　歴史の見直し ── 戦前の理研の見直し・評価 ──

　これまで、日本におけるベンチャー論議は、1971年に刊行された『ベンチャー・ビジネス』（清成忠男・中村秀一郎・平尾光司著）から開始されたと認識されてきた。筆者もそう認識していた。しかし、『高峰譲吉の生涯』（飯沼和正・菅野富夫、2000年12月刊）を読んで、高峰譲吉が理研（理化学研究所）設立の先導者であることを知る。筆者は、理研の活動等を調べ、間違いなく、戦前の理研が日本初の研究機関であり研究開発型（技術移転型）ベンチャーを生み出し、戦前の日本で新しい企業・産業の方向（理研理事長の大河内正敏の「科学主義工業」）を提示したことを確信した。そして、〈理研モデル〉が、歴史的に世界で最も早期（1920〜30年代）の〈発明の事業化〉＝研究開発型（技術移転型）ベンチャー輩出の仕組みであり、約半世紀（1940〜89年）の断絶を経て〈理研モデル〉を戦後継承したのは「地方の時代」を推進する〈KSPモデル〉であることを確認した。

　そのことは、実は、米国シリコンバレーのハイテク産業集積に魅せられ、それに近似したベンチャー・産業集積を形成しようとした1980年代以降の日本の産業政策の根本的見直しを迫ることとなった（筆者も含めて）。シリコンバレーより先に、日本の理研がハイテク・ベンチャーを生み出していたのである。にもかかわらず、戦前の理研の実績も意義も全く評価されていない。確かに第2次世界大戦に敗北し、戦争末期に

251

は理研も戦争協力者であったが、少なくとも1917年の設立から1940年頃の約20年間は、戦争とは無関係に高度な研究を行い、ハイテク・ベンチャーを輩出し、新産業群を創出していた。戦後、その活動も、教訓も全く評価されることはなかった。戦前と戦後はその意味で全く、断絶していたのである。筆者はそう思う。戦後の日本のハイテク・ベンチャー育成政策や関連論議は、この理研の経験を見直し、正当に再評価することから再構成しなくてはならない、と考える。

　その点では、戦後直後の石橋湛山の戦前理研の評価（石橋湛山「私の見た大河内博士の功績　いわゆる科学主義工業の主張」1954年）[1] をき

---

[1]　石橋湛山「私の見た大河内博士の功績　いわゆる科学主義工業の主張」『大河内正敏、人とその事業』（大河内記念会編、日刊工業新聞社、1954年1月）8～15頁。石橋湛山の略歴は、次の通り。1884（明治17）年東京生まれ。1903（明治36）年早稲田大学高等予科入学・1907（明治40）年文学科首席卒業（23歳）・1908（明治41）年宗教研究科修了、東京毎日新聞社（社会部）に入社。1909（明治42）年軍隊入隊、1910（明治43）年軍曹で除隊。1911（明治44）年1月東洋経済新報社入社、『東洋時論』の編集者（27歳）。1924（大正13）年12月東洋経済新報主幹（40歳）。1925（大正14）年1月東洋経済新報社代表取締役・専務取締役に就任（41歳）。1935（昭和10）年9月内閣調査局委員に任命（51歳）、政府委員多数。1941（昭和16）年2月新報社の社長制新設にともない代表取締役社長に就任（57歳）。1945（昭和20）年3月東京大空襲で東京芝の自宅焼失、4月秋田県横手町に疎開、8月15日天皇終戦放送、11月自由党（総裁・鳩山一郎）の顧問就任（61歳）。1946（昭和21）年4月第22回衆議院議員選挙・落選（東京選挙区）、5月22日第1次吉田内閣・大蔵大臣就任、23日新報社社長辞任。1947（昭和22）年4月第23回衆議院議員選挙に当選（静岡選挙区）。5月17日公職追放、20日吉田内閣総辞職・大蔵大臣辞任、10月公職追放への反論書提出（64歳）。1951（昭和26）年6月公職追放解除、12月立正大学学長就任、12月自由党議員総会で復党（67歳）。1954（昭和29）年12月第1次鳩山内閣・通産大臣就任（70歳）。1955（昭和30）年2月第27回衆議院議員選挙当選（静岡選挙区）、3月第2次鳩山内閣、通産大臣留任（71歳）。1955（昭和30）年11月保守合同（自由党と日本民主党）により自由民主党設立。1956（昭和31）年12月14日自民党大会で総裁に選出、12月23日石橋内閣成立（72歳）。1957（昭和31）年1月日蓮宗権大僧正叙任、1月25日急性肺炎入院、2月23日石橋内閣総辞職（73歳）。1959（昭和34）年9月中国訪問、石橋・周恩来共同声明（75歳）、1960（昭和35）年6月新安保条約で岸首相辞職勧告、

252

ちんと継承する必要がある、と考える。石橋湛山は周知のように、戦前の〈東洋経済新報〉を担い自由主義・民主主義・平和主義の観点から論陣を張ったエコノミストである。石橋は、理研理事長・大河内正敏が明治時代の「西洋の模倣」を脱し、「科学によって、新たなる技術を創造し、日本独自の産業」の創生を目指した「科学主義工業」を高く評価し、こう述べる。大河内博士が「日本の産業の進むべき方向について明白なる判断を下し、これを天下に呼号しただけで、その功績は長く記念せらるるべきものと信ずる。私は博士の門下から博士の志を継ぐ人々が続々輩出し、日本産業の前途に光明あらしめんことを祈願してやまぬものである。」と。

2　時代認識 ─〈独創＝発明の事業化〉の競争の時代 ─

　その観点に立って、今後のベンチャー簇業に向けて、まず認識すべきは、高峰譲吉が理研設立に繋がる〈国民的化学研究所〉設立構想提案の際に語った、〈独創の競争〉の時代認識を現代こそ、共有する必要があることだ。それが、石橋湛山の理研評価を継承することになる。21世紀は、第4次産業革命（IoT、AI等）[2]とも言われる急速な技術進歩を背景に、経済力に直結する世界的なイノベーション競争が展開されている。高峰の時代以上に厳しい〈独創の競争〉の時代が到来している。

　この時代を生き抜くには、自らの〈独創〉、つまり、〈新しい知識の創造とその応用・事業化〉（構想力、調査力、創造力の相乗・総合）が不可欠である。これは、個人、企業、社会諸組織、大学・研究機関、中央・地方行政機関全てに求められる。なかでも、企業と高等教育・研究を担う大学・研究機関は、より高度な〈独創〉、つまり、企業は発明による新製品・サービスの開発が不可欠であり、大学・研究機関は高度な

　1961（昭和36）年6月日中米ソ平和同盟案を公表（77歳）、1973（昭和48）年4月死去、享年88歳。

[2]　郭四志『産業革命史』（ちくま新書、2021年10月）参照。

能力を有する人材の育成、新知識創造（発明）による経済社会のイノベーションへの貢献が求められる。長岡貞男によれば、日米ともに、発明は90％が研究開発投資・プロジェクトの成果によっている[3]。その点を踏まえ、企業と大学・研究機関は、研究開発プロジェクト・投資を柱にした自らの新しい展望・将来像を構築しなければならない。

　戦前の理研は主任研究員制度のもと〈自由な研究環境〉を制度化し、研究成果（多数の研究論文）、博士人材の育成および研究成果の活用＝事業化（多数の特許登録と特許を活用した技術移転によるハイテク・ベンチャー企業創出）を展開する〈理研モデル〉を構築した。大学・研究機関は〈理研モデル〉の継承・発展の観点から、自らの新しい展望・将来像を構築することが期待される。

3　博士人材の育成強化 ─ 研究大学・公的試験研究機関の充実 ─

〈独創〉のポイントは、いかに新知識（発明も）を誰が創造するか（研究）、である。研究はまず大学の任務である。日本では、公的（国公立）試験研究機関も重要である。

　大学は、今、大きく変化、進化の過程に入っている。上記のように、アメリカの先端的大学は、教育大学→研究大学→企業家大学へと進化し、その延長としての社会貢献大学への拡大が議論されている。企業家大学はエツコウィッツが分析したように、MIT等研究大学の進化として〈産学連携（技術移転）の基本型〉を構築した大学であり、経済・社会への貢献を「第3の使命」とする大学＝社会貢献大学への移行の先頭に立っている。企業家大学は、〈社会の公共財〉の位置づけによる寄付金に加えて共同研究・ベンチャー企業投資からのリターンを得て、大学財政基盤を拡大している[4]。

---

[3]　長岡貞男『発明の経済学』（日本評論社、2022年3月）22〜23頁参照。

[4]　アメリカの大学の財政基盤をなす寄付金等による基金については、第7章の注

　日本の大学は、戦前（帝国大学）は「教育」機能だけ、戦後（新制大学）は「教育」に「研究（科学研究費交付金）」機能が加わり、21世紀に入ってようやく「産学連携（技術移転）」や「社会貢献」機能を加えた大学像が登場する。

　なかでも、〈研究大学〉の規定は極めて曖昧だ。アメリカのカーネギー分類では、博士号授与大学＝研究大学とし、300大学が該当するとされる。日本では、研究大学の明確な定義・規定はなく、研究大学強化促進事業における研究関連指標がほぼ唯一の研究大学の指標と言うしかない。先端研究を担う若手研究者を育てるのは博士課程であり、先端研究や発明を担うのも若手博士人材・研究者層（25〜35歳）[5]である（戦前の理研でもビタミンAやピストンリングの発明等皆若手研究者、戦後のノーベル賞受賞者も若手研究者時代の先端研究が後世評価された）。博士課程設置・博士号授与と関連させて、研究大学の性格を明確にする段階にきている。

「国際卓越研究大学」と「地域中核・特色ある研究大学総合振興パッケージ」の2つの事業は久しぶりに（2013年開始の研究大学強化促進事業から約10年）、〈研究大学〉の研究力強化を目的にした事業である。しかし、〈研究活用〉を位置づけた「国際卓越研究大学」は「国際企業家大学」と言うべきであり、また、応募要領のどこを見ても、研究の担い手＝〈博士課程の拡大・充実〉の目標は掲げられていない。この2つの研究プロジェクト等を活用して博士人材育成と研究充実（ダイバーシティを前提にした若手研究者の育成と彼らを加えた学際的グループ研究の展開）を進め、現在20大学程度と推定される高い研究力を有する日本の研究大学（企業家大学）を倍増し、博士号授与大学＝研究大学（実

　29）を参照。例えば、ハーバード大学の2019年度の大学基金規模は約4.5兆円、基金運用益（2018年度）は約2000億円（大学総収入の約35％）にのぼる。詳細は、長野公則『アメリカの大学の豊かさと強さのメカニズム』（東信堂、2019年1月）を参照されたい。

[5]　長岡前掲書101頁参照。アメリカの発明者の45％は博士号を取得しているが、日本は12％にとどまる。

は企業家大学）と定義できる程度まで、粘り強く博士課程の充実・拡大を目指すべきではないか。

そうでなければ、世界のトップレベルの研究大学（実は企業家大学）と伍した研究大学（企業家大学）の形成など夢と化すであろう。なぜならば、高い研究能力を有する若手研究者を育成する基盤が形成されていないからだ。戦前の理研では多くの博士人材を育成したが、それを参考に、大学・国立研究機関間の連携研究プロジェクトにより、双方の博士人材の育成も研究力強化に有効であろう。積極的に進めるべきである。

ただし、この博士課程充実・拡大を促進するためには大きな課題がある。社会の側、特に、企業と中央・地方の行政・公的試験研究機関（附属の研究所含めて）において博士号取得人材を位置づけ、採用する動機・意欲が高まらなければならない。博士人材を採用して知識創造基盤型経営・事業を展開するという社会の側の意欲・風土が形成されなければならない。その意味では、日本でも、大学＝公共財の社会風土づくりが並行して、進められなければならない。

4　大学発・国研発ベンチャー企業の倍増 ― 企業家大学・国研発ベンチャーの拡大 ―

研究成果の活用・事業化、つまり〈産学連携〉を推進する大学は、アメリカでは企業家大学として発展した。企業家大学は技術移転機能（TLO）を柱にした産学連携推進大学であり、民間企業との共同研究・技術移転、大学発ベンチャー企業創出を展開している。

★技術移転型ベンチャー育成を ― 日本の大学の起業力の基本課題 ―

アメリカでは、カーネギー分類の研究大学約300のうち約200大学が技術移転機能を有し企業家大学に移行しており、新規創業の大学発ベンチャーは年間、約1,000社にのぼる、という。

日本の場合はどうか。2019年時点で、1998年の技術移転促進法以降に設立された「承認TLO」は38機関（大学）、その他大学単独や地域

TLO参加10大学超を含めて、技術移転機能を有する日本の大学は約50大学と見られる。成果を上げているTLOは、まだ東京大学TLO等数少ないのが現状であり、大学技術移転協議会UNITTが大学技術移転関連サービスを行っている[6]。

　ここから、技術移転機能を有する日本の企業家大学は約50大学ということになるが、成果はどうか。UNITTの2021年版データによれば、2019年の発明届は〈米国の大学約25,000件、日本の大学等8,000件〉、特許出願は〈米国の大学15,000件、日本の大学等6,000件〉である。

　また、ベンチャー起業数とTLO等機関数の関連をみると、アメリカの大学は、2019年1年間に、1〜4社起業の大学は73（44.5％）、5〜9社起業の大学は34（20.7％）、10社以上起業の大学は37（22.6％、うち20社以上起業は8大学）、起業0社の大学は20（12.2％）（合計164、対象総数はAUTM参加の175）であった。日本の場合は、同年データで、1〜4社起業の大学は33（32.7％）、5〜9社起業の大学は3（0.3％）、10社起業の大学は1（1.0％、うち20社以上起業は0大学）、起業0社の大学は63（62.4％）（合計100、対象総数111。この総数はTLO機能活用可能な大学・国立研究機関の合計）であった[7]。

　これは衝撃的データである。まず、アメリカの大学は起業0社の大学は10％強にとどまったのに比べ、日本の大学等のそれは60％強にのぼり、日本の大学の起業力の全くの低水準が目立つ。これとは逆に、ベンチャー起業の大学は、アメリカが144大学（87.8％）にものぼるのに対し、日本は37大学（36.6％）にすぎない。しかも、アメリカの大学は10社以上起業の大学も多いが、日本の大学は圧倒的に1〜4社起業の小規模の起業が多い。さらに、大学からのライセンスにより起業した大学等の割合は、アメリカの大学は87.8％、日本の大学は36.6％で、アメリカの大学発ベンチャーはほとんど技術移転型ベンチャーであるのに

[6]　一般社団法人大学技術移転協議会の「大学技術移転サーベイ」等を参照。
[7]　前掲大学技術移転協議会の「大学技術移転サーベイ2020年度版」（2021年度発行）参照。

対し、日本の大学発ベンチャーは技術移転による起業が少ないことを示す[8]。ただし、2021年10月時点の経済産業省の大学発ベンチャー調査結果[9]（活動中ベンチャー総数は3,306社）によれば、日本の大学の研究成果（研究開発型／技術移転型）ベンチャーは53.8％とのことで、やや多くなってはいる。

　ここからは、日本はまず、研究成果を活用した技術移転型ベンチャーを中心に、大学発ベンチャーを起業している約40大学における起業数を増やし（当面は倍増か）、起業力のアップを図ることに注力すべきである。

★起業力倍増へ ── 大学発ベンチャー・エコシステムの充実・拡大へ ──

　経済産業省の大学発ベンチャー調査によれば、最新の2021年時点で活動中の大学発ベンチャー企業数は約3,300社、年間の新規起業ベンチャーは約200社である。

　私見では、大学発ベンチャー施策（TLO法等）が開始されてから約20年経つが、輩出ベンチャー数第1位（活動ベンチャー約330社）の東京大学では、活動中ベンチャーは20年間に年平均約15社（大学当局発表の新規起業は平均20社、ここ数年は年平均30社に増加）と想定できる。活動ベンチャーが約100社以上（年平均約5社以上起業）の上位第1位グループの大学は東京大学から早稲田大学までの11大学（東京、京都、大阪、筑波、慶應義塾、東北、東京理科、九州、名古屋、東京工業、早稲田の各大学）、活動ベンチャーが約40社以上（年平均約2社以上起業）の第2位グループの大学は岡山大学や鹿児島大学までの13大学（デジタルハリウッド、立命館、広島、北海道、岐阜、九州工

---

8)　長岡前掲書129〜131頁参照。アメリカの大学の研究者の発明は35％が新会社設立に利用されているが、日本は7％と少ない。

9)　経済産業省『令和3年度産業技術調査（大学発ベンチャー実態等調査）報告書』（同省Webサイト掲載、2022年5月）を参照。同調査は2021年10月時点の調査結果を示す。

業、神戸、龍谷、会津、名古屋工業、静岡、岡山、鹿児島の各大学）である。さらに、年平均1社以上起業の活動ベンチャー約20社以上（20年間）の第3グループの大学は大阪府立大学や長岡技術科学大学までの18大学（千葉、近畿、徳島、電気通信、熊本、三重、横浜国立、日本、奈良先端科学技術大学院、光産業創成大学院、東京農工、大阪市立、香川、東海、信州、琉球、大阪府立、長岡技術科学の各大学）である。第1グループ大学の活動ベンチャー数合計は1,930社（全体約3,300社の58.5％）、第2グループ大学のそれは577社（同の17.5％）、第3グループのそれは424社（同の12.8％）で、3グループ大学合計（1〜37位の42大学合計）は2,931社、88.8％を占める。

　この3グループの42大学は、すべて技術移転機能（承認TLOか単独・地域TLOかに参加）を有しており、技術移転を柱にした企業家大学の条件を備えている。「国際卓越研究大学」、「地域中核・特色ある研究大学総合振興パッケージ」、さらには、「スタートアップ育成5か年計画」等のプロジェクトを積極的に推進し、研究成果を活用した技術移転型ベンチャーの育成（倍増）を期待したい。とくに、第2、第3グループの大学は、倍増といわず3倍増の可能性を秘めている、と思われる。国公立試験研究機関も同様である。

　そのためには、第8章の3で整理したように、ベンチャー育成の仕組みである次のような大学発ベンチャー・エコシステムの諸側面の一層の充実、及び拡大（第2、第3グループ大学への）が必要となる。大学間や大学・研究機関間の連携による進展に期待したい。

　　＊大学発ベンチャー・エコシステムの強化ポイント……産学連携本部の司令塔機能の強化（各種専門人材確保）、研究企画機能の強化、知財部門人材（ライセンス・アソシエイト）の抜本的強化、起業シーズ開発の仕組みを確立（「魔の川」越え、PoC）、相性の良い強力な経営チームの構築（多様な経営人材確保）、インキュベーションの充実（インキュベータ、商品・販路で「死の谷」越え）、VC機能と専門家・メンター等のネットワークの充実・拡

大、起業家教育・起業文化の充実、自主財源形成・確保策。

5 地域の産学官連携＝〈独創＝発明の事業化〉の地域エコシステム創生へ

　最後に最も困難な問題 —— ベンチャー簇業による地域新産業創生・地域経済活性化 —— に触れなくてはならない。上記の大学発ベンチャー調査の結論で述べたように、日本の大学発ベンチャー輩出上位十数大学では概ね、大学発ベンチャー育成の仕組み＝エコシステムは形成されているが、地域でのベンチャー簇業の道は拓けていない。そうしたなかで、鶴岡エリア（〈鶴岡モデル〉）を始め、筑波エリア、川崎エリアでの先端的活動が展開されている。

★地・学連携の基本 —〈連携内容の合意〉が基本 —
　地域での地・学連携を推進するためには、まず何よりも、「**大学側と地域の側の連携内容の合意**」が不可欠である。地・学連携を進めるためには、〈当たり前〉と思われるが、成果をあげるためには、そう簡単ではない。〈鶴岡モデル〉の成立・成功の要因から確認してみよう（第9章の3参照）。
　〈鶴岡モデル〉には、慶應義塾大学側は地域側の要望に応えて、研究所を開設し地域貢献を行うとし、鶴岡市・山形県側はその研究活動を支援するとの合意、つまり、〈研究と研究支援〉の合意が基本にある。その際重要なのは、「研究」と「研究支援」の中味である。
　慶應義塾はオフキャンパス戦略（地域への研究機能展開、川崎市と鶴岡市で展開）のもと、当初は環境科学系研究所を構想したが地理的要因（鶴岡は東京から遠方）で赴任研究者に拒否され、断念する。慶應義塾は、新たに〈最先端のシステム・バイオロジー（ITとバイオの融合）研究と若手中心の自由な研究システムの新研究所〉構想という脱／超・日本的研究所構想を提示、鶴岡市だけでなく山形県知事の承認も得て、慶應義塾大学先端生命科学研究所 IAB を設立する。IAB は、この新研

究所構想を提案した若手の冨田勝教授（SFC、環境情報学部）が所長に就任し、スタートする。〈最先端の研究を自由に展開する研究所〉という新研究所構想で、メタボローム解析技術の第一人者の曽我明義氏も民間企業から参加する。

　他方、鶴岡市・山形県側は、工場誘致のような通常の土地・施設等の一時支援を遙かに超える年間約10億円にのぼる長期の財政支援（現在まで20年間）を継続する。慶應義塾の最先端の研究（プロジェクト費用と研究者人件費）を長期に支援し、それが研究面（研究発表）だけでなくバイオ・ベンチャー群の創業（IAB 設立２年で HMT 創業、その後も６社創業）や鶴岡サイエンスパーク建設から既存企業・産業への技術移転にも発展し、地域産業・経済活性化に貢献している。

　ここから明らかなように、慶應義塾と鶴岡市・山形県の連携は、「研究内容・体制のイノベーション」と「そのイノベーション成功のための長期の財政支援」の合意の上に立っていた。かくして、地・学連携が成果をあげるためには、**地・学の連携内容（質）のマッチング**が不可欠になる。

　大学側は「第３の使命」としての**「地域貢献」**（産学連携、地学連携）の**位置づけ・ビジョンを明示**し、その担当部署（産学連携本部や地域連携本部等）の設置と**提供シーズ・連携事業**（大学の知的資源の活用による）の提示を行う必要がある。上記のように、エツコウィッツは企業家大学のビジョン明示を指摘し、東京大学は産学連携に乗り出すにあたってビジョンを明示した。最近の事例では、弘前大学は地域創生本部を設置し（2018年）、地域貢献活動を活発に展開している。

　他方で、地域の側（県市等自治体、商工会議所等産業団体）は、**地域のニーズ（人材育成、産業・経済振興、社会・文化振興等）を集約**して、大学との連携可能プロジェクトを明確にしなければならない。なかでも、地域の産業の新陳代謝による新産業創生については、鶴岡の事例のように、研究開発プロジェクトにはかなりの資金が必要である。自治体としての産業振興の焦点を明確にし、発明を生む研究開発プロジェクトを大学に提案し支援することも重要である。

★新・地域プラットフォームの形成 ―〈独創＝発明の事業化〉の地域エコシステム ―

　地・学のマッチングの上で、地域における産学連携・ベンチャー簇業支援の仕組み＝〈独創＝発明の事業化〉の地域エコシステムをどう創るか。結論的には、かつての地域プラットフォームの教訓を踏まえて、都道府県・政令指定都市ごとに**新・地域プラットフォーム**の形成が望ましい、と考える。

　まず第1に、新・地域プラットフォーム（地域エコシステム）とは、**地域の産学官連携による新産業創生の拠点（センター）**という性格を持つ。それは、地域（都道府県、政令指定都市）において、産学官が連携し、研究（開発）から新産業創生までを支援・推進するワンストップ・サービス組織である。〈新〉の意味は、地域における研究（開発）から新事業開発（既存企業の）・ベンチャー簇業までの支援に地域のニーズ（地域のSDGs等）を反映させ、参加諸組織・人材等のネットワークでの充足を可能にする点にある。そのため、地域で不足する支援・対応能力については広域（東京圏はじめ海外含む）の専門人材・組織等とのネットワークを構築する必要がある。

　第2に、新産業創生の機能としては、**〈研究（開発）、技術移転、ベンチャー創業および地域活性化基金の創設〉**の4つの支援を柱とする。そのポイントは次の通りである。

- **研究（開発）の推進・支援**……国や自治体（都道府県、政令市の住民・企業ニーズに対応した）の研究（開発）プロジェクトにおける産学官連携の支援（人材、施設、諸研究関連サービス等）を行う。国の多様な研究（開発）プロジェクト（「研究大学総合振興パッケージ」等）に選定された大学・研究機関等の支援だけでなく、自治体の研究（開発）プロジェクト（大学・研究機関の研究シーズとSDGs等の地域ニーズのマッチング）の選定・推進展開の支援を行う。自治体はこの制度を活用して（自治体のビジョンを明示して）、地域産業・経済振興の研究（開発）プロジェクトを毎年、予算化す

ることが望まれる。

- **技術移転の推進**……上記研究（開発）プロジェクトの成果としての発明の特許登録、および特許等（知的財産権）の既存企業やベンチャー企業等への移転を支援・推進する。この支援は、当プラットフォーム参加の大学等の TLO が担う。
- **ベンチャー創業の推進**……目利き（技術、事業化等）、インキュベーション（死の谷越え）、資金調達、販路開拓の基本機能においては専門家（メンター、VC）や施設提供（インキュベータ）により、多様かつ総合的なベンチャー創業（大学・研究機関の研究者、学生、既存企業からのスピンアウト起業家、一般社会人等）を支援・推進する。SBIR 制度の活用も支援する。
- **地域活性化基金の創設**……以上の新産業創生に向けた活動は、息長く地域（住民、企業等）の総力を挙げて取り組む必要がある。地域再生に向けたビジョンを明確にし、地域の総力を結集した寄付による基金設立運動を展開し、この事業を推進する基盤を形成したい。基金は、研究資金やベンチャー創業への資金面からの支援を行う。

　第3に、新産業創生を担う○○都道府県／○○市新企業・産業創生センター（ネットワーク）とでも言うべき組織（地域エコシステム形成・推進の中核組織）を立ち上げる。既存の産業振興財団等の充実・強化でよいが、このセンターの特徴は、地域（都道府県、政令市内）の大学、研究機関、インキュベータ、VC、諸企業・産業団体、行政等が参加し、連携ネットワークを組み、参加組織の機能を活用できる組織とする。米テキサス州オースチンの「イノベーション・クラスター」[10] モデルの日本版とも言ってもよい。

　第4に、この組織は、上記の3分野＝研究（開発）、発明の事業化、ベンチャー創業を強力に推進するため、次のような具体的事業が想定さ

---

[10] 西澤昭夫・福嶋路編著『大学発ベンチャー企業とクラスター戦略』（学文社、2005年4月）180〜181頁参照。

れる。

- **相談・コンサルティング事業**……相談窓口を設置し、研究開発、特許・技術移転、ビジネス、起業、金融、人材等産学連携・ベンチャー企業簇業に関する全領域の質問・依頼・要望等に応じる。さらに、企業、大学・研究機関等の指導・支援依頼に対し、専門家ネットワーク（技術、特許、資金調達、事業化、経営、組織、人材教育等）を活用して、コンサルティングを充実させる。

- **先端情報の提供**……新研究・技術動向、資金調達、人材育成、新産業動向、地域経済・日本経済・世界経済動向等のセミナー・講座、取組テーマを絞ったシンポジウム等の情報提供・共有を行う。

- **研究（開発）プロジェクトの選定・成果発表**……大学・研究機関や企業の共同研究、さらに住民ニーズの実現化等の研究（開発）プロジェクトの選定や成果の発表・評価を行い、その意義や活用方策を探る。成果発表、特許出願、新事業開発、ベンチャー創業等を探るため、成果発表会は毎年開催する。研究成果活用のマッチングを可能にしたい。

- **起業家教育**……専門家・組織と連携して、小学校高学年、中学生、高校生、大学生、研究者、社会人を対象にした多様な特色ある起業家教育プログラム、起業家塾を開校する。開講方法・プログラム・時期等については、関係諸組織（教育委員会や高校、大学等、企業）との協議を踏まえて、決定する。

- **地域の新規アイデアの開発**……地域における起業風土・文化形成にも資する住民・生徒・学生応募による新規アイデア・コンテスト、ビジネスプラン・コンテストを開催する（毎年、数カ所で計画）。評価されたプランについては、事業化支援（研究開発プロジェクトの立ち上げ、新事業開発希望の企業の選定、行政等による資金提供）を行う。

- **事業計画発表会の開催**……ベンチャー企業や既存企業（新製品開発）を対象に資金調達・販路開拓等を目指した〈事業計画発表会〉

を開催し、資金調達、企業間連携づくりおよび専門家とのネットワークづくりを促進し、企業成長を支援する。すでに、事業計画発表会[11] は全国に広がりつつある。事業計画発表会の歴史については、巻末の資料を参照されたい。新事業計画の立案を促進し起業文化を下支えする〈事業計画・ビジネスプラン事業化基金〉の設立も検討し、一層の活性化を目指す。

- 「1大学1エグジット運動」……政府の「スタートアップ育成5か年計画」は、2022年を〈スタートアップ創出元年〉と位置づけ、**1大学1エグジット運動（5年間に1研究大学につき50社起業し1社のエグジット）** を呼びかけた。この運動は、各大学が毎年10社大学発ベンチャーを起業し、5年後にそのうち1社は IPO か M&A を可能にする実績をあげることを目指す野心的な提案である。筆者はそう思う。年に10社のベンチャー設立大学はごく少数（近年では、東京、京都、大阪、筑波、慶應義塾、東北等数大学）であるが、上記の「研究大学総合振興パッケージ」や「国際卓越研究大学」事業を活用しての〈新企業・産業創生センター〉は、都道府県・政令指定都市における「1大学1エグジット運動」の推進組織として、独自の計画を策定し、推進することが期待される。

　最後に、この新・地域プラットフォーム形成・運営にあたって、ドラッカーが20年以上も前に発した次の忠告を心にとめて進めることを期待したい。
「われわれが必要としているものは、イノベーション Innovation と起業家活動 Entreprenuership が、当たり前のものとして存在し、つねに継続していく起業家社会 Entreprenuerial Society である。……/ 今日、とくにヨーロッパでは、ハイテクの起業家活動 high-tech entrepreneuership だけをもとうとすることが流行っている。フランス、ドイツ、さらにはイギリスでさえも、この前提のうえに政策を立てている。しかし、そ

---

[11]　認定 NPO 法人インデペンデンツクラブの Web サイト参照。

れは幻想 delusion である。／そもそもハイテクは、……イノベーション
と起業家活動の領域の1つにすぎない。膨大な数のイノベーションは、
ほかの領域にある。／職場創出の観点から見ても、ハイテクは明日のも
のであって、今日のものではない。……／この間、アメリカで創出され
た3500万人の雇用はすべて、ハイテク以外のミドルテク、ローテク、
ノーテクのベンチャー企業 new ventures が生み出した。……／そして何
よりも、ノーテク、ローテク、ミドルテクにおける広範な起業家経済
entrepreneurial economy を基盤とすることなくハイテクをもとうとする
ことは、山腹抜きに山頂をもとうとするに似ている。／そのような状況
では、ハイテクの人間でさえ、リスクの大きなハイテクのベンチャー企
業 high-tech ventures に就職しようとしなくなる。すでに確立された大企
業や政府機関の安定性を選ぶ。しかもハイテクのベンチャー企業は、た
とえば会計、販売、管理など、ハイテクの技術そのものとは無関係の大
勢の人たちを必要とする。……／福祉国家は、人口の高齢化と少子化と
いう問題に直面しつつも、生き残っていくかもしれない。だが、それが
生き残ることができるのは、起業家経済が生産性の大幅な向上に成功し
たときだけである。…………」[12]

　昨年、筆者の古い友人で、埼玉県見沼地域の環境保護運動のリーダー
である村上明夫氏が環境保護問題への新しい取り組みとして、〈アグ
リ・ベンチャーによる環境保護への取り組み〉を紹介した（『見沼を商
う25選』）[13]。一昔前の環境保護運動では考えもしなかった〈アグリ・ベ

---

[12]　P・F・ドラッカー／上田惇生訳『［新訳］イノベーションと企業家精神（下）』
（ダイヤモンド社、1997年11月、原書1985年）175〜194頁から抜粋。P. F.
Drucker *"Innovation and Entrepreneurship"* 253〜266頁参照。

[13]　村上明夫『見沼を商う25選』（関東図書、2022年9月）を参照。ヒアリングで、
こばと農園、こばやし農園、風の谷農場、合同会社十色、NPO じゃぶじゃぶラ
ボ、NPO アンロードと㈱環境サミット、ベストワーク丸、オーガニック・ハー
ベスト丸山、ファームインさぎ山「母ちゃん塾」、みぬま夢らくど、NPO 水田
を応援する会、NPO 里山クラブの12のアグリ・ベンチャーが紹介されている。
村上明夫氏は1980年代から長く、浦和市会議員を務め、現在も見沼地域の環境
保護運動のリーダー。

266

ンチャーでの環境保護への取り組み〉が現実のものとなっている。そういう時代にわれわれは生きている。時代は進化している。上記のドラッカーの指摘は現代でも、今後も、生き続ける名言ではなかろうか。

★〈創造都市〉論の検討を！──リチャード・フロリダの提起の検討へ──

　もう一つ、こうした新・地域プラットフォーム＝〈独創＝発明の事業化〉の地域エコシステム形成に向けて、地域の経済社会文化のなかで大学をどう位置づけるか、地域の側から本格的に検討すべき段階にきていることを強調しておきたい。地・学連携、産・学連携（産学官連携）をどう位置づけるか、本格的議論が必要である。上記の科技・イノベーション法でも、すでに、地方自治体の産学官連携への取り組みの推進は明記されており、地域の側の取り組みに期待したい[14]。

　リチャード・フロリダは、都市の成長・競争力は都市の「Creativity 創造性」に依るとの「Creative City 論」＝創造都市論を提示した。創造都市とは「Creative Talents 創造人材」（医師、弁護士、会計士、アーティスト、起業家等多様な専門家人材）を育成し、集積する都市であり、その「クリエイティビティ＝創造性の中心は大学」（大学は創造性の指標＝人材＋技術＋寛容性の中心）である[15]と提起する。地域の自治体は、

---

[14]　科技・イノベーション法＝「科学技術・イノベーション創出の活性化に関する法律」（2008年法律63号、2022年11月改正・施行）の第一章総則第5条（地方公共団体の責務）「科学技術・イノベーション創出の活性化に関し、国の施策に準じた施策及びその地方公共団体の区域の特性を活かした自主的な施策を策定し、及び実施する責務を有する。」、第五章イノベーションの創出の促進等第三十四条の七（地方創生への貢献）「……科学技術・イノベーション創出の活性化……産学官連携、地域における研究開発等の推進、新たな事業の創出その他の活動を支援するために必要な施策を講ずるものとする。」と明示されている。

[15]　リチャード・フロリダ『新クリエイティブ資本論』（井口典夫訳、2014年12月）の324頁以降を参照。他に、同氏著『クリエイティブ・クラスの世紀』（2007年4月）、『クリエイティブ資本論』（2008年2月）、『クリエイティブ都市論』（2009年2月）（出版社はいずれもダイヤモンド社）も参照。また、原田誠司「創造人材都市 Creative Talents City ── 川崎市の強みはここだ ──」『新産業政策研究かわさ

地元の大学の知的資源の特徴を**創造都市の観点**から再評価し、大学と連携し、その創造性（人材育成や知識創造・活用等）を活かした地域活性化・発展（創造都市への）を目指す仕組みづくりを進める必要がある。

　各自治体は、その創造都市形成の観点から、地域における新産業創生・地域経済活性化を目指す地域エコシステム（地域でのベンチャー簇業・新産業創生支援・推進の仕組み）構築に進む必要がある、と考える。今後、鶴岡、つくば、川崎3エリアに加えて、九州全域の大学発ベンチャー育成・支援を行う「九州・大学発ベンチャー振興会議」（2017年2月設立）[16] の活動なども、この観点からの位置づけと発展方向を明確にしていくことが期待される。

　　き2013第11号』（〈公財〉川崎市産業振興財団新産業政策研究所、2013年6月）、原田誠司「新潟・長岡地域における創造人材の現状と育成の方向」『地域連携研究』第2号（長岡大学地域連携研究センター、2015年11月）もある。

　　なお、大学の地域貢献事業（文科省「地〈知〉の拠点整備事業」〈2013〜2014年度公募、81大学等採択、5年間助成〉、社会人向け公開講座等）は漸進する一方、地域の側からの創造都市 Creative City を目指した大学の位置付けと活用を志向する政策・事業（大学発ベンチャー起業による新産業形成等）はほとんど存在しない、というのが大学 ── 地域連携の現状である。

[16]　「九州・大学発ベンチャー振興会議」は、2017年2月に、九州大学、九州経済連合会、九州地域産業活性化センター（2020年4月から九州オープンイノベーションセンターに衣替え）の3組織代表を発起人として、九州全域での産学連携型大学発ベンチャー育成・支援プラットフォームとして設立された。「優れた大学なくして地方の発展なし」の基本認識の下、「地域経済発展の駆動力としての大学発ベンチャーを振興すること」を目的に設立された。創造人材・都市の観点と同じ視点に立つ。起業家教育、技術シーズの事業化（ギャップファンド）、ビジネスプランコンテスト、起業プログラム、ファンド設立・投資等の大学発ベンチャー育成支援を展開する。九州大学以下理系学部を有する12大学、株式会社 FFG ベンチャービジネスパートナーズ等の VC、金融機関、大企業が参加。成果（九大発ベンチャー KAICO 等への投資）も出ている。

資料 | 特別レポート

インデペンデンツクラブ・事業計画発表会の歴史

執筆者　原田誠司（長岡大学名誉教授）

1　「事業計画発表会」開始の背景

　「事業計画発表会」は、1997年に、松田修一氏（当時、早稲田大学教授）と杉田純氏（当時、公認会計士で三優監査法人統括代表社員）が相談して、開始した事業です。その経緯は、次の通りです。

　松田氏（1943年生まれ）と杉田氏（1950年生まれ）はともに公認会計士の資格を取得し、早稲田大学商学研究科の大学院に在籍（松田氏は博士課程、杉田氏は修士課程）し、出会い、監査法人（サンワ事務所）でも同僚でした。その後、松田氏は早稲田大学教授として、杉田氏は自身の会計事務所（1986年に三優監査法人設立）を立ち上げ、活躍します。

　松田氏は、企業調査等から、〈ハイコスト国家・日本の救済者＝ドライバーはベンチャー企業である〉との信念を抱き、関係者に呼びかけ、1993年に、早稲田大学アントレプルヌール研究会を設立しました。杉田氏、秦信行氏（当時、國學院大學教授）も同研究会メンバーです。同研究会は、松田氏が中心となり、ベンチャー起業・支援論（1994年に『ベンチャー企業の経営と支援』、1996年に『シリーズ：ベンチャー企業経営1　起業家の輩出』を日経新聞社から刊行）を立て続けに世に問います。

　ここに参加した研究者メンバーが中心になり、1997年に、日本ベンチャー学会が設立されます（初代会長：清成忠男法政大学教授、松田氏は第2代会長）。

　こうしたベンチャー企業の研究面での支援の一方、ベンチャー企業の実践面での支援として、松田、杉田両氏により、同1997年7月から「事業計画発表会」が開始されました。

2 「事業計画発表会」の必要性とは？

　では、なぜ、「事業計画発表会」なのでしょうか、その必要性は何か。杉田氏は、三優監査法人を軸に、税務、監査、コンサルティングと事業の幅を広げるなかで、ベンチャー企業支援の第一人者となった松田氏のアドバイスを受けながら、株式上場＝ IPO の支援・指導に注力し（IPO 講座の講師、相談・支援等）、「IPO の雄」と評価されるまでに発展します（IPO のコンサルティングは優に 100 社を超え、上場時にサインした企業は 60 社を超える）。監査法人として成長・発展するためには、上場企業を増やさなければならないからです。三優監査法人設立から 10 年近くかかりました。

　こうした活動の中で、杉田氏は、アーリーステージのベンチャー企業の資金調達環境ができていないことを痛感し、IPO を増やすには、ベンチャーの資金調達を助ける必要があると考えました。杉田氏は、松田氏と相談して、ベンチャーキャピタル VC やコンサルタントに対して事業計画を発表し、資金調達に繋げる「事業計画発表会」を始めたわけです。

　かくして、「事業計画発表会」は、杉田氏と松田氏の IPO 支援・指導の実践活動のなかから生まれた実践的必要性として、つまり、〈ベンチャー企業を IPO にまで成長・発展させる不可欠の支援事業〉として生まれた、のであります。この実践的必要性が、「事業計画発表会」が長期に継続・発展してきた要因と言えます。

3 「事業計画発表会」の推進体制

　では、「事業計画発表会」をどのような体制で推進したのでしょうか。杉田、松田両氏は、外部の専門人材を確保し、かつ専門組織を構築して、推進します。

　長年の証券・VC の役員経験者である宮本晴夫氏は、1997 年 7 月勧角インベストメント株式会社を退社、知人の紹介で、三優監査法人の杉田

代表の面接を受け、三優監査法人の渉外業務につくことが決まります。その後、同1997年10月開催の第3回事業計画発表会に初めて参加し、杉田氏から、この事業計画発表会の発表企業及び参加者の開拓の相談を受け、取り組むこととなりました。取り組みの柱は、2カ月1回の開催の定着化、参加者の増強、発表企業の発掘の3点でした。

　事業推進組織としては、三優監査法人とは別法人会社のSBCベンチャー・サポート株式会社を設立し、宮本氏が専務取締役となり、事業を始めました。なぜ、三優監査法人以外の別法人で推進したのか。ベンチャー企業の支援と監査を同じ監査法人が行うこと（二重事業）は違法性（独立性違反）の疑いが濃いということで、別会社にしたとのことです。

4　「事業計画発表会」の概要

　では、「事業計画発表会」はどのように開催されたのでしょうか。

- 目的（狙い）……事業計画発表会は、ベンチャー企業の事業計画の発表により、資金調達等の支援により、株式上場＝IPOまで、企業の成長・発展を促進すること、です。
- 発表会の概要……発表会は、2カ月に1回開催し、**〈発表企業は3社、1社持ち時間50分間（発表30分　質疑応答20分）、松田先生による全体総括30分間〉**で進めました。準備作業として、発表企業には、あらかじめ、一定のフォーマット（数ページ）に事業計画等を記入して提出してもらいました。この時のフォーマット雛型が後のインデペンデンツクラブ「事業計画概況書」の原型になりました。当時は、記入事項は比較的簡単で、将来の夢を記入してもらいました。会場は、新宿センタービル等の会議室を使用しました。また、発表会終了後に、**交流懇親会**（1.5～2時間）を開催し、支援等の情報交換を深めました。
- 発表企業のメリット……発表のメリットとしては、「ベンチャーの

世界の第一人者でありベンチャー学会副会長でもある松田先生にお会いし、親しくビジネスプランを評価してもらえること、また、杉田代表からは、監査法人の立場からの指導が期待できること」、さらに、参加したVCやコンサルタントからの支援も可能になることを訴えました。

- **発表企業の開拓**……発表するベンチャー企業の開拓は、基本的には宮本氏が担い、知人・友人の総動員で開拓しました。宮本氏の人脈が役に立った、と言えます。

- **主な経費**……1回の発表会の主な経費は、事務経費と会議室料で約100,000円、懇親会費が約200,000万円、計約300,000円です。収入は、発表企業1社約70,000円、有料参加者1人5,000円（招待者を除く）で、合計約300,000〜350,000円（参加者全体の半数で20〜30人）で、収支はほぼトントンでした。

・・

年　月	内　容
1997年07月	第1回事業計画発表会開催（主幹：松田修一）
2008年12月	インデペンデンツクラブ発足（運営：株式会社インデペンデンツ〈現・株式会社Kips〉）
2011年07月	インデペンデンツクラブが事業計画発表会の運営を引き継ぐ（第83回〜）
2013年01月	第100回記念事業計画発表会開催（於：東京21Cクラブ）
2015年09月	第200回記念事業計画発表会開催（於：大隈講堂）
2018年02月	第300回記念事業計画発表会開催（於：京都リサーチパーク）
2019年07月	累計発表企業社数1,000社
2020年07月	第400回記念事業計画発表会開催（於：Zoom）
2022年08月	第500回記念事業計画発表会開催（於：Zoom）

・・

5 インデペンデンツクラブへの事業承継 ─ さらなる発展へ！─

　2011年、宮本氏は高齢（73歳超）となり、三優監査法人関係での適当な引き継ぐ部署・対象者が見当たらないため、松田氏と杉田氏に相談したところ、共に「事業計画発表会」の解散には反対でした。早稲田大学の後輩で、株式会社インデペンデンツの社長である國本行彦氏と相談するようアドバイスを受けました。同社の國本行彦氏と高田論氏（取締役）は、事業計画発表会の常連参加者であり、宮本氏は直ちに、事業引継の相談を行いました。

★インデペンデンツクラブへの事業承継

　宮本氏は、事業引き継ぎにあたっての条件等は全くつけず、自由に新しいやり方でやってもらうことを提案しました。國本社長は数日間の熟慮検討の末、「これまで通り宮本氏が手伝う」ことを条件に事業引き継ぎを了解しました。

　國本氏は、日本合同ファイナンス株式会社（日本の代表的 VC、現・ジャフコ）を経て、2006年に株式会社インデペンデンツを設立し、2008年から、企業研究会＝インデペンデンツクラブを開催し、事業計画発表会を毎月、東京と大阪で開催していました。そのため、SBC ベンチャー・サポート株式会社（宮本氏）から株式会社インデペンデンツ（國本氏）への事業継承が円滑に進んだ、と言えます。2011年7月の第83回事業計画発表会（330社目）から、インデペンデンツクラブの運営になりました。

　國本氏は、事業の枠組みの基本は継承しましたが、2カ月開催から毎月開催、会費制の導入（発表企業・参加者の無料化）により、より参加しやすい仕組みへと発展させました。

★認定NPO法人インデペンデンツクラブへの発展

　さらに、2015年11月に、特定非営利活動法人（NPO 法人）インデペ

ンデンツクラブを設立し、株式会社インデペンデンツの事業計画発表会を引き継ぎます。株式会社インデペンデンツは、株式会社 Kips キプス（代表取締役・國本行彦）に名称変更し、現在の〈NPO 法人インデペンデンツクラブ ── 株式会社 Kips キプス〉の体制ができます。

　NPO 法人インデペンデンツクラブの初代の代表理事には松田修一氏が就任し、2019年以降の第 2 代代表理事には、秦信行氏が就任しています。

　2021年 1 月には、東京都から〈認定 NPO 法人〉に認定され、寄付の税制優遇措置が適用されるようになりました。寄付金によりインデペンデンツクラブの活動＝ベンチャー企業支援が可能になりました。

　そして、引き継ぎ後も事業計画発表会を推進してきた宮本晴夫氏は、2022年 5 月に、NPO 法人インデペンデンツクラブ（常務理事）を退職しました。早稲田大学時代の事業開始から約25年の長きにわたり事業をリードしてきました。お疲れ様でした。

★さらなる発展へ！ ─「一人でも多くの人と一緒に、1 社でも多くの公開会社を育てる」─

　NPO 法人インデペンデンツクラブは、全国の個性あふれる起業家を発掘し、「一人でも多くの人と一緒に 1 社でも多くの公開企業を育てる」を理念に、社会貢献するベンチャー企業の支援育成に関する事業を行い、経済活動の活性化及び科学技術の振興を図ることで広く公益に起用することを目的としております。

　2022年 9 月時点での実績は、事業計画発表会の累計開催数502回、累計発表企業数1310社、上場企業数28社、であります。この理念を掲げて、さらなる発展へ！

　　〈出所〉本文書「特別レポート」は、認定 NPO 法人インデペンデンツクラブの月刊誌『THE INDEPENDENTS』（2022年12月 1 日発行、発行人・國本行彦、編集・発行人 / 株式会社 Kips）に掲載されたものです。

〈注〉本文書「特別レポート」の内容は、インデペンデンツクラブ
　　会員の原田誠司（長岡大学名誉教授）が、2022年6〜9月
　　にかけて、事業計画発表会を担ってこられた次の方々にイン
　　タビューを行い、かつ、その結果をチェックいただき、まと
　　めたものであります。
　　宮本晴夫氏、松田修一氏、杉田純氏、秦信行氏、國本行彦
　　氏、高田諭氏

【参考文献】

AnnaLee Saxenian, *Regional Advantage :Culture and Competition in Silicon Valley and Route 128*, （Harvard University Press、初版1994年、ペーパーバックス版1996年）も参照。

A．サクセニアン『現代の二都物語』（大前研一訳、講談社、1995年1月）

A．サクセニアン『現代の二都物語』（山形浩生・柏木亮二訳、日経BP社、2009年10月）

飯沼和正・菅野富夫『高峰譲吉の生涯』（朝日選書、朝日新聞社、2000年12月）

磯部剛彦『シリコンバレー創世記』（白桃書房、2000年1月）

内山弘『長岡鉄工業の歩み』（2016年4月）

馬田隆明『逆説のスタートアップ思考』（中公新書クラレ、2017年3月）

鎌田富久『テクノロジー・スタートアップが未来を創る　テック起業家をめざせ』（東京大学出版会、2017年12月）

川崎市産業振興財団新産業政策研究所『新産業政策研究かわさき2003』創刊号（川崎市産業振興財団、2003年3月）

木村行雄『つくば発ベンチャー企業とイノベーション』（ココデ出版、2012年3月）

清成忠男・中村秀一郎・平尾光司『ベンチャー・ビジネス ― 頭脳を売る小さな大企業 ―』（日本経済新聞社、1971年12月）

久保孝雄・原田誠司・新産業政策研究所編『知識経済とサイエンスパーク』（日本評論社、2001年10月）

経済産業省『平成30年度産業技術調査事業調査報告書』（同省Webサイト掲載、2019年2月）

経済産業省『令和3年度産業技術調査（大学発ベンチャー実態等調査）報告書』（同省Webサイト掲載、2022年5月）

西川鉄工所『明日への飛翔　西川鉄工所八十年の歩み』（1986年7月）

斎藤憲『新興コンツェルン理研の研究』（時潮社、1987年1月）

Ｓ．シェーン『大学発ベンチャー ― 新事業創出と発展のプロセス ―』
（金井一頼・渡辺孝監訳、中央経済社、2005年10月、原著は2004年刊）

Ｓ．シェーン『〈起業〉という幻想 ― アメリカン・ドリームの現
実 ―』（谷口功一他訳、白水社、2011年9月、原著は2008年刊）

渋沢栄一『渋沢栄一自伝』（角川ソフィア文庫、2020年9月）

（一社）大学技術移転協議会『大学技術移転サーベイ　大学知的財産年
報2019年度版』（飛鳥井出版、2020年6月）

中井浩一『大学「法人化」以後』（中公新書クラレ、2008年8月）

長岡商工会議所『長岡商工人　百年の軌跡』（2011年9月）

西澤昭夫・福嶋路『大学発ベンチャー企業とクラスター戦略 ― 日本は
オースティンを作れるか ―』（学文社、2005年4月）

西澤昭夫・忽那憲治・樋原伸彦・佐分利応貴・若林直樹・金井一頼『ハ
イテク産業を創る地域エコシステム』（有斐閣、2012年4月）

西澤昭夫・大滝義博『大学発バイオベンチャー成功の条件 ―「鶴岡の奇
蹟」と地域Eco-system ―』（創成社、2014年10月）

西村吉雄・塚本芳明編『MOTテキスト・シリーズ　産学連携と技術経
営』（丸善、2005年12月）

長谷川克也『スタートアップ入門』（東京大学出版会、2019年4月）

日本ベンチャー学会『日本ベンチャー学会20年史』（2017年9月）

財団法人日本立地センター『テクノポリス・頭脳立地構想推進の歩み』
（1999年6月）

野村證券株式会社『理研コンツェルン株式年鑑昭和13年版』『昭和14年
版』（Webサイト掲載）

Ｗ．バイグレイブ、Ａ．ザカラキス『アントレプレナーシップ』（高橋
徳行・田代泰久・鈴木正明訳、日経BP社、2009年4月）

原田誠司・川崎市産業振興財団編『川崎元気企業』（日本評論社、1998
年4月）

原田誠司・川崎市産業振興財団編『新・川崎元気企業』（神奈川新聞
社、2013年8月）

ピーター・ティール『ZERO to ONE』（NHK出版、2014年9月）

福嶋路『ハイテク・クラスターの形成とローカル・イニシアティブ ― テキサス州オースティンの奇跡はなぜ起こったのか ―』（東北大学出版会、2013年2月）

パイオニア・ベンチャーグループ PVG『黎明期のベンチャービジネス運動』（2005年6月）

P・F・ドラッカー『［新訳］イノベーションと起業家精神（上、下）』（上田惇生訳、ダイヤモンド社、1997年11月）

Henry Etzkowitz "*MIT and the Rise of Entrepreneurial Science*"（2002年、Routledge社）

Henry Etzkowitz "*The Triple Helix—University-Industry-Government Innovation in Action—*"（2008年、Routledge社、New York）

ヘンリー・エツコウィッツ『トリプルヘリックス ― 大学・産業界・政府のイノベーション・システム ―』（三藤利雄他訳、芙蓉書房出版、2009年9月）

マーチン・ケニー編著『シリコンバレーは死んだか』（加藤敏春監訳、日本経済評論社、2002年8月）

宮田由起夫『アメリカの産学連携』（東洋経済新報社、2002年5月）

山形銀行『サイエンスパークのさらなる発展に向けて ― 鶴岡市委託事業 慶應義塾連携協定地域経済波及効果分析等業務・調査結果概要 ―』（鶴岡市Webサイト掲載、2019年3月）

山口栄一『イノベーションはなぜ途絶えたか』（2016年12月、ちくま新書）

山口栄一編『イノベーション政策の科学 ― SBIRの評価と未来産業の創造 ―』（2015年3月、東京大学出版会）

山田仁一郎『大学発ベンチャーの組織化と出口戦略』（中央経済社、2015年3月）

山内清松『理研工業株式会社宮内製作所』（1984年10月）

米倉誠一郎『イノベーターたちの日本史』（東洋経済新報社、2017年5月）

理化学研究所「理化学研究所百年史」（2018年7月、理化学研究所Web
　サイト掲載）

理化学研究所「理研精神八十八年」（2005年）（理化学研究所Webサイ
　ト掲載）

理化学研究所「研究二十五年」（1942年3月）（理化学研究所Webサイ
　ト）

理研製鋼株式会社『理研製鋼株式会社50年史』（1999年12月）

理研精機株式会社『企業に生きる躍動 ― 我が社の四十五年 ―』（2001
　年5月）

リチャード・フロリダ『新クリエイティブ資本論』（井口典夫訳、2014
　年12月）、『クリエイティブ・クラスの世紀』（2007年4月）、『クリエ
　イティブ資本論』（2008年2月）、『クリエイティブ都市論』（2009年2
　月）（出版社はいずれもダイヤモンド社）

渡部俊也編『イノベーションシステムとしての大学と人材』（白桃書
　房、2011年9月）

あ と が き

　筆者は、2018年3月に2度目の大学退職を迎えていた。5年前の2013年3月末70歳定年退職のはずであったが、その3月下旬、大学の経営側から文科省の〈地（知）の拠点整備事業〉＝大学COC事業（2013年度〜）への申請書作成と勤務延長が提案された。同年8月には申請プロジェクト「長岡地域〈創造人材〉養成プログラム」の採択通知があり、以後5年間（2018年3月まで）、同事業の責任者として携わることになった。このCOC事業は、地（知）の拠点は、地域の知の拠点、つまり、社会貢献大学への発展を目指すプロジェクトであった。

　この2度目の退職後は、"Venture Watcher" としてすごそうと、日本ベンチャー学会に再加入し、併せてNPO法人インデペンデンツクラブ（事業計画発表会運営）にも加入した。それは、秦信行氏の講演（筆者が参加する川崎市産業振興財団新産業政策研究所の2017年10月の研究会）を契機に、日本におけるベンチャー輩出に情熱を傾けておられる松田修一氏（日本ベンチャー学会創設者、インデペンデンツクラブ代表理事、早稲田大学名誉教授、VCウエルインベストメント株式会社会長）、西澤昭夫氏（日本ベンチャー学会会長、東洋大学教授）、秦信行氏（日本ベンチャー学会制度委員会委員長、インデペンデンツクラブ監事、国学院大学教授。現在はインデペンデンツクラブ代表理事、事業創造大学院大学教授）の活動に、心動かされたためであった。西澤氏は「地域エコシステム論」を提起し、松田氏はベンチャーの事業計画発表会を20年間も継続開催するとともに、「三団体緊急提言」を行い、秦氏はベンチャーコミュニティをテーマに活動され、日本におけるベンチャー振興を先導・推進してきた。3氏は、まさに、ベンチャー・ビジョナリーと呼ぶにふさわしい、と実感した。

　2018年3月には、筆者のCOC事業プロジェクト（テーマ「長岡地域経済・産業の現状と活性化方策等に関する基礎調査」）の成果を踏まえて、〈長岡版イノベーションモデルの創出〉（2017年度）を掲げた長岡市

に〈イノベーション都市・長岡〉実現の提言（イノベーションＡ＝既存企業の新事業開発、イノベーションＢ＝技術ベンチャー育成、地域産学官連携形成）を行った。上記の学会再加入等は、この提言具体化のためのネットワークづくりの意味でもあった。以後２年近く、長岡でのベンチャー振興にも関わることになり、2019年から、長岡でのインデペンデンツクラブ・長岡市共催の事業計画発表会開催も実現している。〈イノベーション都市・長岡〉を目指す長岡市の皆さん（商工部、産業イノベーション課、起業支援センターながおか）の先進的な活動に期待したい。

　西澤氏の「地域エコシステム論」は、筆者自身に新たな視点を提供するものであった。その意味は２つ。１つは、筆者のシリコンバレー認識＝アナリー・サクセニアンが提起した〈シリコンバレーの産業集積優位＝地域ネットワーク型地域産業システム論〉を、サクセニアンの友人達であるマーチン・ケニーらの〈新企業創生リサイクル論＝エコシステム論〉として、評価し直すべきことを教えていただいたこと。ケニーらの〈エコシステム論〉を読み返してみると、確かに、西澤氏の「地域エコシステム論」に繋がる。自らの不明を恥じる。もう１つは、筆者が研究対象としていた1980年代以降のテクノポリスの限界の提起＝〈組織的産学連携の不能（大学の閉鎖性）〉（『知識経済とサイエンスパーク』）を超える視点、つまり、日本の大学の教育大学から研究大学へ、そして、さらに企業家大学への進化こそがベンチャー振興・簇業の基本視点であることを認識させてくれた点である。これは、「わが意を得たり」だ。それ故に、大学発ベンチャー・エコシステム調査も行った。

　だが、直近の大学をめぐる政策展開は、今後の日本の大学発ベンチャー創業・地域エコシステム形成に対する一抹の不安を呼び起こす。本文でも触れたが、直近（2022〜2023年）、文科省の「国際卓越研究大学」（申請内容からは、「国際企業家大学」とすべき）と「地方中核・特色ある研究大学総合振興パッケージ」の２つのプロジェクトが連携して展開するとの方向で、進行している。「日本の企業家大学はまだ十数大学」というのが今回の大学発ベンチャー調査からの結論であり、今後

の課題としては、〈企業家大学を数倍の数十超大学にまで拡大し、ベンチャー簇業の道を拓くこと〉である、と考える。加えて、この２事業を活用して、全国各地に産学官連携（新・地域プラットフォーム）を構築し、地域でのベンチャー簇業の創出に向かうことを切望する。

　その点からすると、巨額資金で数大学を「国際卓越研究大学」に指定するよりも（世界大学ランキングを上げたい、との希望は理解するが）、「三団体緊急提言」の実現を目指して「研究大学総合振興パッケージ」をさらに充実・拡大（研究テーマ、金額、参加主体等）して、全国の大学（とくに地方の国立大学）の研究大学から企業家大学への進化（博士課程の充実の大学改革等）を促進する政策を優先すべきと考える（百歩ゆずっても、国際卓越研究大学資金の半分はこちらに回すべき）。その際重要なのは、大学に国公立研究機関と企業研究所も含めた産学官連携型研究プロジェクトで成果をあげる（研究・発明・ベンチャー起業）、いわば総力をあげてベンチャー簇業に取り組むことである、と考える。また、その研究プロジェクトの進捗状況を評価する仕組み（ベンチャー学会等で）も確立すべきであろう。

　最後に、本書上梓までにご協力いただいた方々に感謝申し上げたい。

　まず、何よりも、西澤昭夫先生、松田修一先生、秦信行先生には、全般的にご指導いただき、各務茂夫先生（東大発ベンチャー推進、日本ベンチャー学会会長）と山口栄一先生（SBIR制度の新設主導、日本ベンチャー学会副会長）にご協力いただいた。厚く感謝申し上げる。

　また、大学発ベンチャー・エコシステム形成に関する研究プロジェクト（代表：原田誠司）を協働で進めていただいた、遠山浩（専修大学）、栗井英大（長岡大学）、石黒順子（東洋学園大学）、青木成樹（価値総合研究所）、木村行雄（産業総合技術研究所）の皆様には、インタビュー等様々な業務を担っていただいた。厚く、感謝申し上げる。

　さらに、本書の〈第３章「２　理研コンツェルンと地域産業活性化―〈柏崎・新潟のケース〉―」〉については、筆者の友人である品川十英（元品川鋳造社長、元長岡大学事務長）、小松俊樹（経営コンサルタント、元長岡大学教授）両氏によるアドバイス・資料収集等、岡部福

松（丸栄機械製作所株式会社代表取締役会長、長岡鉄工町匠の駅駅長）と内山弘（元長岡歯車製作所社長、長岡歯車資料記念館館長）両氏へのインタビュー・資料提供などを踏まえて、まとめた。ご協力に厚く感謝申し上げる。また、長岡の史料については、松本和明教授（元・長岡大学、現在・京都産業大学教授）に、長岡のベンチャー振興に関しては、自身連続起業家の松原　亨氏（株式会社パルメソ社長）に、お世話になり勉強もさせていただいた。厚く御礼申し上げる。

〈第6章「2　地方の時代と頭脳センター構想 ―〈KSPモデル〉の創生 ―」〉では、KSP関連の「地方の時代」、「頭脳センター構想」等の資料について、蛭名喜代作（株式会社ケイエスピー常務取締役）、植松了（元川崎市経済局長）、飯沼契（株式会社ケイエスピーインキュベート・投資事業部担当部長）、櫻井亨（株式会社ケイエスピーインキュベーションマネジャー）の各氏に提供いただいた。ご協力に感謝申し上げる。

また、最終章で紹介させていただいた〈環境保護に取り組むアグリ・ベンチャー〉の起業状況を教えていただいた古い友人の環境保護運動リーダーの村上明夫氏にも時代の進化を実感させていただいた。記して感謝申し上げる。ドラッカーの名言がよみがえった。

資料・史料面では、高峰譲吉や戦前理研については、『高峰譲吉の生涯』（飯沼和正・菅野富夫著）と戦前理研の「研究二十五年」等の史料（国立研究開発法人理化学研究所）、さらに石橋湛山の大河内正敏評価の資料（大河内記念会事務局長の串田幸彦氏に送付いただいた）は、筆者の新たな〈発見〉に繋がった。記して、感謝申し上げる。さらに、巻末の資料（特別レポート）掲載をご承諾いただいたNPO法人インデペンデンツクラブ（代表理事・秦信行氏）に感謝申し上げる。

最後に、筆者が長い間お世話になった公益財団法人川崎市産業振興財団、同財団新産業政策研究所の客員研究員の皆様に、感謝申し上げる。また、長年の共同生活を支えてくれた妻・澄子にも感謝したい。

2023年8月

　　　　　　　　　　　　　　　　　　　　　　　　原田誠司

原田　誠司 (はらだ　せいじ)

1942年生まれ、さいたま市在住。

現職：長岡大学名誉教授/インデペンデンツクラブ会員/日本ベンチャー学
会会員

学歴・職歴等：東京大学大学院（経済学）博士課程単位取得満期退学後（経
済学修士）、民間シンクタンク（株式会社経済分析センター等）を経て、
1990年から長岡短期大学、那須大学、長岡大学に勤務、2018年退職。こ
の3大学ではいずれも地学連携組織（地域連携研究センター等）の運営委
員長を歴任。専門：経済政策、地域産業政策、ベンチャー企業論等。

社会活動等：川崎市や長岡市等自治体の多数の産業振興委員会委員、川崎市
産業振興財団副理事長、同財団新産業政策研究所長（2005〜2018年）を
歴任。1998年1月、長岡地域ニュービジネス研究会（長岡短期大学時代）
中心にベンチャー企業（婦人服等オーガナイザーのNTM企画株式会社）
を設立するも（原田＝取締役）、山一證券破綻等により急速に経済環境悪化、
4月に解散・清算に至る。

著書論文：『連邦経営』（評伝社、1988年）、『達人カンパニー』（新潟日報事業社、
1995年）、『知識経済とサイエンスパーク』（日本評論社、2001年）、『続・
川崎元気企業』（日本評論社、2006年）など著書論文多数。

ベンチャー簇業序説

— 〈独創＝発明の事業化〉のエコシステム創生 —

2023年11月26日　初版第1刷発行

著　　者　原 田 誠 司
発 行 者　中 田 典 昭
発 行 所　東京図書出版
発行発売　株式会社 リフレ出版
　　　　　〒112-0001　東京都文京区白山 5-4-1-2F
　　　　　電話 (03)6772-7906　FAX 0120-41-8080
印　　刷　株式会社 ブレイン